ELOGIOS A CONTEÚDO S.A.

"Os criadores de conteúdo são as estrelas do rock do empreendedorismo do século XXI, e o livro *Conteúdo S.A.* oferece o modelo de negócios vencedor".

—Brian Clark, fundador da Copyblogger e Unemployable.

"Do homem que inventou o marketing de conteúdo. Ouça esse cara. Ele realmente entende o novo mundo do marketing".

—Don Schultz (1934 – 2020), o "pai do marketing integrado", professor da Medill School of Journalism da Northwestern University e autor de 13 livros.

"Se você realmente deseja transformar conteúdo em negócio, este é o livro mais detalhado, honesto e útil já escrito".

—Jay Baer, autor de *Youtility*, da lista de best-sellers do *New York Times*.

"E se você iniciasse um negócio sem nada para vender e, em vez de se concentrar primeiro em atender às necessidades do público, confiasse que a parte de 'vendas' viria depois? Loucura? Ou brilhantemente louco? Eu diria que é exatamente isso. Porque, no mundo de hoje, você deve prestar um serviço antes de vender".

—Ann Handley, autora de *Everybody Writes*, da lista de best-sellers do *Wall Street Journal*.

"Agora existe uma maneira melhor de promover o seu negócio".

—Guy Kawasaki, dirigente evangelizador
da Canva e autor de *A Arte do Começo 2.0*.

"Use isso como o roteiro para o sucesso de sua startup".

—Sally Hogshead, autora de *How the World Sees You*,
da lista de best-sellers do *New York Times* e do *Wall Street Journal*.

"A abordagem de negócios ensinada em todo o mundo é a de criar um produto e depois gastar um monte de dinheiro para fazer o marketing e vendê-lo. Joe descreve uma maneira radicalmente nova de obter sucesso nos negócios: conquiste primeiro o seu público criando um conteúdo que atraia as pessoas e depois observe seu negócio vender por si só".

—David Meerman Scott, autor de *As Novas Regras do Marketing e de Relações Públicas*, da lista de best-sellers do *New York Times*.

"Qualquer pessoa, em qualquer lugar, com paixão e foco em um nicho de conteúdo pode construir uma plataforma e negócios multimilionários. Eu fiz isso e você também pode. Basta seguir o modelo Conteúdo S.A. de Joe".

—John Lee Dumas, fundador do EntrepreunersOnFire.

CONTEÚDO S.A.

SEGUNDA EDIÇÃO COMPLETAMENTE ATUALIZADA E AMPLIADA

COMECE UM NEGÓCIO PELO CONTEÚDO,
CONQUISTE UM PÚBLICO ENORME E TENHA MUITO
SUCESSO (COM POUCO OU NENHUM DINHEIRO)

JOE PULIZZI

www.dvseditora.com.br
São Paulo, 2022

CONTEÚDO S.A. - SEGUNDA EDIÇÃO
COMECE UM NEGÓCIO PELO CONTEÚDO, CONQUISTE UM PÚBLICO ENORME E TENHA MUITO SUCESSO (COM POUCO OU NENHUM DINHEIRO)

DVS Editora 2022 - todos os direitos para a língua portuguesa reservados pela editora.

Content Inc., Second Edition : start a content-first business, build a massive audience and become radically successful (with little to no money)

Revised edition of the author's Content Inc., [2016] Original Edition Copyright © 2016 by Joe Pullizzi. Revised Edition Copyright © 2021 by Joe Pullizzi. All rights reserved.

Portuguese Edition Copyright © 2022 by DVS Editora Ltda. All rights reserved.

Nenhuma parte deste livro poderá ser reproduzida, armazenada em sistema de recuperação, ou transmitida por qualquer meio, seja na forma eletrônica, mecânica, fotocopiada, gravada ou qualquer outra, sem a autorização por escrito do autor.

Tradução: Leonardo Abramowicz
Capa e Diagramação: Bruno Ortega
Revisão: Hellen Suzuki

```
        Dados Internacionais de Catalogação na Publicação (CIP)
               (Câmara Brasileira do Livro, SP, Brasil)

    Pulizzi, Joe
        Conteúdo S.A. : comece um negócio pelo conteúdo,
    conquiste um público enorme e tenha muito sucesso
    (com pouco ou nenhum dinheiro) / Joe Pulizzi ;
    [tradução Leonardo Abramowicz]. -- 2. ed. --
    São Paulo, SP : DVS Editora, 2022.

        Título original: Content Inc.: how entrepreneurs
    use content to build massive audiences and create
    radically successful businesses.
        ISBN 978-65-5695-063-1

        1. Comunicação 2. Marketing - Administração
    3. Marketing digital 4. Marketing na Internet
    5. Negócios I. Título.

    22-114094                                         CDD-658.8
                  Índices para catálogo sistemático:

        1. Conteúdo : Marketing digital : Administração
           658.8

        Eliete Marques da Silva - Bibliotecária - CRB-8/9380
```

Nota: Muito cuidado e técnica foram empregados na edição deste livro. No entanto, não estamos livres de pequenos erros de digitação, problemas na impressão ou de uma dúvida conceitual. Para qualquer uma dessas hipóteses solicitamos a comunicação ao nosso serviço de atendimento através do e-mail: atendimento@dvseditora.com.br. Só assim poderemos ajudar a esclarecer suas dúvidas.

CONTEÚDO S.A.

SEGUNDA EDIÇÃO COMPLETAMENTE ATUALIZADA E AMPLIADA

COMECE UM NEGÓCIO PELO CONTEÚDO, CONQUISTE UM PÚBLICO ENORME E TENHA MUITO SUCESSO (COM POUCO OU NENHUM DINHEIRO)

JOE PULIZZI

Para Cora.

SUMÁRIO

	INTRODUÇÃO	XI
PARTE 1	**INÍCIO DA JORNADA**	
CAPÍTULO 1	COMEÇAR COM O FIM EM MENTE	3
CAPÍTULO 2	A OPORTUNIDADE CONTEÚDO S.A.	19
PARTE 2	**O PONTO IDEAL**	
CAPÍTULO 3	EXPERTISE + DESEJO	37
CAPÍTULO 4	MERGULHO PROFUNDO NA AUDIÊNCIA	49
PARTE 3	**O AJUSTE DO CONTEÚDO**	
CAPÍTULO 5	AJUSTAR OU REBENTAR	61
CAPÍTULO 6	COMO ENCONTRAR E TESTAR O AJUSTE	71
CAPÍTULO 7	FINALIZANDO A MISSÃO DE CONTEÚDO	89
PARTE 4	**A BASE**	
CAPÍTULO 8	FAÇA ALGO... GRANDE	101
CAPÍTULO 9	SELEÇÃO DE SUA PLATAFORMA	109
CAPÍTULO 10	CRIANDO IDEIAS	121
CAPÍTULO 11	O CALENDÁRIO DE CONTEÚDO	131
CAPÍTULO 12	ENCONTRANDO AJUDA PARA O CONTEÚDO	141

PARTE 5	**CONQUISTA DE UM PÚBLICO**	
CAPÍTULO 13	A MEDIÇÃO QUE IMPULSIONA O MODELO	163
CAPÍTULO 14	MÁXIMA ENCONTRABILIDADE	177
CAPÍTULO 15	ROUBANDO AUDIÊNCIA	193
CAPÍTULO 16	SELEÇÃO DE MÍDIA SOCIAL	211
PARTE 6	**RECEITA**	
CAPÍTULO 17	MONETIZAÇÃO DE SOBREVIVÊNCIA	235
CAPÍTULO 18	CONSTRUÇÃO DO MODELO DE RECEITA	243
PARTE 7	**DIVERSIFICAR**	
CAPÍTULO 19	CONSTRUÇÃO DE EXTENSÕES	275
CAPÍTULO 20	AQUISIÇÃO DE ATIVOS DE CONTEÚDO	285
PARTE 8	**VENDER OU CRESCER**	
CAPÍTULO 21	PLANEJANDO A SAÍDA	299
CAPÍTULO 22	AVALIANDO SUAS OPÇÕES	315
PARTE 9	**PRÓXIMO NÍVEL DE CONTEÚDO S.A.**	
CAPÍTULO 23	JUNTANDO TUDO	329
CAPÍTULO 24	JUNTE-SE AO MOVIMENTO	337
	CONSIDERAÇÕES FINAIS	347
	AGRADECIMENTOS	349
	SOBRE O AUTOR	351

INTRODUÇÃO

> *Pessoas razoáveis se adaptam ao mundo:*
> *pessoas não razoáveis insistem em tentar adaptar*
> *o mundo a si próprias. Portanto, todo progresso*
> *depende de pessoas não razoáveis.*
> ADAPTADO DE GEORGE BERNARD SHAW

O modelo descrito neste livro salvou minha vida.

Eis o resumo:

Larguei um cargo executivo em empresa de mídia com remuneração de seis dígitos em 2007 para iniciar um negócio. Esposa. Dois filhos, com idades de quatro e seis anos. Não muito dinheiro no banco.

Cometendo mais erros do que gostaria de admitir (e quase desistindo em 2009), minha esposa e eu atingimos nosso primeiro milhão de dólares em vendas em 2011. Em 2015, quase atingimos US$10 milhões em vendas.

Naquele mesmo ano, escrevi a primeira edição deste livro, *Conteúdo S.A.*, que detalhou exatamente o modelo de negócios que utilizamos para ir de zero a milhões em menos de cinco anos. Mais de 100.000 cópias foram vendidas em livro impresso, digital e áudio.

Eis o restante da história:

Em junho de 2016, vendemos nossa empresa, Content Marketing Institute (CMI), por um pouco menos de US$30 milhões para uma companhia bilionária de eventos sediada em Londres.

Permaneci ainda um pouco na empresa, saí no final de 2017 e tirei um ano sabático durante todo o ano civil de 2018. Viajei para a Sicília com meu pai, passei mais tempo do que nunca com minha esposa e meus dois meninos, corri algumas meias maratonas e mal olhei para as redes sociais. Talvez tenha sido o ano mais perfeito da minha vida.

No ano seguinte escrevi um romance de mistério que se tornou um best-seller.

Tomei a decisão de me tornar escritor de romances em tempo integral, concentrar mais energia em nossa organização sem fins lucrativos de terapia da fala, a Orange Effect Foundation, e passar cada vez mais tempo com minha família antes de meus dois filhos irem para a faculdade.

Então, a Covid-19 foi particularmente difícil nos Estados Unidos (tenho certeza de que você conhece a história). Sim, houve mortes e adoecimento. Além disso, milhões ficaram sem empregos ou perspectivas. Qualquer que fosse o pior cenário que você pudesse imaginar, o mundo parecia estar bem no meio dele.

Foi quando recebi um e-mail de uma grande amiga minha que acabara de ser demitida do emprego. Ela queria saber mais sobre o modelo Conteúdo S.A.

Passados dois dias, outro amigo entrou em contato. Depois, outro. Após alguns meses de pandemia do coronavírus, o modelo Conteúdo S.A. parecia ter ressurgido. As vendas da primeira edição deste livro triplicaram em dois meses, e os downloads do meu antigo podcast começaram a aumentar, embora eu não estivesse mais produzindo-o.

Como faço para dizer isso sem parecer egoísta? Este é apenas um modelo de negócios. Não estou salvando o mundo. Nesse ambiente, porém, eu acreditava que o modelo Conteúdo S.A. poderia realmente ajudar as pessoas ao redor do mundo que lutavam para colocar comida na mesa. E se mais pessoas usassem o modelo Conteúdo S.A. para fundar negócios incríveis e conquistar a própria liberdade financeira? E se mais empresas de pequeno porte, atualmente lutando pela sobrevivência, pudessem utilizar o modelo Conteúdo S.A. não apenas para se manter à tona, mas para crescer? E se, mesmo em grandes empresas, os profissionais de marketing pudessem usar esse modelo para permanecer no mercado, crescer e empregar mais pessoas?

Arquivei a segunda parte do romance de mistério e enviei um e-mail para meu editor-executivo na McGraw Hill. Eu queria terminar o livro *Conteúdo S.A.* Quando publiquei a primeira versão de *Conteúdo S.A.* em 2015, o processo estava apenas pela metade. Agora posso contar o resto da história.

Relancei o podcast *Conteúdo S.A.*, desenvolvi um boletim informativo por e-mail para empreendedores de conteúdo chamado *The Tilt* e atualizei completamente o modelo Conteúdo S.A.

Já tive mais do que a minha justa cota de descanso. Nunca mais terei de me preocupar com dinheiro para mim ou para meus filhos (é uma sensação incrível). Eu gostaria que mais pessoas tivessem essa oportunidade. Acredito que este livro seja a resposta.

QUAL É O LANCE?

Eis o conceito por trás do Conteúdo S.A. Ao se concentrar primeiro em atrair e conquistar um público e depois definir produtos e serviços, a pessoa pode mudar as regras do jogo e aumentar significativamente as chances de sucesso financeiro e pessoal.

Deixe-me repetir: acredito plenamente que a melhor maneira para começar e desenvolver um negócio hoje **não** é lançar ou empurrar produtos, mas sim criar um sistema para atrair, reunir e reter um público. Depois de conquistar um público fiel, que gosta de você e das informações fornecidas, muito provavelmente você conseguirá vender ao público tudo o que quiser. Este modelo é chamado de Conteúdo S.A.

Os empreendedores de conteúdo que dedicam tempo a este modelo são extremamente bem-sucedidos em seus negócios e em suas vidas pessoais. Caso execute o modelo Conteúdo S.A. e forneça informações desejáveis de forma consistente para um público específico, US$5 milhões em cinco anos certamente estarão ao alcance de qualquer pessoa no mundo.

A VERDADEIRA HISTÓRIA DE DAVI E GOLIAS

Os desafios enfrentados por todo empresário que sonha com o sucesso podem ser resumidos em qualquer uma das seguintes interpretações da história bíblica de Davi e Golias.

Tendo estudado no sistema de ensino católico, ouvi muitas vezes a história de Davi contra Golias. Golias, o gigante filisteu, é o guerreiro mais poderoso do planeta, e Davi, um jovem rapaz e verdadeiro azarão, não tem a menor chance de derrotar um guerreiro poderoso e habilidoso.

Mas em virtude da fé de Davi em Deus, **um punhado de pedras lisas** e talvez um pequeno milagre, Davi derrotou Golias.

Jack Wellman, do Christian Crier, afirma que "Golias tinha tudo a seu favor. Ele tinha todas as vantagens possíveis. Possuía grande habilidade e era treinado, equipado, experiente, testado e enrijecido em batalhas, e completamente destemido. Ele tinha total confiança, mas também poder-se-ia dizer que estava confiante demais". Além disso, tinha mais de dois metros de altura.

E então aparece Davi, pequeno e totalmente em desvantagem. Apenas um rapaz, Davi venceu porque tinha absoluta confiança no Senhor, que estava com ele, e o gigante perdeu uma batalha aparentemente imperdível. É uma batalha que termina em questão de segundos quando Davi faz seu movimento histórico:

> Alcançando seu alforje e tirando uma pedra, ele atirou-a e atingiu o filisteu na testa. A pedra se lhe cravou na testa e ele caiu de bruços no chão.
>
> Assim, Davi triunfou sobre o filisteu com uma funda e uma pedra; sem uma espada na mão, ele feriu o filisteu e matou-o.
>
> Davi correu e se pôs de pé sobre ele. Pegou a espada do filisteu e tirou-a da bainha. Após matá-lo, cortou a cabeça do gigante com a espada.
>
> Quando viram que o seu herói estava morto, os filisteus viraram as costas e fugiram. (1 Samuel 17).

Davi derrotou Golias por causa de sua fé em Deus. Naturalmente, Davi tinha confiança na vitória porque o Senhor estava com ele. **Mas talvez haja outra maneira de interpretar essa história.**

Golias: O Mais Desfavorecido

Malcolm Gladwell apresentou-me uma nova visão sobre essa história em seu livro *Davi e Golias: A Arte de Enfrentar Gigantes.* A versão de Gladwell faz todo o sentido para o meu espírito empreendedor.

De acordo com Gladwell, Golias era de fato um gigante, mas extremamente lento para se mover. Além disso, carregava 45 quilos de armadura. Alguns médicos especialistas acreditam que Golias sofria de acromegalia, um desequilíbrio hormonal que faz com que uma pessoa cresça a um tamanho extraordinário. Sendo este o caso, sua visão também estaria provavelmente prejudicada.

E quanto a Davi? Sim, Davi era pequeno em estatura, mas talentoso com um estilingue e podia mirar e atingir grandes animais de muito longe. Ligeiro com as pernas, Davi conseguia se mover sem despertar suspeitas na direção de um alvo e ainda vencer atacando de longe.

A interpretação bíblica nos conta que Davi, o azarão, foi favorecido pelo Senhor, que o ajudou a derrotar Golias, o gigante favorito. Na verdade, Golias não tinha nenhuma chance de vencer. **Deus favoreceu Davi ajudando-o a discernir uma estratégia melhor.** A luta havia acabado antes mesmo de começar.

Virando o Jogo

Davi venceu porque desenvolveu um jogo completamente diferente do adotado por Golias. Se Davi tivesse lutado contra Golias em um combate corpo a corpo, como a tradição exigia, ele teria perdido.

Isso é o que acontece com quase todos os empreendedores ou pequenas empresas que sonham com uma ideia que os tornará bem-sucedidos. Organizações menores não têm recursos em comparação com seus concorrentes muito maiores. **Isso significa que precisam jogar um jogo completamente diferente.**

OS EMPREENDEDORES ESTÃO RECEBENDO MAUS CONSELHOS

De acordo com a U.S. Small Business Administration (Administração de Pequenas Empresas dos EUA), o primeiro passo para abrir uma empresa é desenvolver um plano de negócios. O plano de negócios padrão inclui coisas como "definir o que você está vendendo" e "criar um plano de vendas e de marketing". Claro que inclui. Estou certo de que se você procurar os milhares de planos de negócios diferentes na web, todos parecerão praticamente iguais. Todas as empresas startups essencialmente participam do jogo seguindo as mesmas regras.

Até mesmo Peter Thiel, cofundador da PayPal e o primeiro investidor externo do Facebook, centra toda a atenção de seu livro *De Zero a Um* no desenvolvimento de um produto incrível. Embora eu acredite que Thiel dê alguns conselhos excelentes aos empreendedores, seu conselho é o mesmo de todos os outros especialistas por aí: crie um ótimo produto primeiro. Encontre o problema; em seguida, resolva o problema com um produto ou serviço excepcional.

Mas os resultados não são nada excepcionais. Segundo o U.S. Census Bureau (Departamento do Censo dos EUA), a maioria das empresas fecha as portas em seus primeiros cinco anos de vida. E várias outras estatísticas sobre fracasso de startups indicam que é provavelmente muito pior do que isso.

Por que as pessoas entram no mercado com suas empresas da mesma maneira? Estaria a humanidade tão desprovida de criatividade que aceitamos que só existe um caminho para iniciar e desenvolver um negócio?

De acordo com o *Wall Street Journal*, os norte-americanos estão abrindo negócios em um ritmo mais rápido do que em qualquer outro momento desde 2007. A maioria dessas empresas está ainda colocando o produto em primeiro lugar.

Eu digo, seja como Davi.

O CONTEÚDO S.A. PODE SER REPRODUZIDO?

Brian Clark, fundador da Copyblogger Media, tinha algumas ideias incríveis sobre como as empresas deveriam fazer o marketing online. Infelizmente (ou, talvez, eu devesse dizer felizmente) ele não possuía um produto para vender.

Por um ano e sete meses, Brian desenvolveu consistentemente um conteúdo incrível para um público-alvo. Como ele mesmo definiu, sua missão final era "criar recursos de mídia que dependessem da permissão direta do usuário para entrar em contato com meu público, não a permissão de um editor de uma empresa de mídia que filtra as informações publicadas".

Em resumo, ele trabalhou para se tornar o recurso especializado que atraísse o público certo sem ter que comprar publicidade na plataforma de outra pessoa. E Brian fez exatamente isso. Hoje a Copyblogger é uma plataforma educativa multimilionária.

Em nossa pesquisa para o *Conteúdo S.A.*, descobrimos inúmeros empreendedores e pequenas empresas de todo o mundo em diversos setores utilizando uma filosofia semelhante. Em outras palavras, Brian e eu não estamos sozinhos. O modelo Conteúdo S.A. pode ser reproduzido.

O FUTURO DO CONTEÚDO S.A. É AGORA

Hoje milhares de empresas ao redor do mundo utilizam a estratégia Conteúdo S.A. para entrar no mercado. Por quê? Porque ter um foco exclusivo no público e conquistar diretamente uma audiência fiel permitem que você tenha uma melhor compreensão sobre quais produtos, em última instância, faz mais sentido vender.

O Conteúdo S.A. nos mostra que existe um caminho melhor e um modelo melhor que leva a uma vida melhor para empreendedores e donos de empresas. Você tem a oportunidade de ser como Davi, que parece um azarão diante dos Golias do mundo, mas que na verdade simplesmente descobriu uma estratégia de negócios melhor que a de todos os demais.

Enquanto tudo isso acontece, grandes empresas estão ficando maiores, engolindo empresas menores ao redor do planeta. O que isso significa? O ambiente é propício para a ruptura.

O MODELO CONTEÚDO S.A.

Em nossa experiência trabalhando junto e entrevistando centenas de empresas de todo o mundo, descobrimos que há sete etapas distintas que compõem o modelo Conteúdo S.A., ilustrado na Figura I.1. As etapas são o assunto dos capítulos a seguir e são brevemente descritas abaixo.

Figura I.1 Apresentando o modelo Conteúdo S.A.

1. O PONTO IDEAL

Simplificando, o empreendedor precisa descobrir uma área de conteúdo em torno da qual o modelo de negócios se baseará. Para que isso aconteça, precisamos identificar um ponto ideal que atrairá um público ao longo do tempo. Esse ponto ideal é a intersecção entre um conjunto de conhecimentos ou habilidades (algo no qual o empreendedor ou a empresa tem competência) e o desejo de um público específico.

Por exemplo, a fabricante global John Deere iniciou a jornada de Conteúdo S.A. em 1895 com sua revista, *The Furrow*. O ponto ideal da *The Furrow* era a intersecção entre o conhecimento de tecnologia agrícola da John Deere e a necessidade dos fazendeiros (o público da Deere) por informações sobre como administrar uma fazenda de forma mais lucrativa. A propósito, *The Furrow*, que ainda existe hoje, é entregue a mais de 1 milhão de fazendeiros todos os meses.

2. O AJUSTE DO CONTEÚDO

Uma vez identificado o ponto ideal, o empreendedor precisa determinar o "ajuste", ou o fator de diferenciação, para encontrar uma área de pouca ou nenhuma concorrência.

Kristen Bor iniciou um blog e escreveu consistentemente sobre caminhadas e mochileiros. Uma viagem em 2015 mudou tudo:

> Eu voltava de um mochilão no sul de Utah... passando pela margem norte do Grand Canyon, que nunca tinha visitado. Fiquei realmente curiosa... mas estava sozinha e o tempo não parecia bom. Então ignorei e pensei, "Ah, voltarei em outra ocasião".
> Foi aí que comecei a ouvir mais sobre a vida em um trailer. Se eu tivesse um trailer, poderia ter parado [no Grand Canyon] e explorado no dia seguinte. Isso despertou minha ideia inicial.

Na época existiam muitos sites, blogs e podcasts sobre viagens e mochileiros, mas não muitos sobre a vida em trailers (viajar morando em um trailer). A partir dessa situação, Kristen encontrou o ajuste do conteúdo que a diferenciava de todos os outros sites de mochileiros: a vida em um trailer. Hoje Kristen atrai mais de meio milhão de visualizações de página por mês e se tornou uma das maiores especialistas do mundo sobre a vida em trailers.

3. A BASE

Depois de encontrar o ponto ideal e definir o ajuste, você escolhe uma plataforma e constrói uma base de conteúdo. Isso é exatamente como na construção de uma casa. Antes de analisar todas as opções de pintura, acessórios e revestimento do piso, precisamos planejar e instalar a fundação. Fazemos isso gerando um conteúdo valioso de forma consistente através de um canal principal (blog, podcast, YouTube etc.).

Ann Reardon, hoje conhecida como a rainha da cozinha de Sydney, na Austrália, começou um canal no YouTube em 2011. Toda semana ela publica vídeos de receitas de sobremesas de encher os olhos para seu público internacional no YouTube (agora com mais de 4 milhões de inscritos).

Ann teve sucesso porque se concentrou em ser ótima em uma plataforma e não em muitas ao mesmo tempo.

4. CONQUISTA DE UM PÚBLICO

Após escolher a plataforma e construir a base de conteúdo, você tem a oportunidade de aumentar a audiência e converter os leitores ou visualizadores ocasionais em assinantes permanentes. Nesse momento, passamos de "chamar a atenção" para "manter a atenção".

É aqui que aproveitamos as mídias sociais como principais ferramentas de distribuição e levamos a sério a otimização do mecanismo de busca. Neste ponto, nosso trabalho não é apenas aumentar o tráfego da web. Por si só, o tráfego na web é um indicador sem sentido. O nosso objetivo é gerar tráfego para aumentar a oportunidade de conquistar um público.

Eis como Michael Stelzner, CEO da Social Media Examiner (SME), explica essa etapa do processo:

> Eu sabia que a compra de e-mails era o principal indicador e eu havia decidido que não promoveríamos nada (ou seja, "não venderíamos") até alcançarmos pelo menos 10.000 assinantes de e-mail. E chegamos a esse número tão rapidamente que eu sabia que tínhamos efetivamente conseguido algo.

Hoje 2,4 milhões de pessoas visitam a SME mensalmente. Temos 416.000 pessoas a quem enviamos e-mails três vezes por semana. Atualmente publicamos quatro artigos, dois podcasts e três vídeos por semana.

O conhecimento fundamental nesta área: embora existam muitos indicadores para analisar o sucesso do conteúdo, o principal indicador é o número de assinantes. É quase impossível monetizar e aumentar o seu público sem primeiro conseguir que os leitores tomem uma atitude e realmente optem por assinar o seu conteúdo.

5. RECEITA

Chegou a hora. Você identificou seu ponto ideal. "Ajustou" o enfoque para encontrar uma área de conteúdo sem concorrência. Selecionou a plataforma e construiu a base. Começou a atrair assinantes. Agora é o momento em que o modelo monetiza em relação à plataforma.

A esta altura você já dispõe de informações suficientes sobre os assinantes (tanto qualitativas como quantitativas) para ver uma infinidade de oportunidades para gerar receitas. Estas podem ser de consultoria, software, eventos e muito mais.

No modelo de receitas do Content Marketing Institute, inicialmente vendemos patrocínios para cobrir nossos custos e manter a empresa funcionando. Nos dois anos seguintes, acrescentamos webinars, eventos ao vivo e publicidade impressa ao nosso modelo de vendas. A Figura I.2 mostra o crescimento de nossa receita ao longo de um período de cinco anos.

6. DIVERSIFICAR

Depois que o modelo desenvolveu uma audiência forte, fiel e crescente, é hora de diversificar a partir do fluxo principal de conteúdo e criar extensões de marca. Pense no modelo como um polvo, com cada canal de conteúdo sendo um dos oito braços. Quantos desses braços conseguem envolver os nossos leitores para mantê-los perto de nós e voltando em busca de mais?

A ESPN, originalmente criada em 1979 como uma estação de televisão a cabo voltada exclusivamente para esportes, começou com um investimento de US$9.000 feito por Bill e Scott Rasmussen. Agora, mais de 40 anos depois, a ESPN é uma das marcas de mídia mais lucrativas do mundo, com receitas de mais de US$11 bilhões, de acordo com as demonstrações financeiras da Disney (a ESPN agora faz parte da Disney).

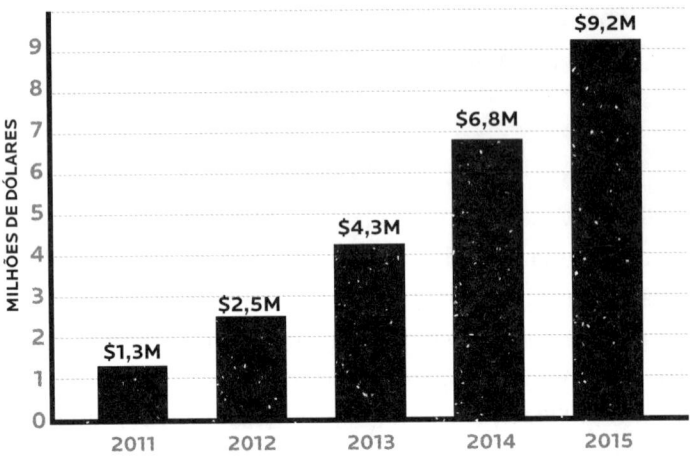

Figura I.2 Receita da Content Marketing Institute.

Por 13 anos, a ESPN direcionou 100% de sua atenção para apenas um canal na construção de uma audiência: a televisão a cabo. A partir de 1992, as comportas se abriram para a diversificação, primeiramente com o lançamento da rádio ESPN. Depois, a ESPN.com (originalmente ESPN SportsZone), lançada em 1995, seguida três anos depois pela revista *ESPN the Magazine*.

Hoje a ESPN participa de quase todos os canais disponíveis no planeta, do Twitter aos podcasts e documentários. Embora os canais fossem limitados nas décadas de 1980 e 1990 (em comparação com os de hoje), a ESPN não diversificou até que a plataforma principal (televisão a cabo) fosse bem-sucedida.

7. VENDER OU CRESCER

Quando lancei o modelo Conteúdo S.A. pela primeira vez em 2015, o processo tinha apenas seis etapas. Neste livro acrescentei uma sétima etapa fundamental. Depois de avançar com sucesso pelas primeiras seis etapas do modelo, você tem algumas opções interessantes.

Uma opção é manter o empreendimento e crescer substancialmente. Como exemplo, Matthew Patrick, que criou o enormemente popular canal *Game Theory* no YouTube, decidiu não aceitar a oferta de vendê-lo por milhões. Em vez disso, lançou o *Film Theory* e o *Food Theory*, transformando sua pequena operação em uma empresa de mídia, merchandising e serviços com rápido crescimento.

John Lee Dumas, do bem-sucedido podcast *Entrepreneurs On Fire*, é outro exemplo de alguém que decidiu não vender, mas permanecer pequeno. Diz John: "Temos três assistentes virtuais (com folha de pagamento abaixo de US$3.000 mensais), uma margem de lucro líquido de mais de 70% e alguns milhões de receita que conseguimos manter todos os anos. Não tenho nenhum desejo de construir uma empresa de conteúdo, mas sim de me concentrar no meu estilo de vida, em que felicidade, saúde e liberdade são o foco".

A segunda opção é sair do negócio, como minha esposa e eu fizemos em 2016. Quando iniciamos o modelo Conteúdo S.A., o nosso objetivo sempre foi o de vender a empresa. Estabelecemos uma meta de preço e iniciamos o processo de venda quando sabíamos que poderíamos alcançar nosso número. Posteriormente no livro, descreverei tudo o que você precisa saber caso deseje vender seu ativo de conteúdo para outra organização e viver o resto de sua vida financeiramente livre (e sem preocupações).

O PÚBLICO PARA ESTE LIVRO

Cinquenta anos atrás, Howard Stephenson, professor da Harvard Business School, definiu empreendedorismo: "Empreendedorismo é a busca de oportunidades independentemente dos recursos atualmente sob controle".

Antes de escrever a primeira versão deste livro, eu acreditava que o termo "empreendedor" fosse relegado a startups. Segundo a definição de Stephenson, esta é uma presunção incorreta. Conforme afirma Eric Ries em *A startup enxuta*, quando você olha para o empreendedor dessa forma, deve ser "independentemente do tamanho, setor de atividade ou etapa de desenvolvimento da empresa".

Ao mesmo tempo, Ries explica que "uma startup é uma instituição humana concebida para criar um novo produto ou serviço em condições de extrema incerteza". Esse olhar combinado para o cerne das definições de "empreendedorismo" e "startup" no argumento de Ries significa que nenhuma delas quer dizer que esses termos sejam dirigidos exclusivamente a empresas novas.

Escrito a partir dessa perspectiva e aproveitando a metodologia Conteúdo S.A., o livro contém um modelo de negócios digital comprovado para startups/empreendedores em organizações de qualquer tamanho, incluindo:

- **Uma startup pura.** Você está criando uma nova organização, lançando um modelo que prioriza o conteúdo e o público como um empreendedor de conteúdo. Você usa financiamento de várias fontes para manter a operação em andamento até descobrir o seu produto ou serviço gerador de receita.
- **Uma startup dentro de uma grande organização.** Você recebeu adesão para desenvolver um público em torno de um segmento atual de clientes. O seu objetivo é a conquista de um público envolvido em torno de um nicho de conteúdo. Uma vez conseguido isso, você procurará monetizar a plataforma com venda de produtos novos ou atuais, ou talvez utilizá-la para fidelizar ainda mais os clientes. É neste ponto que a maioria das

empresas está no marketing de conteúdo. Elas acreditam que o lançamento de uma plataforma de conteúdo ajudará em seus negócios atuais, mas não têm 100% de certeza sobre como isso se dará ou sobre quais poderiam ser os benefícios finais. Nesse caso, os modelos incluem:

- **Uma grande empresa.** Organizações como a Red Bull (esportes radicais) e a distribuidora de eletrônicos Arrow Electronics (engenharia eletrônica) criaram propriedades de mídia e audiências massivas que ajudaram a expandir substancialmente suas empresas.
- **Uma instituição educacional.** Uma escola quer se tornar bem conhecida por uma disciplina específica (logística, saúde, marketing etc.). Por exemplo, a Mercyhurst University em Erie, Pensilvânia, usa esse modelo para criar uma especialização em segurança cibernética. No lado corporativo, a Schneider Electric formou mais de 200.000 alunos em sua própria Energy University.
- **Um governo ou comitê de ação política.** Hoje as entidades governamentais estão se tornando pequenas empresas de mídia, atraindo um público ao redor de questões importantes como renda universal ou estímulo fiscal. Por exemplo, o Projeto Lincoln, por meio de um grupo de ex-republicanos, atraiu um grande público em torno do que sentem ser o futuro do novo Partido Republicano. Um modelo Conteúdo S.A. também é o mecanismo de defesa perfeito contra uma quantidade crescente de informações falsas nas mídias sociais e outros canais de mídia tradicionais.
- **Uma organização sem fins lucrativos.** Organizações sem fins lucrativos dependem de uma contínua angariação de fundos para a sobrevivência de suas missões. Um modelo Conteúdo S.A. pode ser crucial para aumentar a conscientização a respeito de uma causa, o que pode levar a um aumento nas doações.

- **Um negócio estagnado.** Você atualmente possui uma série de produtos e serviços que são vendidos, mas não está feliz com o crescimento. Você acredita que o desenvolvimento de uma audiência em torno de conteúdo pode levar a novas oportunidades de negócio. A LEGO é um exemplo. Anos atrás, o crescimento da LEGO estacionou, de modo que a empresa decidiu repensar seu público e suas plataformas. Hoje a LEGO é uma empresa vibrante e em crescimento. Grande parte do crédito vai para a multiplicidade de plataformas de conteúdo que a empresa conseguiu construir. O que é mais valioso, a empresa de manufatura LEGO ou a empresa de mídia LEGO?
- **Um pequeno negócio.** Você começou um pequeno negócio anos atrás. Para crescer, sua empresa precisa vender mais produtos e serviços, e você não tem acesso a um público. Você acredita que o lançamento de um modelo Conteúdo S.A. pode ajudar a transformar a empresa na especialista líder do setor e abrir novas oportunidades de receita em função disso.

A maioria dos exemplos em *Conteúdo S.A.* gira em torno da fundação de uma organização nova ou pequena, que desenvolve processos voltados para a conquista de um público novo que se torna leal e engajado através da criação e entrega consistente de conteúdo. Para ser honesto, este é o público em minha mente quando escrevo isto. No entanto, acredito que o livro seja relevante para qualquer um dos estágios de negócios que listei. Dependendo do objetivo, ele pode ser utilizado em organizações de qualquer porte.

COMO O LIVRO ESTÁ ORGANIZADO

Alguns capítulos deste livro serão longos, porque sinto que é necessária profundidade nessas áreas. Alguns serão curtos.

No início de cada capítulo, direi o que ele contém. Faço isso porque não sei onde você está na linha do tempo de seu negócio Conteúdo S.A. Caso acredite que já possui conhecimento suficiente sobre o material do capítulo após ler a sinopse, você pode pulá-lo.

Por fim, o livro não é sobre memórias pessoais, mas compartilha todos os segredos de como minha esposa e eu construímos o nosso negócio utilizando uma abordagem que prioriza o conteúdo (não o produto primeiro). Também compartilharei vários estudos de caso para mostrar que a metodologia do Conteúdo S.A. não é uma maravilha que só deu certo uma vez. Qualquer empreendedor de conteúdo em qualquer setor de atividade pode, seguindo algumas etapas importantes, desenvolver um negócio de sucesso, concentrando-se primeiramente na conquista de um público e, só depois, no produto.

Agradeço a você por dedicar um tempo para fazer esta jornada comigo.

Se hoje fosse o último dia da sua vida,
você desejaria fazer o que está prestes a fazer hoje?
STEVE JOBS

RECURSOS

Energy University, consultado em 11 de outubro de 2020, https://www.schneideruniversities.com/.

"ESPN.com Facts", consultado em 8 de agosto de 2020, http://espn.go.com/pr/espnfact.html.

Gladwell, Malcolm, *Davi e Golias: A arte de enfrentar gigantes*, Sextante, 2014.

Guilford, Gwynn e Charity L. Scott, "Is It Insane to Start a Business During Coronavirus?", consultado em 11 de outubro de 2020, https://www.wsj.com/articles/is-it-insane-to-start-a-business-during-coronavirus-millions-of-americans-dont-think-so-11601092841.

Bíblia Sagrada, Nova Versão Internacional, Grand Rapids: Zondervan Publishing House, 1984, 1 Samuel 17.

Entrevista com John Lee Dumas por Joe Pulizzi, setembro de 2020.

Entrevista com Mike Stelzner por Clare McDermott, janeiro de 2015, e Joe Pulizzi, agosto de 2020.

Entrevistas por Clare McDermott:

David Reardon, agosto de 2020.

Kristen Bor, agosto de 2020.

Matthew Patrick, agosto de 2020.

Miller, James Andrew e Thom Shales, *Those Guys Have All the Fun: Inside the World of ESPN*, Little, Brown and Company, 2011.

Ries, Eric, *A startup enxuta*, Leya Brasil, 2012.

Schurenburg, Eric, "What's an Entrepreneur? The Best Answer Ever", Inc.com, consultado em 14 de agosto de 2020, http://www.inc.com/eric-schurenberg/the-best-definition-of-entepreneurship.html.

Shane, Scott, "Failure Is a Constant in Entrepreneurship", NewYorkTimes.com, consultado em 17 de julho de 2020, http://boss.blogs.nytimes.com/2009/07/15/failure-is-a-constant-in-entrepreneurship/.

Thiel, Peter, *De zero a um: o que aprender sobre empreendedorismo com o Vale do Silício*, Objetiva, 2014.

Wellman, Jack, "David and Goliath Bible Story", Patheos.com, consultado em 10 de agosto de 2020, http://www.patheos.com/blogs/christiancrier/2014/04/15/david-and-goliath-bible-story-lesson-summary-and-study/#ixzz3H9qKZLbb.

PARTE 1

INÍCIO DA JORNADA

Como seria maravilhoso se ninguém precisasse esperar um momento sequer antes de começar a melhorar o mundo.
ANNE FRANK

Para ter sucesso no lançamento de um modelo Conteúdo S.A., precisamos colocar nossas metas e planos no devido lugar. Vamos começar!

CAPÍTULO 1

COMEÇAR COM O FIM EM MENTE

Os objetivos permitem controlar a direção da mudança a nosso favor.
BRIAN TRACY

> Este capítulo é sobre como colocar seus objetivos em ordem e descobrir o que é importante para você.
> Este é o seu porquê.
>
> *Se você já entendeu isso, pule para o próximo capítulo.*

Passei por um período de tempo bastante longo sem me sentir bem-sucedido, embora, em retrospecto, seja mais correto dizer que eu realmente não sabia o que era o sucesso.

Formei-me na Bowling Green State University (ao sul de Toledo, Ohio) em comunicação interpessoal. Minha opção de curso era "indeciso" até o início do primeiro ano. A única razão para escolher comunicação interpessoal é que se tratava do único curso que me permitiria eu me formar no tempo programado.

Chegando perto da formatura, achei que marketing esportivo era algo no qual eu poderia ser bom. Tive sorte de conseguir um estágio com os Cleveland Cavaliers, o time de basquete profissional, após me formar. Mas depois de descobrir que todo o dinheiro ia para os jogadores (a equipe administrativa trabalha muitas horas e ganha muito pouco), decidi fazer pós-graduação.

Faltando duas semanas para o semestre de outono, alguém saiu do programa de assistente de ensino na Penn State University, deixando aberta uma vaga para mim. Dei aula por quatro semestres sobre como falar em público e acabei com um diploma de mestrado em comunicações.

Com muitos cursos e pouca experiência, viajei para Cleveland, Ohio, em busca de um emprego. Depois de enviar praticamente centenas de currículos sem conseguir nada, tirei o mestrado do meu currículo e comecei a fazer um trabalho temporário. Após alguns compromissos com a duração de um mês, consegui um emprego em tempo integral em uma companhia de seguros, trabalhando em projetos de comunicação interna.

Pouco tempo depois de começar em meu novo emprego, li o livro *Quem Pensa Enriquece*, de Napoleon Hill. Isso causou um impacto enorme na forma como eu definia o sucesso e no que eu realmente queria fazer com minha vida. Embora tendo lido o livro inteiro, de cabo a rabo, teve uma passagem poderosa que me senti particularmente compelido a recordar: "A oportunidade espalhou suas alternativas diante de você. Vá em frente, escolha o que você quer, crie o seu plano, coloque o plano em ação e siga com persistência". Foi quando comecei a estabelecer metas para a minha vida.

Em seguida, li *Os 7 hábitos das pessoas altamente eficazes*, de Stephen Covey. O segundo hábito é "Comece com um Fim em Mente", que significa: "Começar cada dia, tarefa ou projeto com uma visão clara de sua direção e destino desejados, e depois continue flexionando seus músculos proativos para fazer as coisas acontecerem". Foi quando comecei a escrever meus objetivos pela primeira vez.

Após três anos e algumas promoções na companhia de seguros, parti para uma nova oportunidade na Pention Media, a maior empresa independente de mídia de negócios entre empresas (business-to-business — B2B) na América do Norte. Foi lá que ampliei o meu conhecimento, aprendendo sobre o mundo da comunicação de mídia, comunicações de marketing e criação de conteúdo corporativo. Foi na Penton que aprendi o poder de ouvir o público e onde fiquei familiarizado com os vários modelos de negócios que fizeram as empresas de mídia funcionar.

Em março de 2007, decidi sair da Pention Media (onde tinha o cargo de vice-presidente de mídia personalizada), principalmente porque não sentia ter qualquer influência real sobre o direcionamento da empresa (um de meus objetivos escritos era o de ter influência nos empregos em que estivesse trabalhando). Portanto, saí e comecei o que viria a se tornar o Content Marketing Institute.

Naquele mesmo ano, pesquisa conduzida pelo Dr. Gail Matthews, da Universidade Dominicana da Califórnia, mostrou que as pessoas que escreviam seus objetivos, compartilhavam-nos com um amigo e enviavam atualizações semanais para este amigo eram em média 33% mais bem-sucedidos na realização de seus objetivos declarados do que aqueles que apenas formulavam objetivos.

Então comecei a compartilhar meus objetivos com outras pessoas; o mais importante, porém, é que eu diariamente revisitava esses objetivos. Isso mesmo — todo dia eu lia meus objetivos, certificando-me de estar no caminho certo.

Separei meus objetivos em seis categorias:

- Objetivos financeiros.
- Objetivos da família.

- Objetivos espirituais.
- Objetivos mentais.
- Objetivos físicos.
- Objetivos filantrópicos.

A diferença de direção que minha vida tomou a partir desse momento em diante foi muito mais do que espantoso para mim.

UM PROJETO DE REFLEXÃO: O SEU SELF IDEAL

Em seu livro *Hábitos atômicos*, James Clear fala sobre como encontrar sua verdadeira identidade como parte do desenvolvimento de hábitos de sucesso. Eu chamaria isso de "busca do seu self ideal".

Antes de começar a pensar sobre o que quer realizar, você precisa passar algum tempo pensando em quem você é e quem deseja ser.

- Você quer ser um atleta?
- Você quer ser um empresário de sucesso?
- Você quer ser um ótimo marido/esposa ou pai/mãe?
- Você quer dar mais do que recebe?

Embora seja um pouco mórbido, pense no que seu obituário diria. O que você realizou? O que as pessoas diziam a seu respeito? Você começou a aprender piano aos 50 anos de idade? Você se tornou um triatleta tarde na vida? Você transformou sua cidade de alguma maneira? Você deixou este mundo um lugar melhor?

Eu recomendo pensar nessas perguntas por alguns dias e, se puder, leia-as antes de ir para a cama à noite. A mente subconsciente faz maravilhas!

DUAS AÇÕES E SEU IMPACTO EM UMA ABORDAGEM CONTEÚDO S.A.

Dois comportamentos diários fizeram toda a diferença para mim: escrever meus objetivos e revisá-los consistentemente.

Por que estou contando isso e o que tem a ver com o marketing de conteúdo e com este livro? Bem, neste caso, tudo.

Todo ano, o Content Marketing Institute e a MarketingProfs lança um estudo anual de benchmark sobre a situação do marketing de conteúdo em todo o mundo.

Eu queria saber o que separa os grandes profissionais de marketing de conteúdo daqueles que não têm sucesso. Embora muitas características tenham surgido, existem dois diferenciadores fundamentais. Grandes profissionais de marketing de conteúdo fazem duas coisas de maneira diferente dos demais:

- Eles documentam de alguma forma a sua estratégia de marketing de conteúdo (escrita, eletrônica etc.).
- Eles regularmente revisam e consultam o plano.

Essas duas ações fazem toda a diferença na determinação do sucesso do marketing de conteúdo. Parece tão simples, mas o fato é que poucos profissionais de marketing fazem essas duas coisas de forma consistente.

Quer se tratando do âmbito pessoal ou profissional, esses mesmos dois comportamentos fundamentais se destacam.

DE OBJETIVOS A AÇÕES

Criar metas é uma coisa. Desenvolver ações em torno desses objetivos e remover a desordem para que você possa realmente executá-los é algo completamente diferente. Agora é hora de começar. Eu chamo esse processo de definição de metas de "Três Rs": registrar — repetir — remover.

- Registrar: documente seus desejos.
- Repetir: revise-os consistentemente todos os dias.
- Remover: afaste-se da desordem em sua vida para ter sucesso.

REGISTRAR

"Registrar" significa que você documenta seu desejo. Dependendo de qual pesquisa você analisa, cerca de 3 em 100 pessoas realmente escrevem seus objetivos.

Digamos que você fosse construir uma casa. Se tratássemos da construção dessa casa como fazemos com a construção de nossas vidas, simplesmente chamaríamos os empreiteiros, o eletricista, o encanador, o cara do concreto, a turma do gesso e o pessoal do telhado para que se reunissem e se virassem.

Consegue imaginar o caos de construir uma casa sem um projeto? Mas é isso que fazemos com nossas vidas. Nós não planejamos para que nossos desejos se tornem realidade.

Na década de 1930, Napoleon Hill entrevistou 500 grandes empreendedores, incluindo Ford, Roosevelt e Carnegie, para descobrir por que eles tiveram tanto sucesso. Ele constatou, na verdade, que a principal semelhança entre esses grandes empreendedores era incrivelmente simples. Eles escreviam seus desejos.

Mas que tipo de objetivos e desejos?

O investidor bilionário Warren Buffett diz: "No beisebol, se você for tentar rebater 1.000%, não vai conseguir muitas coisas importantes. Mas se estiver disposto a rebater algumas vezes, você pode mudar o mundo".

Portanto, não estamos falando de pequenos objetivos aqui... estamos falando de objetivos Eu Vou Mudar o Mundo. Quero que meus objetivos sejam grandes e não razoáveis. O problema é que alguns podem se sentir sobrecarregados com essa perspectiva e não fazer nada.

GRANDES OBJETIVOS SÃO ALCANÇADOS POR MEIO DE HÁBITOS DIÁRIOS

Eu uso o aplicativo HabitBull para controlar os meus hábitos para que eu possa realizar meus objetivos. Por exemplo, um de meus objetivos anteriores era o de escrever meu primeiro romance. Então pensei sobre quais hábitos me levariam a esse objetivo.

O que os escritores fazem? Eles escrevem. Todos os dias.

Assim, estabeleci a meta de escrever pelo menos uma hora por dia. Ao longo de três meses, escrevi pelo menos uma hora durante 44 dias seguidos e terminei o romance.

Portanto, pegue o grande objetivo, neste caso terminar um romance, e escreva-o no presente ou no pretérito — como se estivesse ativamente fazendo ou como se já o tivesse realizado:

Terminei meu romance em 2019.

Em seguida, acrescente o hábito que o ajudará a cumprir a meta, para que você possa medir:

Terminei meu romance em 2019 escrevendo uma hora todos os dias. Boom! Isso é tudo o que preciso.

REPETIR

O que queremos dizer com "repetir"?

Todos os dias, de manhã e à noite, vamos revisar esse objetivo. Vamos dedicar cerca de 1% do nosso dia — menos de 15 minutos — para revisar nossos desejos – o plano de nossa casa mental.

Em um estudo publicado pela Dra. Phillipa Lally e coautores na revista *European Journal of Social Psychology*, 96 pessoas relataram, ao longo de um período de 12 semanas, seus esforços para mudar o comportamento e os hábitos. Cada um deles escolheu um novo hábito e relatou a cada dia se realizou ou não o comportamento e quando o comportamento se tornou automático.

Algumas pessoas escolheram hábitos simples como "beber três garrafas de água por dia" ou "não comer sobremesa". Outras escolheram tarefas mais difíceis como "exercitar-se 15 minutos antes do jantar". No final das 12 semanas, os pesquisadores analisaram os dados para determinar quanto tempo cada pessoa levou desde começar um novo hábito até automaticamente fazê-lo.

Em média levou 66 dias para um novo hábito se tornar automático.

É exatamente por isso que você deve revisar seus objetivos de sucesso todo dia durante um longo período de tempo. Você precisa condicionar sua mente para acreditar que os objetivos são alcançáveis. E isso ajuda a motivá-lo a concretizar o hábito que leva à realização bem-sucedida de seus objetivos.

Esta é a grande ideia que a maioria das pessoas simplesmente não entende. O mais importante para atingir os objetivos é acreditar que isso é possível. Você não precisa de mais dinheiro, competências, habilidades ou um emprego melhor.

Depois que você consegue condicionar a mente ao seu objetivo, a meta começa a se moldar.

No meu caso, para ser um romancista, eu precisava escrever. Rever essa meta várias vezes por dia garantiu que eu estivesse motivado para escrever, todos os dias.

REMOVER

Para que registrar e repetir funcionem, temos que limpar o lixo que está nos impedindo de realizar nossos desejos.

O fundador da Microsoft, Bill Gates, realmente não queria conhecer Warren Buffett. Ele não achava que teriam algo em comum. Mas, a pedido de Meg Greenfield, editora do *Washington Post*, eles se encontraram em 5 de julho de 1991. Gates estava nervoso, temendo a reunião.

Greenfield deu aos dois homens uma folha de papel e pediu que cada um escrevesse uma palavra que representasse a chave de seu sucesso. Acontece que ambos escreveram a mesma palavra: foco. Os dois se tornaram grandes amigos.

Para ter sucesso, precisamos de foco, precisamos de disciplina e precisamos remover as distrações ao nosso redor.

Guarde o Celular

Alguns meses atrás, alguém me convidou para tomar um café. Ele disse que tinha algumas perguntas muito importantes sobre modelo de negócios e achava que eu poderia ajudar. Nós nos encontramos na Panera Bread, na zona oeste de Cleveland.

Sentei-me e pus meu café na mesa. Ele se sentou e colocou o café na mesa — junto com o celular à sua esquerda, com a face para cima. Ao longo de nosso bate-papo, ele ficou olhando para o celular. Instagram, Twitter, Messenger... todos os tipos de mensagens. Claramente não estava prestando atenção à nossa conversa.

Sempre que vejo pessoas com um celular — com a face para cima ou para baixo — ao lado delas durante uma reunião, já sei que elas têm um problema de foco.

Depois de algumas trocas de ideias, ele me perguntou: "Qual a primeira coisa que devo fazer?". Eu lhe disse para pegar o smartphone e jogar no lixo.

Falta de Tempo?

"Eu não tenho tempo para realizar meus objetivos". Ouço isso o tempo todo.

De acordo com o Serviço de Estatísticas do Trabalho dos EUA, o norte-americano médio assiste a três horas de televisão por dia. Isso corresponde a 1.100 horas por ano.

Digamos que seja o seu caso e que seja abençoado o suficiente para viver até os 80 anos de idade. Isso significa que você dedicará quase 10 anos do tempo total assistindo à televisão. É como ligar a TV aos 30 anos de idade e nunca se mexer até os 40. Uma década perdida.

E se em vez de assistir à televisão, ou qualquer outra coisa que faça para matar o tempo, você o enchesse de significado?

Registrar — repetir — remover... a mais simples das fórmulas.

A REGRA 25/5 DE WARREN BUFFETT

Warren Buffett é famoso por muitas coisas, incluindo seu estabelecimento de metas anuais.

Siga sua liderança.

Primeiramente, liste 25 coisas que você deseja realizar. Isso deve levar uma semana ou duas. Olhe para todas as áreas da sua vida. Pergunte a si mesmo:

- O que desejo realizar na minha carreira?
- Quais são os objetivos financeiros que desejo atingir?
- Como está minha saúde? O que posso fazer melhor? Como fazer para me manter usando calças tamanho 42 (ih, esse é o meu tamanho)?
- E quanto à minha família? Como posso encontrar mais tempo de qualidade para dedicar a ela?
- E quanto aos objetivos de caridade? Há uma causa com a qual devo me alinhar?

Não pare até chegar a pelo menos 25.

Limite a Cinco

Pegue a lista inteira e selecione os cinco objetivos mais importantes.

Depois de selecionar os cinco, circule cada um. Lembre-se de circular cinco. Nem mais, nem menos.

Detalhe um Plano para os Cinco e Esqueça o Resto

É claro que você vai querer elaborar um plano para realizar seus cinco primeiros.

O fundamental para o sucesso, aqui, é como você vai medir cada um.

Se a meta é concluir um projeto, como você chegará lá?

A melhor parte é que depois de concluir essa etapa, você se esquece dos outros 20 objetivos que listou.

Isso mesmo — seguindo o plano de Warren, você jura nunca trabalhar neles. Você precisa evitá-los a todo custo. Por quê? Se ainda tem a menor suspeita de que pode realizar mais de cinco, você está se enganando. Está bem, deixe-me esclarecer um pouco isso. Eu concordo com Warren, mas acredito que você pode ter seis objetivos — um para cada área de objetivo mostrada a seguir. O mesmo procedimento funciona quando você começa a construir sua plataforma de conteúdo. Veremos isso mais tarde.

FAÇA ISTO PRIMEIRO

Este livro está repleto de itens práticos sobre como desenvolver e executar sua própria iniciativa de Conteúdo S.A. Mas sem estabelecer um rumo para a sua vida, qual o bem que isso fará?

Testemunhei muitos empreendedores inteligentes começarem com uma ideia de negócio que achavam que mudaria o mundo e fracassarem muitos meses depois por não terem prioridades bem definidas.

O seu trabalho começa agora. Antes de embarcar nessa jornada comigo, você precisa ter suas seis áreas de objetivos em ordem. Eis como fazê-lo.

Em cada área liste um objetivo factível com números e cronogramas específicos. Não precisa ser perfeito. E muito provavelmente, se você está lendo este livro, aqueles objetivos de "carreira" podem não estar prontos para serem mostrados ainda. Não se preocupe. Você pode preencher as áreas à medida que se aprofunda no livro.

CONTEÚDO S.A. EM AÇÃO

Minhas Áreas de Objetivos

Financeira
Eu possuo empresas que consigo controlar a distância.

1. _____
2. _____
3. _____

Família
Tenho filhos que acreditam que podem realizar qualquer coisa.

1. _____
2. _____
3. _____

Espiritual
Rezo todas as noites com minha família.

1. _____
2. _____
3. _____

Mental
Leio um livro por mês sobre algo não relacionado com negócios.

1. _____
2. _____
3. _____

Física
Corro três vezes por semana.

1. _____
2. _____
3. _____

Filantrópica
Ajudei a fornecer serviços de terapia da fala para crianças em todos os 50 estados do país.

1. _____
2. _____
3. _____

O QUE VOCÊ ESTÁ ARRISCANDO COM UMA ABORDAGEM CONTEÚDO S.A.

Quando saí de meu "emprego real" para iniciar um negócio, inúmeros amigos e familiares expressaram suas preocupações.

"Tem certeza de que quer assumir um risco tão grande e deixar um emprego seguro?"

A pergunta era compreensível. Eu tinha acabado de constituir família, com duas crianças pequenas. Assim, mesmo meus amigos empreendedores e empresários questionaram minha mudança deixando para trás um salário de seis dígitos e um sólido pacote de benefícios.

O problema era que, por mais confortável que alguns achassem minha posição, eu praticamente não tinha controle sobre o que a empresa fazia ou deixava de fazer. Não tenho certeza se minha posição estava em risco, mas o meu emprego parecia terrivelmente arriscado para mim, com benefícios e tudo.

O QUE VOCÊ PODE CONTROLAR?

Se você já leu alguns dos livros de Robert Kiyosaki (da famosa série Pai Rico, Pai Pobre), pode ver o risco de uma forma um pouco diferente da maioria. Eis uma visão geral:

> Se você não puder dar um telefonema ou enviar um e-mail que tenha influência direta na forma como uma empresa é administrada, então investir nesta empresa é semelhante a jogar no cassino.

Tenho investimentos na Bolsa de Valores. Possuo ações da Amazon, Google, Apple e outras. Mas para ser honesto, como não posso telefonar para os CEOs dessas empresas para influenciar mudanças, esses investimentos são arriscados para mim, pessoalmente. Não importa o que você pense sobre investir em ações, caso não tenha nenhum controle sobre as decisões que são tomadas, você apenas joga com a sorte de que algumas empresas, seja por que motivo for, possam ter um desempenho melhor com o tempo e aumentar seu valor.

TIRANDO O GOLEIRO

Malcolm Gladwell nunca teve uma regra de vida até ler um artigo de Clifford Asness e Aaron Brown intitulado "Pulling the Goalie: Hockey and Investment Implications" ["Tirando o Goleiro: Implicações no Hóquei e no Investimento", em tradução livre]

Tirar o goleiro é uma referência ao hóquei. Em uma partida de hóquei em 1931, o Boston Bruins estava perdendo do Montreal Canadiens por 1x0. A um minuto do final, o técnico do Bruins, Art Ross, tirou seu goleiro do jogo e colocou um atacante extra. O jogo terminou sem nenhum gol adicional, mas Art Ross recebeu o crédito pela tática agressiva. Hoje a jogada é usada o tempo todo, geralmente ainda com um minuto ou menos restante em uma partida.

Asness e Brown fizeram as contas da manobra. Eles descobriram que tirar o goleiro era de fato um movimento adequado, mas os treinadores não eram suficientemente agressivos. Os autores constataram que, na verdade, se um time estiver perdendo por um gol, o técnico deve sacar o goleiro na marca de 6 minutos. Se um time estiver perdendo por dois, deve ser na marca de 11 minutos.

Loucura? Talvez. Tirar o goleiro aumenta em quatro vezes a chance de a outra equipe marcar! Mas (e este é um grande mas) a equipe só perde um pouco quando o outro time marca. A equipe já estava perdendo; então perder por três ou quatro, em vez de dois, não muda as coisas; ainda é uma derrota.

Ao mesmo tempo, a tática quase duplica a chance de marcar um gol, por causa do atacante extra. A matemática diz que é a decisão correta — e que os treinadores de hóquei são muito conservadores.

O artigo explica em detalhes por que os treinadores são relutantes. As evidências? A matemática (a decisão correta) geralmente fica em segundo plano em relação à aparência de nossas ações para outras pessoas.

Este é exatamente o motivo pelo qual não conseguimos atingir nossos objetivos. Mantemos o goleiro no jogo para fortalecer a defesa. Por segurança. Segundo as pessoas com quem você anda, é a coisa certa a fazer.

Pegue o emprego com benefícios. Escolha o curso superior que possa lhe dar um emprego, em vez de algo que você realmente goste. Nunca inicie um negócio de Conteúdo S.A. porque as pessoas vão chamá-lo de louco. Tomamos decisões baseados no que acreditamos ser socialmente aceitável ou que ofereça o mínimo risco. Isso é matemática ruim.

Quando deixei aquele cargo executivo em 2007, meus amigos e parentes acharam que eu estava arriscando muito e disseram isso na minha cara. Posso imaginar o que falavam quando eu não estava por perto.

Minha crença era (e ainda é) que há muito mais risco em trabalhar para uma empresa. Você não tem controle sobre o que a empresa faz ou como e quando distribui os benefícios. Trabalhar para outra pessoa quase sempre coloca um limite em seu potencial de ganhos e liberdade geral.

Eu fiz a matemática. A matemática dizia para sair. Todas as pessoas "sensatas" disseram para ficar.

E a matemática funcionou muito, mas muito bem para mim (mais sobre isso na sequência).

O que a matemática lhe diz sobre a sua abordagem Conteúdo S.A.?

O pior cenário? As pessoas vão pensar que você é louco. As pessoas podem desprezar você. Elas podem falar sobre você pelas suas costas.

O melhor cenário? Você realiza cada um dos seus sonhos. Você ganha e continua ganhando até ganhar tudo.

É hora de tirar o goleiro.

RECURSOS

Asness, Clifford e Aaron Brown, "Pulling the Goalie: Hockey and Investment Implications", 1º de março de 2018, consultado em 10 de agosto de 2020, https://papers.ssrn.com/sol3/papers.cfm?abstract_id=3132563.

Clear, James, Hábitos atômicos, Alta Life, 2019.

Covey, Stephen, Os 7 hábitos das pessoas altamente eficazes, Best Seller, 2009.

Gannon, John, "The 15-Minute Morning Routine That Is Already Changing My Life", TheMuse.com, consultado em 22 de setembro de 2020, https://www.themuse.com/advice/the-15minute-morning-routine-thats-already-changing-my-life.

Gladwell, Malcolm, Revisionist History, episódio 27, consultado em 12 de setembro de 2020, http://revisionisthistory.com/episodes/27-malcolm-gladwell-s-12-rules-for-life.

Goalband, "18 Facts About Goals and Their Achievement", consultado em 22 de setembro de 2020, http://www.goalband.co.uk/goal-achievement-facts.html.

Hill, Napoleon, Pense e enriqueça, Sextante, 2020.

Huddleston, Tom Jr. "Bill Gates: 'I Didn't Even Want to Meet Warren Buffett'", CNBC.com, consultado em 22 de setembro de 2020, https://www.cnbc.com/2019/11/08/bill-gates-i-didnt-even-want-to-meet-warren-buffett.html.

Kiyosaki, Robert T., Pai rico, pai pobre, Elsevier Editora, 2000.

Lally, Dra. Phillipa, Cornelia H. M. van Jaarsveld, Henry W. W. Potts e Jane Wardle, European Journal of Social Psychology, 16 de julho de 2009.

Matthews, Dr. Gail, Dominican University Goals Study, 2007, http://www.dominican.edu/academics/ahss/undergraduate-programs-1/psych/faculty/fulltime/gailmatthews/researchsummary2.pdf.

The Smarter Brain, "Warren Buffett's '3-Step' 5/25 Strategy", consultado em 22 de setembro de 2020, https://www.mayooshin.com/buffett-5-25-rule/.

Serviço de Estatísticas do Trabalho dos EUA, "Television, Capturing America's Attention at Prime Time and Beyond", consultado em 22 de setembro de 2020, https://www.bls.gov/opub/btn/volume-7/television-capturing-americas-attention.htm.

CAPÍTULO 2

A OPORTUNIDADE CONTEÚDO S.A.

*Tudo o que você puder fazer ou sonhar que pode fazer, comece.
A ousadia tem genialidade, poder e magia dentro dela!*
JOHANN WOLFGANG VON GOETHE

> Este capítulo explica por que o modelo Conteúdo S.A. é perfeito para o ambiente econômico de hoje, tanto em termos de novas tecnologias quanto de mudança no comportamento do consumidor. A comunicação de priorizar o conteúdo e o público em contraposição ao pensamento que prioriza o produto está apenas começando a se popularizar.
>
> *Se você já entendeu isso, pule para o próximo capítulo.*

Wally Koval queria viajar pelo mundo. Ele começou a pesquisar ideias no Instagram, no Reddit e no Google. Grande fã de Wes Anderson, Wally queria viajar para lugares que "pareciam como se pudessem ter sido retirados da tela de um filme de Wes Anderson".

Mas ele se deparou com um problema durante a busca. Todas as fotos maravilhosas que Wally encontrou não tinham contexto. "Não havia nenhuma informação quando eu encontrava as imagens, exceto por algumas legendas gerais", diz Wally.

Então Wally passou a pesquisar as informações por trás das imagens incríveis e começou uma lista de destinos usando o Instagram. "Eu criei essa lista de viagens, assim como você criaria uma lista de filmes. Como na Netflix, mas em vez de ficar procurando, eu tinha essa lista. Assim, quando nós [Wally e sua esposa Amanda] tínhamos férias chegando, apenas dávamos uma olhada nesses lugares".

Os amigos de Wally notaram. As fotos eram de tirar o fôlego. Eles gostaram dos detalhes adicionados. Então Wally continuou. Todo dia postava a foto de um destino que ele queria visitar e que parecia a cena de um filme de Wes Anderson.

Mais e mais pessoas começaram a gostar da página de Wally no Instagram. Ele ficou animado e começou a acrescentar ainda mais informações e a usar hashtags específicas relacionadas com a imagem ou área de interesse. Ele chamou sua página no Instagram, *Accidentally Wes Anderson*.

Depois de um pouco mais de dois anos, *Accidentally Wes Anderson* acumulou 3.000 seguidores, com algumas das principais agências internacionais de turismo e empresas de mídia como parte do grupo. Até a revista *Vogue* se envolveu. Uma entrevista para a *Vogue* foi publicada em agosto de 2017, e a contagem de seguidores de *Accidentally Wes Anderson* multiplicou por 10.

Hoje o "acidente" de Wally e Amanda tem mais de 1 milhão de seguidores.

Em outubro de 2020, eles publicaram o livro *Accidentally Wes Anderson*, que imediatamente passou a constar da lista de best-sellers do *New York Times*. Receitas em múltiplas formas estão chegando.

O melhor de tudo é que Wally desenvolveu um negócio com crescimento substancial e marcante — tudo isso enquanto passa tempo com a família e se diverte muito no processo. Embora ainda não sejam milionários, Wally e Amanda estão no caminho certo.

O que Wally e Amanda realizaram teria sido impossível 20 anos atrás. Hoje esse modelo (chamado Conteúdo S.A.) é rigorosamente possível. Mais do que isso, acredito que Wally e os outros a respeito dos quais você ouvirá neste livro descobriram o modelo de negócios de maior potencial e de menor risco disponível atualmente.

O QUE MUDOU?

Antes de 1990, havia apenas oito canais disponíveis através dos quais uma empresa podia se comunicar com um consumidor: em um evento, por fax, por mala direta, por telefone, na televisão, pelo rádio, em um outdoor ou em uma revista impressa ou em um boletim informativo (ver Figura 2.1). Em 2021, existem literalmente milhares de canais onde os consumidores acessam conteúdo.

Antes de 1990, as grandes empresas de mídia detinham mais poder, pois controlavam os canais de informação. Elas controlavam o acesso ao público. Agora, mais de 30 anos depois, esse poder se deslocou completamente para o consumidor. Hoje, os consumidores têm escolhas quase ilimitadas quando se trata de onde e como consomem conteúdo. Isso significa que hoje qualquer pessoa, em qualquer lugar, pode ser um editor e atrair um público. Esse é um grande desdobramento no mercado de comunicações, com impacto em todas as empresas, sejam elas grandes ou pequenas.

Aqui estão cinco motivos para esse deslocamento de poder:

1. **Não há barreiras tecnológicas.** No passado o processo de publicação era complexo e dispendioso. Tradicionalmente, as empresas de mídia gastavam centenas de milhares de dólares em sistemas complexos de gerenciamento e produção de conteúdo. Hoje, qualquer pessoa pode publicar online gratuitamente em cinco minutos (segundos?) ou menos. Ao mesmo tempo, 81% dos norte-americanos possuem um smartphone (Pew Research) e 75% dos lares norte-americanos têm acesso à internet (Censo dos EUA). Resumindo, qualquer pessoa pode publicar, e qualquer um pode receber conteúdo.

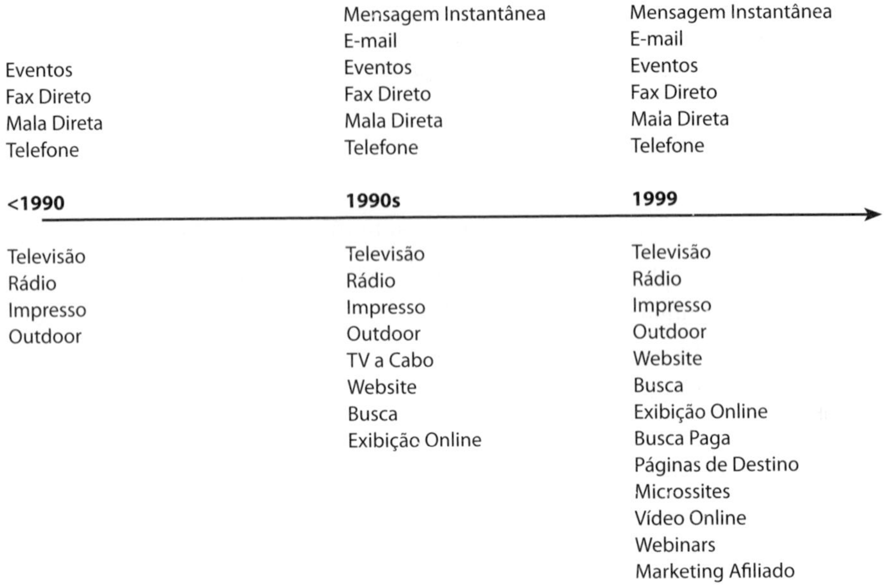

	Mensagem Instantânea	Mensagem Instantânea
	E-mail	E-mail
Eventos	Eventos	Eventos
Fax Direto	Fax Direto	Fax Direto
Mala Direta	Mala Direta	Mala Direta
Telefone	Telefone	Telefone
<1990	**1990s**	**1999**
Televisão	Televisão	Televisão
Rádio	Rádio	Rádio
Impresso	Impresso	Impresso
Outdoor	Outdoor	Outdoor
	TV a Cabo	Website
	Website	Busca
	Busca	Exibição Online
	Exibição Online	Busca Paga
		Páginas de Destino
		Microssites
		Vídeo Online
		Webinars
		Marketing Afiliado

Figura 2.1 Em 1990 havia apenas oito canais para se comunicar com clientes. Hoje existem milhares.

Conceito da imagem original: Jeff Rohrs

E-mail Móvel	Snapchat/WeChat
SMS	Apps/Notificações de Alerta (Push Notifications)
Mensagem Instantânea	Mensagens de Texto em Grupo
E-mail	Mensagem Direta em Redes Sociais
Eventos	Marketing de Voz
Fax Direto	E-mail Móvel
Mala Direta	SMS + MMS
Telefone	Mensagem Instantânea
	E-mail
	Eventos
	Fax Direto
	Mala Direta
	Telefone

2000s ─────────────────── **2015** ──────────────▶

Televisão	Televisão
Rádio	Rádio
Impresso	Impresso
Outdoor	Outdoor
Website	Website
Busca	Busca
Exibição Online	Exibição Online
Busca Paga	Busca Paga
Páginas de Destino	Páginas de Destino
Microssites	Microssites
Vídeo Online	Vídeo Online
Webinars	Webinars
Marketing Afiliado	Marketing Afiliado
Blogs	Blogs/RSS
RSS	Podcasts
Podcasts	Contextual
Contextual	Wikis
Wikis	Redes Sociais
Redes Sociais	Web Móvel
Web Móvel	Comportamental
	Mídia Social e Anúncios
	Mundos Virtuais
	Publicidade em Jogos
	Vídeo ao Vivo
	Aplicativos Móveis
	Geolocalização
	Conteúdo Baseado em IA
	Internet das Coisas (IoT)
	Rede Social de Áudio

Figura 2.1   *Continuação.*

2. **Disponibilidade de talento.** Quando comecei no mercado editorial, há mais de 20 anos, muitas vezes era um desafio encontrar escritores e outros criadores de conteúdo com um conhecimento específico. Duas coisas mudaram desde então. Em primeiro lugar, jornalistas, escritores e produtores confiáveis estão muito dispostos a trabalhar em empresas que não sejam da mídia. No passado, muitos criadores de conteúdo recusariam a ideia de trabalhar em empresas fora do setor de mídia, pois isso era muitas vezes considerado um trabalho de menor prestígio. Esse estigma se foi. Em segundo lugar, considerando o Google, dezenas de mercados de conteúdo e o acesso direto por meio de mídias sociais, os criadores de conteúdo são muito mais fáceis de encontrar. Qualquer empresa de qualquer tamanho pode ter acesso aos melhores criadores de conteúdo do planeta.
3. **Aceitação do conteúdo.** Dê uma olhada no estágio atual do comportamento do consumidor:
    - 70% dos consumidores preferem encontrar informações sobre o produto sozinhos a falar diretamente com um representante da empresa (Zendesk).
    - Os consumidores gastam 22 vezes mais tempo se envolvendo com um artigo de uma empresa do que com um anúncio (Pressboard).
    - 70% dos consumidores preferem conhecer uma empresa por meio de conteúdo em vez de anúncios (Content+).
    - 64% dos consumidores desejam se comunicar diretamente com as marcas (Sprout Social).

    Você não precisa ser o *New York Times* ou a principal revista especializada em seu setor para fazer com que as pessoas se envolvam com seu conteúdo. Os leitores estão abertos para receber e se envolver com qualquer conteúdo que os ajude a viver melhor, conseguir empregos melhores ou resolver um problema específico. Você tem tantas oportunidades de fornecer um conteúdo incrivelmente útil quanto qualquer outra pessoa.

4. **Mídia social.** A mídia social não funciona sem a criação e distribuição de informações valiosas, consistentes e atraentes. Se alguma empresa deseja ter sucesso nas mídias sociais, ela precisa primeiro contar histórias convincentes. Histórias interessantes e úteis se espalham, o que significa que outras pessoas nos ajudam a comercializar nosso conteúdo. A mídia social é inútil sem o conteúdo para alimentá-la.
5. **Busca.** Quase sempre que o Google atualiza seus algoritmos de pesquisa, as informações mais úteis sobem para o topo da página (para pesquisa de texto e voz). Mesmo que o Google queira manter mais tráfego para si mesmo, empreendedores inteligentes podem utilizar estratégias para serem encontrados de forma eficaz e frequente. Mesmo a menor empresa que entenda sobre criação e distribuição pode vencer uma grande empresa de mídia com os processos certos.

Hoje qualquer pessoa, em qualquer lugar, pode publicar livros, desenvolver sites de mídia e criar filmes de longa-metragem, com cada criador tendo a capacidade de atingir um público diretamente. Por exemplo, o roteirista e diretor Sean Baker lançou seu filme *Tangerina* no Festival Sundance de 2015 obtendo excelentes críticas. Qual a novidade? Ele realizou a filmagem inteira utilizando um iPhone. Caramba, até mesmo Steven Soderbergh fez vários filmes usando apenas um iPhone! (*Distúrbio* em 2018 e *High flying bird* em 2019).

Grandes inovações acontecem por todo lado, mas em nenhum lugar isso é mais aparente do que em torno da criação e distribuição de conteúdo.

Empreendedores e pequenas empresas deveriam estar comemorando. A disponibilidade tecnológica de hoje significa que qualquer empresa em qualquer setor de atividade pode conquistar um público contando histórias consistentes. Não tem mais essa de a empresa com maior orçamento de marketing ganhar mais atenção. As empresas agora são recompensadas pela substância de suas mensagens e pelo público que conseguem atrair através de um fluxo consistente de informações.

ENTRA O CONTEÚDO S.A.

Adam Barrie e Lee Wilcox, dois jovens amigos de Birmingham, Reino Unido, descobriram sua própria inovação enquanto afogavam as mágoas em copos de cerveja em uma noite de verão de 2014. Barrie estava no mercado há 12 anos e tinha dificuldade para encontrar um gesseiro para um trabalho. Wilcox morava com os pais após um divórcio e perto da falência.

Eles acreditavam que havia necessidade de trabalhadores especializados se conectarem com empresas industriais, mas não havia como fazer isso no mercado B2B do Reino Unido.

Usando cerca de US$10.000, eles lançaram *On The Tools*, uma página do Facebook para construtores e trabalhadores especializados compartilharem vídeos engraçados. Em poucos meses atingiram 250.000 fãs. Ao final de 2016 acumulavam 1,5 milhão de seguidores.

Hoje Adam e Lee transformaram sua pequena ideia em uma multimilionária empresa diversificada de mídia (Electric House) com 88 funcionários.

Como Adam e Lee fizeram isso? Como qualquer um dos empreendedores e das pequenas empresas apresentados neste livro fez isso? As estrelas se alinharam em cada um desses casos ou existe algo sobre como eles lançaram e posicionaram seus negócios que podemos aprender e replicar? Será que eles simplesmente encontraram um modelo que não exige capital intensivo de forma alguma e no qual o principal ativo deriva da venda de informações educativas ou entretenimento?

Ao longo de 10 anos e inúmeras entrevistas, conseguimos desconstruir e, em seguida, fazer a reengenharia do modelo Conteúdo S.A. Identificamos uma série de etapas que cada empreendedor segue, que, agrupadas, nos ajudaram a criar um modelo de negócios novo e viável para startups (ver Figura 2.2):

- **O ponto ideal.** Combinar uma área de conhecimento ou habilidade com o desejo do público.
- **O ajuste do conteúdo.** Encontrar uma área de pouca ou nenhuma competição para que nosso conteúdo possa se destacar na multidão.
- **A base.** Publicação consistente em um canal principal.
- **Conquista de um público.** Converter a atividade de publicação em um ativo de assinantes.
- **Receita.** Criar experiências de conteúdo que seu público esteja disposto a pagar ou que patrocinadores desejem acessar.
- **Diversificar.** No momento adequado, expandir o processo de publicação para canais adicionais e/ou extensões de marca.
- **Vender ou crescer.** Com o sucesso, decidir construir uma empresa maior, criar um negócio para manter o estilo de vida ou sair do negócio em busca de liberdade financeira.

Figura I.1 Apresentando o modelo Conteúdo S.A.

Nos próximos capítulos vamos desnudar cada uma dessas áreas para que você também possa lançar e executar um modelo Conteúdo S.A.

UMA REFLEXÃO SOBRE O MOTIVO

Don Schultz, pai do marketing integrado e autor de *Integrated Marketing Communications*, discutiu a ideia de que qualquer empresa, em qualquer lugar do mundo, pode copiar tudo o que você faz como empresa, exceto por uma coisa: como você se comunica. A forma como nos comunicamos com nossos clientes atuais e futuros é o único caminho que resta para que possamos realmente **ser** diferentes.

Em seu livro, *Experiences: The 7th Era of Marketing*, Robert Rose e Carla Johnson aproveitaram o comentário de Schultz, acrescentando que as informações valiosas e as experiências que os clientes têm com nosso conteúdo é que são os diferenciadores finais.

É por esse motivo que os empreendedores que seguem uma estratégia Conteúdo S.A. têm uma vantagem estratégica sobre outras empresas. Todo o modelo de negócio é dedicado ao desenvolvimento de experiências de conteúdo e à conquista de um público, e não à venda de produtos.

NENHUM PRODUTO? ISSO É BOM!

Às vezes, ter ofertas de produtos prejudica o modelo Conteúdo S.A. Pegue o setor de revistas impressas, por exemplo. Durante anos, as editoras de revistas impressas tiveram uma atitude tão protetora em relação a manter os dólares da publicidade impressa que acabaram ignorando a necessidade do público por produtos digitais, eventos ou assinatura. Os fornecedores de revista impressa que não deram ouvidos a essa mudança não estão mais conosco.

Quando todo o seu foco está em um público que você conhece profundamente, em vez de no produto, coisas boas geralmente acontecem. Quando ouvimos atentamente o nosso público, somos automaticamente conduzidos a novas oportunidades de produtos. O desafio é que às vezes não sabemos quando o modelo irá tomar forma — e por isso, a paciência é fundamental no modelo Conteúdo S.A. Como afirma Chris Brogan, fundador do *The Backpack Show*, o público está ansioso por ver a sua vida mudada de alguma forma. O foco nisso é que dá uma vantagem para o Conteúdo S.A.

APRENDIZADOS DO CONTEÚDO S.A. COM NAPOLEON HILL

O clássico de Napoleão Hill, *Pense e Enriqueça*, foi publicado pela primeira vez em 1937. Mesmo tendo mais de 80 anos agora, as lições de Napoleon Hill ainda são extremamente relevantes e valiosas.

Desejo

> Tudo o que a mente pode conceber e acreditar,
> ela pode alcançar.

Você pode falar sobre todas as coisas que as empresas Conteúdo S.A. devem fazer para atrair e reter clientes — estratégia de conteúdo, planejamento de conteúdo, organização de conteúdo, integração de conteúdo etc. —, mas o desejo é o principal. Em todos os lugares que faço palestras, ouço a objeção de que muitas empresas simplesmente não têm o desejo de ser **o** recurso de informações para seus clientes atuais e futuros — essas empresas não querem o suficiente. Elas falam da criação de conteúdo como uma obrigação, não como um serviço essencial para os clientes, como algo necessário para a sobrevivência da empresa.

Fé

> Fé é o elixir eterno que dá vida, poder e ação para
> o impulso do pensamento!

Querer é uma coisa, mas realmente acreditar que você pode ser o especialista em informações para o seu setor de atividade é outra. Quando iniciamos o Content Marketing Institute, nós firmemente acreditávamos que seríamos o recurso provedor de informações para o nosso setor. Isso era inquestionável. Era apenas uma questão de tempo, energia e persistência.

Raramente você vê esse tipo de fé nas startups em torno da criação de conteúdo. Quando eu trabalhava em uma editora de negócios e me reunia com os editores-chefes de nossas marcas, eles acreditavam que, sem dúvida, a marca sob sua responsabilidade era o principal provedor de informações na área respectiva. Isto não era colocado em questão. Apenas era e pronto. Este é exatamente o tipo de fé que você precisa para ser o especialista em seu campo.

Conhecimento Especializado

O conhecimento geral, não importando o quanto possa ser grande em quantidade ou variedade, tem pouca utilidade.

A falta de especialização é uma de nossas maiores deficiências quando se trata de conteúdo. Vejo empresas de aquecimento e ar-condicionado blogando sobre o festival que vai ocorrer na cidade na semana seguinte. Vejo fábricas escrevendo artigos sobre melhores práticas de recursos humanos. Dói ver isso.

Para ser especialista em seu setor de atividade, você precisa primeiro definir as dificuldades de seus clientes e o nicho do setor que você vai abordar que fará a diferença em seu negócio e na vida deles. Tenha o foco de um raio laser. Pense em si mesmo como uma revista especializada para o seu setor. Trate disso nas postagens. Seja o especialista nessa área. Caso seja uma grande empresa, você precisará de missões e estratégias de conteúdo separadas, não de uma abrangente que não cause nenhum impacto em pessoa alguma.

Imaginação

Já foi dito que é possível criar qualquer coisa que se possa imaginar.

Como diz Napoleon Hill, as ideias são produtos da imaginação. Para que uma abordagem Conteúdo S.A. funcione, você precisa ser não apenas uma fábrica de conteúdo, mas uma fábrica de ideias. Do mesmo modo que as organizações de notícias cobrem as notícias do dia, você precisa cobrir as notícias que se referem ao seu nicho de conteúdo (mais detalhes a esse respeito na sequência). Pegue o conteúdo que você tem e pense criativamente nos conceitos narrativos — visuais, texto e áudio — de formas novas e atraentes.

Decisão

A procrastinação, o oposto da decisão, é o inimigo comum que precisa ser vencido.

Napoleon Hill traça o perfil de centenas das pessoas mais bem-sucedidas no mundo. Cada uma delas tomou decisões prontamente e mudou essas decisões lentamente, se e quando mudou de ideia. As pessoas que não atingem o sucesso, diz o livro, tomam decisões lentamente (se o fazem) e mudam essas decisões rápida e frequentemente.

Persistência

> Força de vontade e desejo, quando devidamente combinados, formam um par irresistível.

Sem dúvida, o maior motivo para o marketing de conteúdo não funcionar é o fato de ser interrompido. Tenho visto várias empresas começarem um blog, boletim informativo eletrônico, programa de artigos técnicos ou uma série de podcasts e parar depois de alguns meses. O marketing de conteúdo é uma guerra de desgaste. É um processo. O sucesso não acontece da noite para o dia. Você precisa assumir um compromisso de longo prazo se quiser ter sucesso.

Antes de você mergulhar no restante do livro, quero dar-lhe um aviso importante: há alguns obstáculos para desencadear o modelo Conteúdo S.A. Algumas coisas a considerar:

- **Paciência.** O modelo leva tempo para funcionar. Muitos dos estudos de caso discutidos neste livro só desabrocharam depois de um ano ou dois, ou mais. O retorno é grande, mas pode demorar um pouco para chegar lá.
- **Falta de recursos**. O Conteúdo S.A. não é um esquema do tipo "fique rico rápido". Você está construindo um ativo valioso. Enquanto estiver fazendo isso, os rendimentos podem ser difíceis de encontrar. Diminua suas despesas e seja econômico para poder alcançar a linha de chegada.
- **Vai contra o usual.** O Conteúdo S.A. é uma filosofia da qual muitos especialistas em negócios e startups discordariam veementemente. Você está fazendo algo que quase ninguém jamais pensaria em fazer. Você precisa ser capaz de lidar com as críticas.

- **Avançar pequeno para ficar grande.** Muitas empresas fracassam porque não escolhem um nicho de conteúdo que seja suficientemente pequeno. Elas temem que o nicho seja pequeno demais para monetizar. Nunca encontrei um caso assim. A maioria dos fracassos ocorre porque o empreendedor fica abrangente demais, e não estreito o suficiente.

Agora que você foi avisado, prepare-se para o modelo de negócios que mudará a sua vida. Se você persistir e lutar contra o negativismo, o sucesso estará ao seu alcance.

RECURSOS

Bjornson, Leah, "16 Branded Content Stats That Prove Its Value", Pressboard, consultado em 5 de outubro de 2020, https://www.pressboardmedia.com/magazine/best-branded-content-stats.

Entrevista com Electric House por Joakim Ditlev, setembro de 2020.

Entrevista com Wally Koval por Clare McDermott, agosto de 2020.

Perez, Christina, "Accidental Wes Anderson Is the Instagram Trend You Didn't Know You Needed", *Vogue*, consultado em 22 de setembro de, 2020, https://www.vogue.com/article/accidental-wes-anderson-instagram.

Pew Research Center, Mobile Fact Sheet, consultado em 11 de outubro de 2020, https://www.pewresearch.org/internet/fact-sheet/mobile/.

Rose, Robert e Carla Johnson, *Experiences: The 7th Era of Marketing*, Content Marketing Institute, 2015.

Schultz, Don e Heidi Schultz, *IMC—the Next Generation*, McGraw-Hill Professional, 2003.

"Self-Service: Do Customers Want to Help Themselves?", Zendesk, consultado em 10 de outubro de 2020, https://www.zendesk.com/resources/searching-for-self-service/.

"Sundance: Sean Baker on Filming 'Tangerine' and 'Making the Most' of an iPhone", Variety.com, consultado em 23 de setembro de 2020, http://variety.com/video/sundance-sean-baker-on-filming-tangerine-and-making-the-most-of-an-iphone/.

"What Consumers Want from Brands in a Divided Society", Sprout Social, consultado em 1º de outubro de 2020, https://sproutsocial.com/insights/data/social-media-connection/.

PARTE 2

O PONTO IDEAL

A essência da estratégia é escolher o que não fazer.
MICHAEL PORTER

Todo criador de conteúdo bem-sucedido tem um ponto ideal.
É chegada a hora de você encontrar o seu.

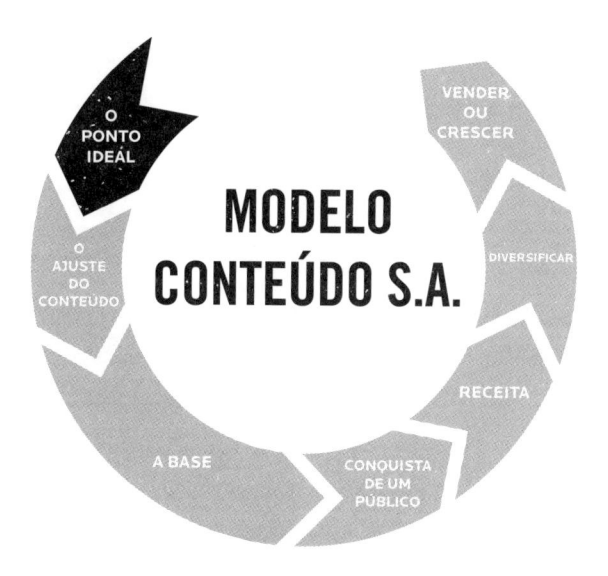

MODELO CONTEÚDO S.A.

- O PONTO IDEAL
- VENDER OU CRESCER
- DIVERSIFICAR
- RECEITA
- CONQUISTA DE UM PÚBLICO
- A BASE
- O AJUSTE DO CONTEÚDO

CAPÍTULO 3

EXPERTISE + DESEJO

O seu trabalho é descobrir o seu trabalho e, em seguida, com todo o seu coração, entregar-se a ele.
BUDA

> Este capítulo define e descreve a primeira etapa no modelo Conteúdo S.A.: o ponto ideal. É a intersecção entre sua expertise (conhecimento ou área de competência) e o desejo de um público.
> Sua estratégia começa aqui.
>
> *Se você já entendeu isso, pule para o próximo capítulo.*

Matthew Patrick cresceu na pequena cidade de Medina, nas proximidades de Cleveland, Ohio. Tanto quanto possa lembrar, sempre foi apaixonado por jogos eletrônicos, desde o seu quarto de criança decorado com o tema do Mário até noitadas com amigos jogando Dungeons & Dragons. Durante o ensino médio, enquanto a maioria dos garotos de sua turma saía para praticar esportes, Matthew participava de um coral, tocava viola na orquestra e fazia parte de qualquer show no palco que a escola oferecesse.

Sim, Matthew adorava estar no palco, mas também era um gênio, tendo obtido a pontuação 1600 no SAT[1], em seu caminho para um diploma de neurociência na faculdade. Em vez de ir às festas de fraternidade nos finais de semana na faculdade, Matthew promovia noites de fondue na sexta-feira jogando Zelda (um videogame bastante popular).

Após a faculdade, com a intenção de atuar nos palcos, Matthew mudou-se para Nova York, onde excursionou com vários shows. Por dois anos, Matthew aceitou qualquer papel disponível — e teve tanto sucesso quanto a média dos atores de Nova York que passam fome. Ou seja, tempos difíceis. O teatro não era a vida que Matthew estava esperando.

Em 2011, Matthew desistiu de seu sonho de se tornar ator e decidiu procurar um emprego "de verdade". Infelizmente, atuação e direção de teatro não eram habilidades que as empresas inovadoras estavam procurando. Ao longo dos dois anos seguintes, Matthew enviou inúmeros currículos. Durante esse tempo, ele ficou desempregado; pior ainda, sua confiança despencou para o fundo do poço. Nenhuma pessoa abriu uma porta para dar a Matthew a chance que ele aparentemente merecia.

Matthew decidiu resolver com seus próprios meios e criou um currículo incrível que as empresas simplesmente não poderiam ignorar. Ele acreditava que se conseguisse mostrar às empresas que sabia como atrair um público e que entendia o funcionamento interno das novas mídias, as empresas não teriam como deixar de ver valor nessas habilidades.

---

1 Nota do Tradutor: trata-se de teste de aptidão escolar nos EUA, semelhante ao ENEM no Brasil.

Enquanto Matthew assistia a um programa online sobre aprendizado através de jogos, nasceu a ideia de criar os vídeos *Game Theory*. Seu programa *Game Theory* tornou-se uma série semanal de vídeos no YouTube que combinavam seu conjunto de habilidades matemáticas e analíticas com um público interessado em videogames peculiares.

Após os 56 episódios do primeiro ano, Matthew tinha um público de 500.000 assinantes no YouTube interessados em sua abordagem de fórmulas matemáticas estranhas e teorias da conspiração nos jogos. Por exemplo, seu episódio "Como PweDiePie [uma celebridade de vídeos online] Conquistou o YouTube" gerou mais de 8,5 milhões de visualizações. Seu episódio "Por que a Linha de Tempo Oficial de Zelda Está Errada" teve mais de 8 milhões de downloads.

Hoje, a marca *The Game Theorists* de Matthew Patrick tem mais de 13 milhões de assinantes. Algumas das maiores estrelas do YouTube no planeta contrataram Matthew para ajudá-las a atrair mais espectadores. Até mesmo o poderoso YouTube contratou MatPat (seu nome online) para prestar consultoria sobre como ajudar o YouTube a reter e aumentar seus números de audiência.

O PONTO IDEAL

Comece onde você está. Use o que você tem.
Faça o que você consegue fazer.
ARTHUR ASHE

O modelo Conteúdo S.A. depende de primeiro identificar o ponto ideal. Em resumo, o ponto ideal é a intersecção entre sua expertise (conhecimento ou competência) e um desejo ou ponto de dificuldade de um público (ver Figura 3.1).

Figura 3.1 O ponto ideal é a intersecção entre sua expertise e o desejo de um público.

Vamos dar uma olhada em vários pontos ideais do Conteúdo S.A.

ANTHONY FASANO (ENGINEERING MANAGEMENT INSTITUTE)

Anthony sempre quis ajudar os engenheiros em suas habilidades de comunicação. Ele percebeu que havia muitas informações para os engenheiros sobre o seu ofício, mas não muitas sobre como os engenheiros poderiam melhorar suas habilidades de comunicação.

Anthony tinha um conjunto estranho, mas valioso, de habilidades. Ele era um engenheiro formado que também passou seus primeiros anos após a faculdade treinando outros engenheiros a como fazer network, trazer novos negócios e gerenciar equipes. Depois de alguns anos de treinamento, Anthony começou a acreditar que poderia tentar algo por conta própria. Ele fundou o Engineering Management Institute (EMI), que agora fornece regularmente informações educacionais (principalmente por meio de podcasts) para mais de 20.000 engenheiros. A Figura 3.2 mostra o ponto ideal do EMI.

TREINAMENTO EM COMUNICAÇÃO ∩ **MELHORES HABILIDADES NÃO RELACIONADAS COM ENGENHARIA**

ENGENHEIROS CIVIS

Figura 3.2 O ponto ideal do EMI é a intersecção entre sua expertise em treinamento de comunicação e o desejo dos engenheiros por habilidades de network.

ALESSANDRA TORRE (TORRE INK)

Alessandra Torre apareceu na lista dos best-sellers do *New York Times* em incríveis sete vezes, publicando um total de 23 romances. Se você não olhasse de perto, acharia que ela era apenas uma escritora notável e bem-sucedida.

Cerca de cinco anos depois de começar sua carreira de escritora, ela passou a perceber que muitos escritores estavam entrando em contato com perguntas do tipo: "Como você começou?", "Quais ferramentas de publicação você usa?", "Devo procurar um agente ou não?", "Como faço para entrar na lista dos mais vendidos do *New York Times*?".

Depois de responder individualmente por meses a fio, Alessandra pensou em uma maneira melhor de ajudar os aspirantes a autores.

"Comecei a organizar aulas e a construir uma biblioteca de vídeos para direcionar as pessoas a tudo o que eu sabia sobre publicação, redação e marketing", diz ela. Assim nasceu a Alessandra Torre Ink. Inclui a bem-sucedida conferência de autores Inkers Con e múltiplos programas de afiliação e treinamento.

PUBLICAÇÃO DE LIVRO PRÓPRIO ∩ **COMO PUBLICAR E FAZER O MARKETING DE UM ROMANCE**

AUTORES DE PRIMEIRA VIAGEM

Figura 3.3 O ponto ideal da Torre Ink, que se destaca na publicação de livros. O público de autores de primeira viagem de Alessandra precisa saber como publicar um livro.

ANDY SCHNEIDER (COM A MARCA CHICKEN WHISPERER)

Andy Schneider é o rei da criação de aves no quintal de casa e tornou-se recurso obrigatório para tudo o que se refere a galinhas. Quando começou a criar galinhas em seu quintal na região de Atlanta, ele passou a vendê-las diretamente para os amigos e, em seguida, no Craigslist. Havia muitas pessoas interessadas em criar as próprias galinhas, mas elas precisavam de muita orientação para saber como fazer. Então Andy formou um grupo em Atlanta para responder perguntas dos que estavam interessados em criar aves no quintal (ver Figura 3.4).

```
    CRIAÇÃO         APRENDER
    DE AVES         SOBRE A
   NO QUINTAL      CRIAÇÃO DE
                    GALINHAS
```

**PROPRIETÁRIOS DE CASAS
SUBURBANAS EM ATLANTA**

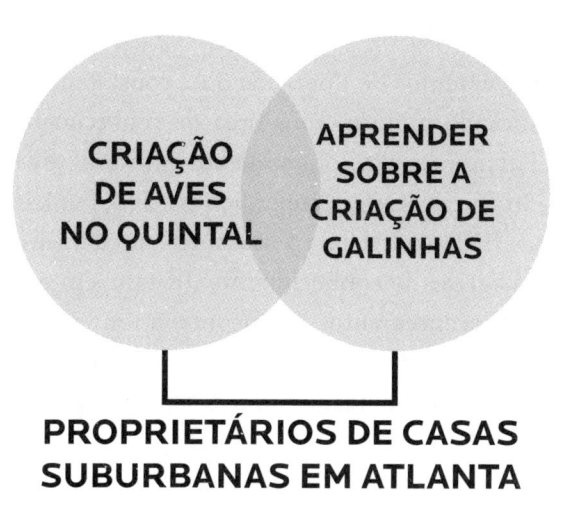

Figura 3.4 O Chicken Whisperer encontra seu ponto ideal. Os proprietários de casas suburbanas em Atlanta queriam saber como criar galinhas.

De acordo com Andy, "Todas essas pessoas eram da área metropolitana de Atlanta; podíamos nos reunir uma vez por mês, nos divertir, comer na sala de reuniões nos fundos de um restaurante e compartilhar nossas experiências e aprender. Então decidi entrar online e encontrei um excelente recurso, o Meetup.com, muito popular, com milhões de grupos por todo o país para pessoas que têm hobbies".

Esse clube se reunia várias vezes por mês e, na medida em que crescia, passou a ser notado pela mídia local. A afiliada local da CBS fez uma entrevista com Andy, e ele foi contratado para escrever em um dos principais jornais de Atlanta, o *Atlanta Journal Constitution*. Daí, Andy ampliou a plataforma Chicken Whisperer com um livro, uma revista (com mais de 60.000 assinantes) e um programa de rádio, que já está no ar há mais de 10 anos, acumulando mais de 1.200 episódios. Ele também viaja por todo o país fazendo palestras itinerantes, patrocinado com exclusividade pelo Tucker Milling, seu principal financiador.

ENCONTRANDO SUA ÁREA DE EXPERTISE

Analisando vários assuntos de Conteúdo S.A., constatamos que o modelo funciona identificando primeiro uma área de conhecimento-chave. Meu amigo Joseph Kalinowski tem conhecimento em várias áreas, incluindo a banda KISS, o Pittsburgh Steelers, super-heróis e Jack Daniels. Em qualquer um desses temas, JK destruiria uma pessoa mediana com seu conhecimento.

Além de suas áreas de conhecimento, JK também é um habilidoso designer gráfico. Recentemente, JK encontrou um lado do ponto ideal ao desenhar diferentes representações de personagens de super-heróis, aproveitando tanto sua habilidade como desenhista quanto seu conhecimento sobre super-heróis.

ONDE COMEÇAR?

Comece listando as áreas nas quais você possui um grande conjunto de habilidades ou conhecimento em comparação com a média das pessoas. Este é um momento de brainstorming; portanto, procure escrever o máximo possível.

Áreas de Conhecimento	Habilidades Especiais
_____	_____
_____	_____
_____	_____
_____	_____

Se você completou o exercício corretamente, deve ter muito mais áreas de conhecimento do que áreas de habilidade.

Eis como ficou o meu:

Áreas de Conhecimento	Habilidades Especiais
Mercado de ações	Falar em público
Canções de Billy Joel	Livros de ficção/não ficção
Modelos de negócios	Construir modelos de publicação
Equipes esportivas de Cleveland	Ensinar
Cards de beisebol dos anos 1980	

Talvez o seu caso esteja mais próximo da situação da Indium Corporation. A Indium, uma indústria mundial com sede no norte do estado de Nova York, desenvolve e fabrica materiais usados principalmente na indústria de montagem eletrônica. Essencialmente, a empresa desenvolve materiais de soldagem que impedem que os componentes eletrônicos se soltem.

Rick Short, diretor de comunicações de marketing da Indium, sabia que os funcionários da empresa tinham mais conhecimento sobre equipamento de solda industrial do que qualquer outra empresa do mundo. Isso faz sentido. Soldagem é a área de conhecimento em que a Indium fabrica a maioria de seus produtos. A cultura da Indium é a de compartilhar conhecimentos, como uma maré alta erguendo todos os navios. A empresa tinha especialistas no assunto dispostos a compartilhar, e uma equipe de marketing que estava animada com a ideia de compartilhar conhecimento através das mídias sociais. Mas como Rick observa, mais importante do que qualquer um de seus conhecimentos era a profunda necessidade dos engenheiros de ensinar sobre o processo de soldagem.

A empresa escolheu um blog como plataforma para seu ponto ideal. O blog da Indium, chamado *From One Engineer to Another*, aumentou sua equipe de redatores de 2 blogueiros regulares para 29 blogueiros especializados. Hoje o blog é o principal gerador de novos negócios da Indium.

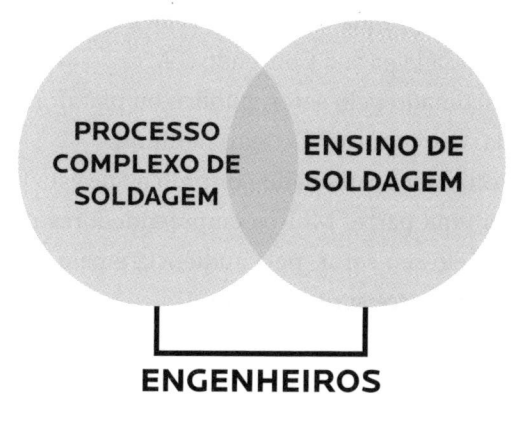

Figura 3.5 O ponto ideal da Indium Corporation.

POR QUE PAIXÃO NÃO É OBRIGATÓRIA

O discurso de patrono de formatura em Stanford feito por Steve Jobs em 2005 foi assistido mais de 12 milhões de vezes. No discurso, ele dá o seguinte conselho: "Vocês precisam encontrar aquilo que amam. A única maneira de fazer um excelente trabalho é amar o que fazem. Se vocês ainda não encontraram, continuem procurando e não se acomodem".

Cal Newport, autor do livro *So Good They Can't Ignore You*, acredita que se Steve Jobs tivesse seguido o próprio conselho, a Apple Computer nunca teria existido. Newport afirma que "se um jovem Steve Jobs tivesse seguido o próprio conselho e decidido buscar o único trabalho que amava, nós provavelmente [o encontraríamos] como um dos professores mais populares do Centro Zen de Los Altos".

Algumas pessoas chamam o setor de empreendedor de conteúdo/criador de conteúdo de Economia da Paixão. Eu acredito que esse termo seja impreciso. Como repetidamente diz o professor Scott Galloway da NYU, "siga seu talento, não sua paixão". Isso vale para os modelos Conteúdo S.A.

Por exemplo, você pode ter uma profunda paixão por motores a explosão ou computação de 64 bits. O problema é que não há realmente uma oportunidade de explorar essas áreas através de modelos Conteúdo S.A. Em vez disso, encontre algo em que você tenha experiência e talento. Então, invista nisso. Aprenda mais sobre isso. Com o tempo você descobrirá uma oportunidade para o Conteúdo S.A.

É útil ser apaixonado pelo setor, público ou plataforma de Conteúdo S.A.? Sem dúvida. Obrigatório? De jeito nenhum.

Você não precisa ser apaixonado por tudo o que está fazendo para ter sucesso... apenas uma parte. Muitos empreendedores de conteúdo não são apaixonados pelo seu setor, pela audiência e pelo conteúdo. Apenas uma área de paixão parece ser suficiente.

NADA IMPORTA SEM UMA AUDIÊNCIA

Olhe novamente para os exemplos de ponto ideal. São exemplos de sucesso porque o empreendedor entende o desejo específico do público.

O ponto ideal funciona porque alguém, em algum lugar, deseja algo. As pessoas têm necessidades específicas e dificuldades que precisam ser preenchidas ou resolvidas.

Seu conhecimento ou habilidade, embora importante para você, não significa nada se não puder ajudar o público. É a combinação do que você sabe com o que o público precisa que completa o ponto ideal. Isso vem a seguir.

RECURSOS

"Difference Between Knowledge and Skill", Differencebetween.net, consultado em 18 de setembro de 2020, http://www.differencebetween.net/language/difference-between-knowledge-and-skill/.

Entrevistados por Clare McDermott:

Alessandra Torre, agosto de 2020.

Andy Schneider, janeiro de 2015.

Anthony Fasano, agosto de 2020.

Matthew Patrick, agosto de 2020.

Isaacson, Walter, "How Steve Jobs' Love of Simplicity Fueled a Design Revolution", Smithsonianmag.com, consultado em 18 de setembro de 2020, http://www.smithsonianmag.com/arts-culture/how-steve-jobs-love-of-simplicity-fueled-a--design-revolution-23868877/?no-ist.

Newport, Cal, "Do like Steve Jobs Did: Don't Follow Your Passion", FastCompany.com, consultado em 18 de setembro de 2020, http://www.fastcompany.com/3001441/do-steve-jobs-did-dont-follow-your-passion.

Patrick, Matthew, "Draw My Life: Game Theory, MatPat and You", YouTube.com, consultado em 18 de agosto de 2020, https://www.youtube.com/watch?v=8mkuIP_i3js.

"Steve Jobs' 2005 Commencement Address", *Stanford News*, consultado em 18 de setembro de 2020, https://news.stanford.edu/2005/06/14/jobs-061505/.

CAPÍTULO 4

MERGULHO PROFUNDO NA AUDIÊNCIA

Todo mundo tem uma história para contar ou um produto para vender.
Conheça seu público antes de abrir a boca.
ANÔNIMO

> Conhecimento é ótimo, mas se você não sabe qual é o seu público-alvo, esse conhecimento não é muito útil no modelo Conteúdo S.A. Vamos descobrir com qual grupo você construirá um relacionamento.
>
> *Se você já entendeu isso, pule para o próximo capítulo.*

Alguns anos atrás, participei de um workshop para profissionais de marketing corporativo em Toronto. Em uma conversa no workshop, a gerente do blog de uma empresa de tecnologia de bilhões de dólares me disse que estava tendo problemas com o seu blog. Ela vinha acrescentando cada vez mais conteúdos diários no blog e, ao mesmo tempo, via o tráfego no blog estagnado e com bem menos assinantes e conversões.

Minha primeira pergunta foi a seguinte: "Quem é o público-alvo de seu blog?".

Ela respondeu: "Temos 18 públicos-alvo diferentes".

Eu: "Descobri o seu problema".

QUEM É QUEM?

Inúmeras empresas fracassam com seu modelo Conteúdo S.A. porque se concentram naquilo em que são boas em comunicar – e não no público específico e no que ele precisa.

Quando nos concentramos apenas em nós e compartilhamos o que sabemos sem um foco profundo no desejo do público, quem realmente se importa? Provavelmente não muitas pessoas.

Para completar a fórmula do ponto ideal, precisamos identificar claramente o "quem". Quem é o público de seu conteúdo? Lembre-se: para que o modelo Conteúdo S.A. funcione, precisamos descobrir como construir o mecanismo que proporcione uma experiência incrível de conteúdo para o nosso nicho específico de mercado. Para que isso aconteça, precisamos definir nosso público e suas necessidades e dificuldades da maneira mais específica possível (Figura 4.1).

Faça as seguintes perguntas:

1. Quem é o membro típico de sua audiência? Como essa pessoa vive num dia normal?
2. Qual é a necessidade da pessoa? Não se trata de "Por que a pessoa precisa do nosso produto ou serviço?", mas "Quais são as necessidades de informação e dificuldades dessa pessoa no que se refere às histórias que contaremos?".

3. Por que essa pessoa se preocupará conosco, com nossos produtos, com nossos serviços? São as informações que fornecemos que farão com que ela se importe ou preste atenção.

SUA EXPERTISE ∩ **DESEJO DO PÚBLICO** → **PÚBLICO-ALVO**

Figura 4.1   O modelo não funciona sem conhecer o público por dentro e por fora.

A sua ideia de "quem" não precisa ser perfeita, mas precisa ser suficientemente detalhada para que você possa claramente visualizar essa pessoa em sua cabeça quando desenvolve conteúdo.

Doug Kessler, um dos fundadores da agência britânica Velocity Partners, diz que "o ponto ideal é a coisa que sua empresa conhece melhor do que ninguém no mundo — ou pelo menos tão bem quanto". Compreender o "quem" lhe dá o contexto que você precisa para fazer isso acontecer.

Marcus Sheridan, da River Pools & Spas, tornou-se o líder mundial em informações sobre piscinas de fibra de vidro para as famílias interessadas em comprar. Se Marcus tivesse como alvo os fabricantes de piscinas de fibra de vidro, o conteúdo seria totalmente diferente. É o "quem" que dá ao conteúdo o contexto de que ele precisa para ter sucesso.

A HISTÓRIA DA RIVER POOLS & SPAS

No final de 2009, a River Pool & Spas, uma instaladora de piscinas de fibra de vidro com 20 funcionários na área de Virgínia e Maryland, estava em apuros. Os proprietários de casas não estavam mais correndo para comprar piscinas de fibra de vidro durante a "Grande Recessão". Pior ainda, os clientes que já haviam planejado comprar uma piscina estavam ligando para a River Pools para solicitar a devolução dos sinais pagos, que, em alguns casos, giravam em torno de US$50.000 ou mais.

Por várias semanas, a River Pools deixou a sua conta-corrente a descoberta. Não só estava ficando difícil pagar os funcionários, como a empresa analisava a possibilidade de sair dos negócios para sempre.

O CEO Marcus Sheridan acreditava que a única maneira de sobreviver seria roubando a participação de mercado da concorrência. Isso significava pensar de forma diferente sobre como a empresa abordava o mercado.

No início deste processo, a River Pools tinha pouco mais de US$4 milhões em receitas anuais e gastava aproximadamente US$250.000 por ano em marketing. Havia quatro concorrentes na área de Virgínia com maior participação de mercado que a River.

Passados dois anos, a River Pools & Spas vendia mais piscinas de fibra de vidro que qualquer outro instalador na América do Norte. A empresa também reduziu seus gastos em marketing de US$250.000 para cerca de US$40.000, enquanto ao mesmo tempo ganhava 15% a mais de contratos e cortava o seu ciclo de vendas pela metade. O empreiteiro médio de piscinas perdeu de 50 a 75% em vendas durante o período de tempo em que a River Pools aumentou as suas vendas para mais de US$5 milhões.

Não é preciso dizer que a River Pools & Spas não fechou as portas.

Como Marcus fez isso? Ele escreveu todas as possíveis perguntas que um cliente faria e respondeu-as em seu blog. Hoje, tanto nos resultados em mecanismos de busca como no compartilhamento em mídias sociais, a River Pools & Spas é a principal fornecedora de informações do mundo sobre piscinas de fibra de vidro.

O Resto da História

A história da River foi compartilhada em todo o mundo. É um exemplo bastante popular de Conteúdo S.A. Mas existe algo que talvez você não saiba. A criação de conteúdo tornou a River Pools uma força internacional. Empresas de todo o mundo chamam a River Pools para instalações; uma até mesmo pediu que Marcus viajasse para pessoalmente supervisionar uma instalação. Infelizmente a River Pools só atendia empresas em uma área muito pequena e não podia tirar vantagem da demanda adicional.

Entra a fabricação. A River Pools começou a fabricar as próprias piscinas de fibra de vidro. Isso aconteceu diretamente por causa da exposição de seu conteúdo. A River Pools & Spas agora se posiciona como a principal instaladora e fabricante de piscinas de fibra de vidro, levando os negócios para uma direção completamente diferente.

Depois de desenvolver um público em torno de seu conteúdo, as oportunidades para vender produtos adicionais são quase infinitas.

TORNANDO REAL

Após desistir de seu sonho de se tornar uma estrela do rock, Chad Ostrowski decidiu ser professor. Não foi uma transição agradável.

"Chad diria que teve o pior ano de sua vida", diz o parceiro de negócios e amigo Jeff Gargas. "Ele chegou a um ponto em que sabia que precisava fazer mudanças para conseguir ensinar melhor ou teria que deixar de ser professor. Estava difícil".

Chad criou algo que ele chamou de "Método de Grade" (*"Grid Method"*), um sistema individualizado baseado em competência, por puro desespero.

O Método de Grade começou a funcionar. Chad passou a receber reconhecimento e interesse de seus colegas professores na escola e, mais tarde, em seu distrito e da administração. "Ele era parado no corredor com uma série de perguntas [dos professores] sobre o que ele mudou na sala de aula", diz Gargas.

Chad acreditava que tinha algo, mas não sabia o quê. Então ele se reuniu com Gargas, que recentemente iniciara um negócio de marketing online. Após a reunião, Chad e Jeff (e posteriormente Rae Hughart) acreditaram que poderiam utilizar o Método de Grade e ajudar professores em salas de aula de todo o país.

Essa reunião gerou um dos sites de ensino de maior sucesso no mundo, Teach Better, que hoje funciona em distritos escolares por todo o país e com professores de todo o mundo. A chave para o seu sucesso é o foco no público.

Teach Better não é para todos os professores. O site se destina a um tipo de professor muito específico. "Quando [criamos conteúdo], focamos professores que estão em uma posição em que (1) perceberam que precisam recapturar ou reacender sua paixão, ou (2) perceberam que [grande parte] do sistema de ensino está falido e querem encontrar seus alunos onde eles estão", diz Gargas.

Vamos analisar o ponto ideal do Teach Better. O conhecimento/habilidade é o Método de Grade. De acordo com o site Teach Better, "O Método de Grade é um sistema centrado no aluno e baseado em competências, criado em sala de aula e concebido para se adequar ao estilo de qualquer professor, com qualquer currículo, em qualquer sala de aula". Primeira etapa concluída.

Agora passemos ao desejo do público. Chad e Jeff têm como alvo professores que estejam desesperados para melhorar sua situação. Eles precisam encontrar uma maneira melhor ou abandonar a profissão.

A intersecção do método de ensino Grid com a compreensão de que um grande número de professores desiludidos está buscando uma maneira melhor é o ponto ideal do Teach Better (Figura 4.2).

```
        O MÉTODO          APRENDER
        DE GRADE          UM MÉTODO
                          MELHOR OU
                          ABANDONAR

              PROFESSORES DESILUDIDOS
```

Figura 4.2   O Método de Grade do Teach Better tem como alvo professores desiludidos.

Voltemos agora ao nosso amigo Chicken Whisperer. O ponto ideal original de Andy Schneider era seu conhecimento original de criação de aves no quintal de casa e um desejo de moradores de aprender a arte de criar galinhas. O que fez isso realmente funcionar para Andy é que ele começou pequeno com seu público: proprietários suburbanos na região de Atlanta.

Agora temos informações suficientes para entender o ponto ideal em uma única frase. Isso é semelhante à forma como as empresas de mídia começam a construir uma declaração de missão de conteúdo (mais sobre isso na sequência).

A declaração de missão de Andy Schneider poderia ser algo assim:

> Responder a todas as perguntas possíveis que os proprietários de casas suburbanas da região de Atlanta possam ter sobre a criação de galinhas em casa.

JUNTANDO TUDO

Agora que você já viu um exemplo visual do ponto ideal, vamos acrescentar algumas dimensões ao seu modelo. Este formulário pode ajudá-lo a começar a construir sua estratégia inicial:

Missão: _____

Público Principal (seja o mais específico possível): _____

Amostra de Cargos/Funções:
_____

Por que Esse Grupo é Importante: (este é um primeiro passo fundamental para pensar sobre o poder de compra dessas pessoas. Você verá mais sobre esse assunto no capítulo sobre receita).

_____
_____
_____

Amostra de Áreas Temáticas: (que perguntas precisam ser respondidas).

_____
_____
_____

Aqui está um exemplo de como isso seria preenchido para o Content Marketing Institute quando começamos oficialmente em 2010. Uma de nossas principais decisões foi focar os profissionais de conteúdo em grandes organizações, em vez de em todas as organizações.

CONTENT MARKETING INSTITUTE

Missão: Fornecer informações de marketing de conteúdo detalhadas e práticas para profissionais de marketing corporativos para ajudá-los a atrair público e a ter sucesso em suas carreiras de marketing.

Público principal: Profissionais de marketing de conteúdo e criadores de conteúdo em grandes organizações empresariais.

Amostra de cargos/funções: Diretor de marketing de conteúdo, gerente de marketing de conteúdo, gerente de estratégia digital, vice-presidente de marketing, gerente de marketing digital, gerente/diretor de relações públicas, diretor de mídia social, diretores de comunicação.

Por que esse grupo é importante: A maior parte do marketing em organizações ainda envolve mídia paga. O CMI acredita que, durante a próxima década, a maior parte do marketing será de conteúdo vindo diretamente de marcas, em vez de publicidade ou patrocínios. As empresas hoje estão completamente despreparadas para lidar com essa transformação e necessitam de muito treinamento e orientação sobre estratégias de marketing de conteúdo.

Amostra de áreas temáticas: Construção de uma estratégia; construção de uma audiência; operacionalização do processo (incluindo conseguir a adesão dos executivos e continuamente justificar e comunicar o progresso); criação de conteúdo; promoção e distribuição de conteúdo; medição e ROI.

No filme *O Grande Hotel Budapeste*, o trabalho do rapaz da recepção era conhecer tão bem a clientela a ponto de conseguir antecipar suas necessidades. Este é seu papel agora. O seu trabalho é conhecer o público a ponto de conseguir desenvolver continuamente um conteúdo que seja tão bom que as pessoas nem sequer tinham consciência de que precisavam dele.

RECURSOS

O Grande Hotel Budapeste, Fox Searchlight Pictures, lançado em março de 2014.

Entrevista com Jeff Gargas por Clare McDermott, agosto de 2020.

Entrevista com Marcus Sheridan por Clare McDermott e Joe Pulizzi, janeiro de 2015 e agosto de 2020.

PARTE 3

O AJUSTE DO CONTEÚDO

Você não pode depender dos seus olhos
quando sua imaginação está fora de foco.
MARK TWAIN

Há muito do mesmo conteúdo por aí no mundo. Para ter sucesso com o Conteúdo S.A., você precisa se diferenciar.

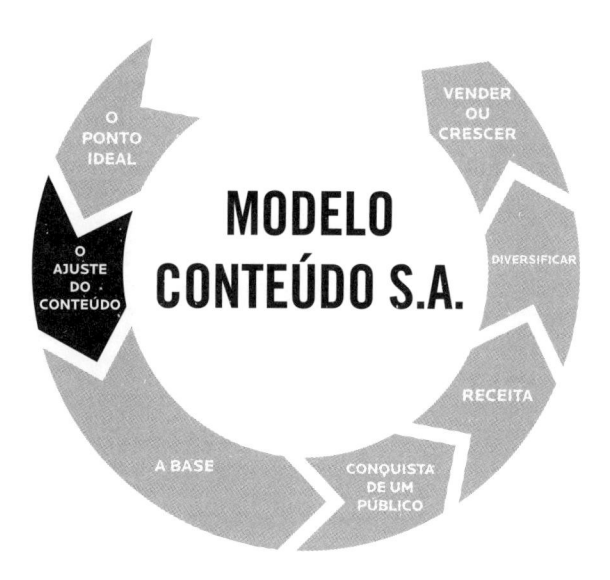

MODELO CONTEÚDO S.A.

- O PONTO IDEAL
- O AJUSTE DO CONTEÚDO
- A BASE
- CONQUISTA DE UM PÚBLICO
- RECEITA
- DIVERSIFICAR
- VENDER OU CRESCER

CAPÍTULO 5

AJUSTAR OU REBENTAR

Quando uma truta salta para voar, ela não nada,
e sim ajusta as suas barbatanas e se projeta para o céu.
JOSEPH MONNINGER

> Infelizmente, o ponto ideal não é suficiente.
> Precisamos diferenciar nosso conteúdo o suficiente
> para nos destacarmos na multidão, o que é quase
> impossível sem o ajuste do conteúdo.
>
> *Se você já entendeu isso, pule para o próximo capítulo.*

No filme *Matrix*, estrelado por Keanu Reeves e Laurence Fishburne, o personagem de Reeves (Neo) é testado para ver se ele é "O Escolhido". Enquanto Neo está na sala de espera, um jovem pupilo sentado ao lado dele segura várias colheres, dobrando cada uma delas sem tocá-las. Quando Neo pergunta ao pupilo como ele faz aquilo, o jovem lhe diz que ele precisa olhar para a colher de uma maneira diferente... que a colher na verdade não existe.

Logo depois, Neo consegue ajustar sua cabeça e lentamente dobrar a colher.

CONTANDO UMA HISTÓRIA DIFERENTE

Peter Thiel acredita que a maioria das empresas copia de outras empresas e, portanto, fracassa. Em seu livro *De Zero a Um*, Thiel conta às empresas que elas deveriam "descobrir algo que ninguém mais está fazendo e procurar criar um monopólio em alguma área que tem sido pouco desenvolvida. Encontre um problema que ninguém mais está resolvendo". Infelizmente, a maioria das empresas está criando conteúdo e contando histórias que não são diferentes de ninguém.

Basta digitar "computação em nuvem" no Google e você encontrará mais de 462 milhões de resultados. Em seguida vá para Amazon, Oracle, Salesforce e Microsoft e verifique o conteúdo deles sobre computação em nuvem. Praticamente são as mesmas informações. Quem é o especialista em computação em nuvem? Aparentemente não essas quatro empresas.

Existem muitas empresas falando as mesmas coisas da mesma maneira. A mesmice nunca vai se destacar na multidão. Doug Kessler chama isso de "a montanha do blá", onde as empresas trabalham para criar conteúdo que acaba sendo como todo o resto. Blá, blá, blá.

Há centenas de blogs sobre pimenta-malagueta que contam histórias sobre o calor das pimentas. O astro da pimenta-malagueta, Claus Pilgaard, encontrou uma maneira de contar uma história que era radicalmente diferente da concorrência para o seu conteúdo ao falar do sabor das pimentas. Claus é agora uma celebridade internacional da pimenta-malagueta, porque abordou a área de conteúdo de uma nova maneira. O ajuste do conteúdo de Claus fez toda a diferença.

AJUSTE NO CONTEÚDO

Para que o Conteúdo S.A. funcione para você, seu conteúdo precisa ser diferente. Ele deve preencher uma lacuna de conteúdo que não esteja sendo preenchido por outra pessoa. Você deve encontrar uma área de problema que ninguém está resolvendo e explorar essa área com informações valiosas. Isso é chamado de criar um ajuste do conteúdo.

O ajuste do conteúdo é essa área de pouca ou nenhuma concorrência na web que realmente lhe dá uma chance de se destacar na multidão e de ser relevante. É o que o torna tão diferente que faz com que o seu público perceba e o recompense com sua atenção.

Embora a identificação do ponto ideal seja fundamental para o processo do Conteúdo S.A., é o ajuste do conteúdo que irá separá-lo de todos os demais em seu setor de mercado. Andrew Davis, autor de *Town Inc.*, chama isso de gancho — uma simples mexida em um tema conhecido com o objetivo de prender o seu público. Se você não ajustar o conteúdo o suficiente para tornar sua história diferente, o seu conteúdo se perderá em meio à confusão de informações e será esquecido.

Action Roofing atende ao mercado em Santa Barbara, Califórnia, há mais de 30 anos. A empresa faz muitas coisas bem, incluindo serviço de telhado e instalação, mas a maioria das pessoas conhece Action por causa dos boletins meteorológicos diários do CEO Jack Martin. Uma amostra de 5 de outubro de 2020:

Boa segunda-feira de manhã,

Hoje em minha casa começamos com umidade e garoa. Está úmido lá fora em algumas localidades costeiras. Minha câmera até filmou um guaxinim nos meus degraus esta manhã.

Os boletins meteorológicos quase diários de Jack são tão populares que até mesmo as estações locais de notícias costumam comentar as brincadeiras folclóricas de Jack sobre o tempo.

ESTUDO DE CASO: ANN REARDON

Em 2011, depois de dar à luz seu terceiro filho, Ann Reardon lançou um site de receitas chamado *How to Cook That* ["Como Cozinhar Isso", em tradução livre]. "Eu escrevia uma postagem de receita toda semana e fazia alguns vídeos para complementar o site. Os vídeos eram muito grandes para fazer o upload no meu site, então eu os fazia no YouTube e os incorporava no meu site".

Antes de constituir família, Ann trabalhava como uma competente cientista de alimentos e nutricionista (sua área de habilidade). Ao mesmo tempo, ela tinha uma paixão por ensinar e trabalhar com crianças; então, mudou de carreira e começou a trabalhar com jovens em uma área mais pobre da Austrália Ocidental.

"Eu realmente amava isso e tenho grandes lembranças", conta Ann. "Mas o nosso orçamento era extremamente apertado; então, foi durante esse período que aprendi a editar vídeos para o ministério da juventude, e para me ajudar em muitos eventos. Com o passar do tempo, alguns jovens me pediram para ensiná-los a cozinhar. Um grupo vinha e cozinhávamos todos juntos e nos divertíamos em minha cozinha".

Você pode estar pensando que blogs de receitas e como fazer bolos no YouTube não são novidade, e você está certo. O que diferencia Ann é o seu ajuste do conteúdo.

Ann concentra suas receitas e bolos em sobremesas aparentemente impossíveis, como um bolo que é na verdade uma barra de Snickers de 2,5 quilos ou um bolo que parece uma pintura de Bob Ross.

"Muitas pessoas começam um canal no YouTube e tentam copiar o que já foi feito, mas isso é colocar fechadura em casa arrombada", explica Ann. "Cada vez que você respira, oito horas de vídeos novos são carregados no YouTube; então, eu tenho que dar aos espectadores um bom motivo para voltar e assistir ao meu canal".

Em janeiro de 2012, Ann teve seu 100º inscrito no YouTube e ficou emocionada. Passados oito anos, Ann tinha quase 1 bilhão de dowloads. Reunindo todas as suas plataformas atuais, Ann atinge aproximadamente 1 milhão de pessoas por mês.

Ann encontrou seu ponto ideal, a combinação de seu conhecimento sobre comida o interesse de seu público no ensino passo a passo voltado à alimentação, mas foi o seu ajuste do conteúdo de criações de sobremesas aparentemente impossíveis que fez toda a diferença (Figura 5.1).

Figura 5.1   O ajuste do conteúdo de Ann Reardon era o seu foco na criação de sobremesas impossíveis.

A LUTA ESTRANHA COM STARTUPS E CONTEÚDO

Jay Acunzo, proprietário da Marketing Showrunners, trabalhou com uma série de startups de tecnologia em marketing de conteúdo. Curiosamente, embora a maioria das startups de tecnologia deseje criar o melhor produto do mundo para seu nicho, elas não acreditam que o mesmo possa valer para o seu conteúdo.

Em uma entrevista, Jay observa:

> "Eu pergunto [para as startups], vocês acham que seu produto, agora ou no futuro, será a melhor solução para resolver qualquer problema que vocês identificaram no mercado? Porque é exatamente por isso que os fundadores de startups abrem empresas;

eles veem um problema e querem ter uma solução melhor do que a existente no momento. Assim, 100% desses fundadores respondem inequivocamente que sim, eles terão produtos melhores do que os dos concorrentes".

"Então eu pergunto por que isso é verdade para seu produto, mas não para seu conteúdo? E para mim isso sempre tem a ver com a mentalidade e o conjunto de habilidades. Eles não pensam no conteúdo da mesma maneira que [os profissionais de marketing]. Eles pensam no conteúdo como uma coleção aleatória de melhores práticas que apenas são recicladas. 'Então tivemos de blogar muito. Todo mundo está blogando; então por que devemos blogar?'".

"Não se trata disso. Trata-se do seguinte: vocês conseguem resolver o problema de uma forma que seja única? O seu produto faz isso, mas o seu conteúdo também deve fazer isso. Todo mundo está falando teoricamente sobre como fazer o marketing e vocês dizendo, 'Isso é realmente difícil; eu vou construir um produto que vai tornar o marketing realmente muito simples, quase como ligar e usar'. Isso é ótimo! Vocês estão confiantes de que seu produto pode fazer isso; então, se vocês vão criar conteúdo, não trabalhem apenas com blogs; façam [algo diferente]".

"Elas [startups] são muito confiantes de que podem fazer algo diferente, que ninguém jamais viu antes com o seu produto, e há muito ruído. Muitas pessoas fizeram antes, o que eles estão fazendo, mas eles dizem 'não, eu não me preocupo; eu vou fazer melhor'. No entanto, quando se trata do conteúdo, eles dizem 'não, eu não posso ser diferente'. Eu acho que é a mentalidade e o conjunto de habilidades que faz com que eles digam isso".

"... eu acho que vocês precisam pensar muito mais sobre a escolha de seu nicho e sob qual ângulo o problema está sendo tratado com seu produto... e que isso deve estar presente em seu conteúdo. E querem saber, se o seu conteúdo refletir o produto e ainda não for suficientemente inovador, há uma grande probabilidade de que seu produto não seja adotado, de modo que vocês precisarão rever a tese do negócio. Eu sempre me surpreendo com isso. Todos esses empreendedores são muito confiantes de que conseguem resolver o problema melhor do que ninguém com o produto, e deveriam também expressar isso através do conteúdo; mas eles simplesmente não pensam dessa forma".

ESTUDO DE CASO: MIILD

Em 2016, a maquiadora Tine Emilie Svendsen repentinamente começou a apresentar reações alérgicas. Espirros. Marcas vermelhas em seu rosto. Dificuldade para engolir. Seu dermatologista disse que foi causado por certos produtos químicos em seus cosméticos.

Após conversas com alguns de seus amigos, Emilie percebeu que muito mais pessoas têm dificuldade em usar cosméticos pelo mesmo motivo.

Logo depois, Emilie fez parceria com sua amiga Tanja Gregersen e a especialista em marketing Nicki Larsen com a ideia de criar maquiagem hipoalergênica sustentável. Era um conceito ousado e levaria anos para lançar um produto no mercado. Em vez disso, elas aproveitaram um modelo Conteúdo S.A.

"A indústria de cosméticos é um jogo de cachorro grande e nem um pouco transparente. A primeira coisa que fizemos foi lançar um blog chamado thisispure.dk para destacar os problemas com cosméticos comuns e fornecer orientação", explica Larsen.

Elas começaram testando o conteúdo em vários canais, mas o Instagram se tornou o principal. O canal (@miildbeauty) começou a crescer rapidamente à medida que cada vez mais mulheres jovens buscavam seus conselhos consistentes sobre os desafios de usar maquiagem tradicional. Parece que o foco da Miild's no lado mais científico dos cosméticos e das alergias explorou uma clara lacuna de conteúdo.

Hoje a abordagem Conteúdo S.A. da Miild's inclui Instagram (32.000 seguidores), uma oferta robusta de boletim informativo por e-mail (9.000 assinantes), Facebook (5.500 membros) e YouTube. Ao se tornar uma das principais especialistas em informação na indústria hipoalergênica dinamarquesa, o lançamento da empresa em 2017 foi um enorme sucesso, com a Miild ficando sem estoque de produtos cinco vezes durante o ano devido à crescente demanda.

Na primavera de 2020, a empresa anunciou que Matas, uma rede de varejo de múltiplos canais com uma participação de mercado estimada em 80% na Dinamarca, adquiriu 40% da empresa por um valor não revelado. Além disso, parcerias com grandes redes de varejo na Noruega e Alemanha foram recentemente fechadas.

No final, as três fundadoras tiveram sucesso com seu objetivo original: elas se tornaram a primeira marca mundial de produtos de maquiagem hipoalergênicos certificados através de uma abordagem que prioriza o conteúdo.

A Miild fez muitas coisas certas em sua jornada Conteúdo S.A. A experiência e o conhecimento das fundadoras sobre produtos hipoalergênicos, combinados com o desejo das mulheres dinamarquesas por maquiagem ecológica e sustentável e por conselhos sobre como usá-la, foram um grande começo em um ponto ideal. Mas isso não foi suficiente. O foco no ângulo científico dos cosméticos e das alergias é que fez a diferença (Figura 5.2).

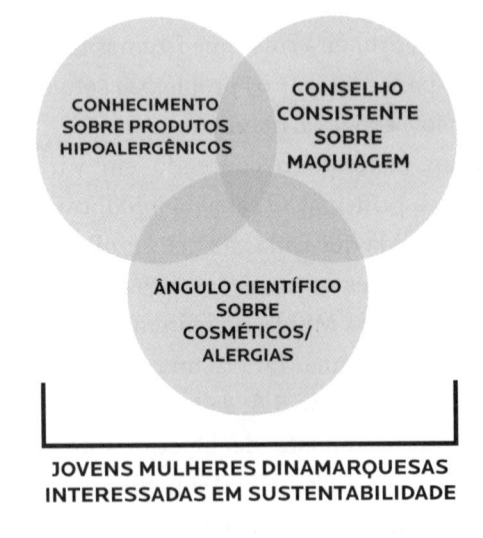

Figura 5.2 O ajuste do conteúdo da Miild foi o foco no ângulo científico dos cosméticos e das alergias.

E SE O SEU CONTEÚDO DESAPARECESSE?

Digamos que alguém reunisse todo o seu conteúdo e o colocasse em uma caixa fechada, como se nunca tivesse existido. **Alguém sentiria falta? Você deixaria uma lacuna no mercado?**

Se a resposta for não, **então, Houston, nós temos um problema.**

Queremos clientes atuais e futuros não apenas necessitando, **mas ansiando** por nosso conteúdo. Que se torne parte de suas vidas, de seus empregos.

Hoje é cada vez mais difícil conseguir atenção. Você tem que merecê-la. Merecendo-a hoje, amanhã, daqui a cinco anos, pelo fornecimento das informações mais impactantes que seus clientes poderiam desejar. Defina as metas incômodas que levarão seu negócio ao próximo nível.

Olhe para as metas definidas no Capítulo 1. Se estiver completamente confortável com elas, você está se contentando com o que é bom o suficiente. Mas bom o suficiente não ganhará a batalha pela atenção do cliente. **Seja ótimo!**

RECURSOS

Collins, Jim, *Good to Great — Empresas feitas para vencer*, Elsevier Editora, 2001.

Entrevista por e-mail com David Reardon por Joe Pulizzi, março de 2015, e Clare McDermott, agosto de 2020.

Gutelle, Sam, "YouTube Millionaires: Ann Reardon Knows 'How to Cook That'", Tubefilter.com, consultado em 10 de agosto de 2020, http://www.tubefilter.com/2015/01/22/ann-reardon-how-to-cook-that-youtube-millionaires/.

Entrevista com Jay Acunzo por Clare McDermott, janeiro de 2015 e agosto de 2020.

Entrevista com Nicki Larsen por Joakim Ditlev, setembro de 2020.

Matrix, Warner Brothers, lançado em março de 1999.

Thiel, Peter, *De zero a um — O que aprender sobre empreendedorismo com o Vale do Silício*, Objetiva, 2014.

"Tilt: Definition", Dictionary.com, consultado em 19 de abril de 2015, http://dictionary.reference.com/browse/tilt.

CAPÍTULO 6

COMO ENCONTRAR E TESTAR O AJUSTE

Acho que ser diferente, ir na contramão da sociedade,
é a melhor coisa no mundo.
ELIJAH WOOD

> Às vezes os ajustes do conteúdo são
> difíceis de encontrar.
> Se for essa a sua situação, este capítulo trata de como
> identificar e testar um ajuste para ver o que funciona.
>
> *Se você já entendeu isso, pule para o próximo capítulo.*

Para ter sucesso com o Conteúdo S.A., você precisa criar uma plataforma que seja o principal recurso de informação ou entretenimento em seu nicho de conteúdo. Isto não é fácil de fazer. Muitos empreendedores têm ideias a respeito de que assunto desejam criar conteúdo; eles simplesmente não se esforçam para se diferenciar claramente.

Este capítulo irá ajudá-lo nisso. Aqui estão várias estratégias e táticas que você pode aproveitar para ajudar a identificar o seu ajuste do conteúdo.

USE O MÉTODO DE COMUNICADO À IMPRENSA AMAZON.COM

Ian McAllister, ex-gerente geral da AmazonSmile, braço filantrópico da Amazon, diz que antes de um novo produto ser apresentado para desenvolvimento na Amazon, Jeff Bezos, CEO da Amazon, exige que a empresa escreva um comunicado à imprensa como se o produto estivesse totalmente acabado e pronto para ser lançado.

"A iteração em um comunicado à imprensa é muito menos caro do que fazer a iteração do próprio produto (e mais rápido!)", diz McAllister.

Esse tipo de abordagem é fundamental para visualizar nossa estratégia Conteúdo S.A. e identificar o que nos faz sobressair. É o nosso fator de diferenciação. Amanda MacArthur, editora-chefe do *Mequoda Daily*, detalha as partes essenciais do método de comunicado à imprensa da Amazon. Veja como encontrar o seu ajuste do conteúdo:

- **Título** — nomeie a área de conteúdo de uma forma que o leitor entenda.
- **Subtítulo** — descreva quem é o mercado para o conteúdo e quais os benefícios que recebem.
- **Resumo** — faça um resumo do conteúdo e do benefício.
- **Problema** — descreva o problema que seu conteúdo resolve.
- **Solução** — descreva como o seu conteúdo resolve com elegância o problema.
- **Citação de você mesmo** — uma citação de um porta-voz de sua empresa.

- **Como começar** — descreva como é fácil começar.
- **Citação do cliente** — forneça uma citação de um cliente hipotético descrevendo como foi a experiência com o benefício.
- **Encerramento e chamada à ação** — resuma tudo e direcione os leitores para o próximo destino.

De acordo com a Fast Company, "A questão é ajudar [os funcionários da Amazon] a aperfeiçoar suas ideias e refinar seus objetivos com o cliente em mente".

O método pode fazer o mesmo por você e por sua estratégia Conteúdo S.A.

APROVEITE AS TENDÊNCIAS DO GOOGLE

O Google Trends (Tendências do Google) é uma ferramenta gratuita que mostra os resultados de pesquisa e padrões de palavras-chaves em todo o mundo ou em regiões específicas. Por exemplo, se você digitar "liquidificador de cozinha" no Google Trends, verá que o pico de pesquisas ocorre todo mês de dezembro de cada ano, bem próximo à época de troca de presentes do Natal (Figura 6.1).

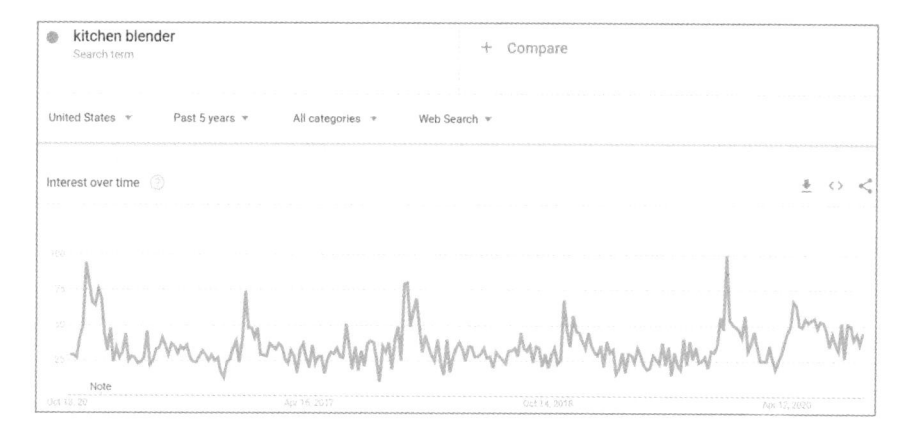

Figura 6.1 As pesquisas no Google para "liquidificador" aparecem a cada temporada de feriados natalinos.

Utilizando o Google Trends, você pode descobrir expressões de destaque para as quais há poucos recursos educativos. Esta citação de Jay Baer, autor presente na lista de best-sellers do *New York Times*, é um exemplo:

> É como, "Ei, eu gosto de tricô e vou começar um blog de tricô". Sério! Existem outros 27 blogs de tricô. Por que alguém leria o seu? O que ele tem de diferente? Em que ele é único? O que é interessante? Por que alguém pararia de ler o blog de tricô que tem lido nos últimos três anos para ler o seu?". E se você não consegue responder, então precisa voltar para a prancheta. A maioria das pessoas que encontro, que não fazem isso há algum um tempo, simplesmente não passa por esse cálculo competitivo, e é perigoso.

Do ponto de vista do assunto, tricô é muito amplo. Há certos tipos de tricô que são mal abordados, nos quais você poderia ser o principal provedor de conteúdo no mundo?

É aqui que o Google Trends ganha sua condecoração. Se fizermos uma busca no Trends para tricô, descobrimos que as buscas gerais (Figura 6.2) são realmente baixas para esse termo (o que não é um bom sinal).

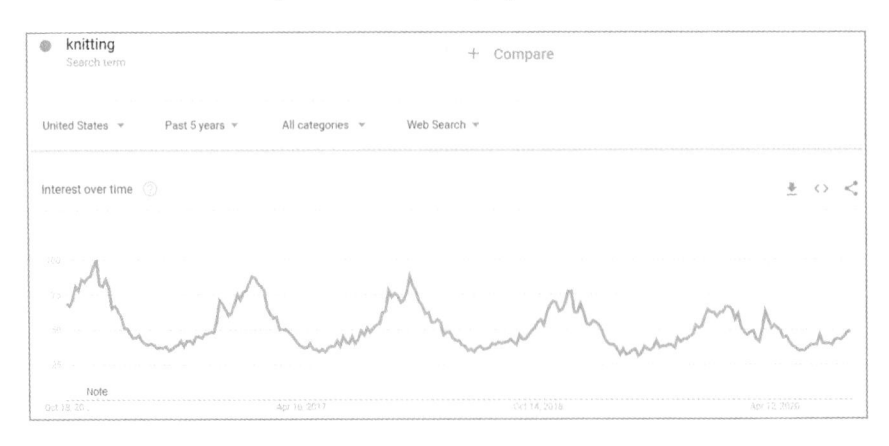

Figura 6.2 O tricô mostra uma tendência de queda nos últimos cinco anos. Não é bom para sites de conteúdo geral sobre tricô.

COMO ENCONTRAR E TESTAR O AJUSTE 75

Mas se nos aprofundarmos um pouco mais, encontraremos ouro. Descendo a página, como mostra a Figura 6.3, você vê seções chamadas "Interesse por sub-região" e "Consultas relacionadas". É aqui que encontramos nosso ajuste. Na área de "Consultas relacionadas", descobrimos que informações em torno de "ponto mágico no tricô" aumentou 70% nas buscas. Se olharmos na área "Interesse por sub-região", o tricô parece estar na moda na região da Nova Inglaterra.

Figura 6.3 As buscas por ponto mágico no tricô aumentaram 70%, e Vermont e Maine são locais mostrando aumento do interesse em tricô.

Se voltarmos ao exemplo de Jay, em vez de apenas nos concentrarmos no tricô em geral, os dados podem estar nos dizendo para focarmos **métodos inovadores para a utilização de ponto mágico no tricô (tendo como alvo consumidores na região da Nova Inglaterra).**

OU... PERGUNTE ALGO QUE O GOOGLE NÃO CONSEGUE RESPONDER

Drew Davis adora o Google Trends e o discute em suas palestras ao redor do mundo. Dito isso, ele acredita que a melhor maneira de encontrar o seu ajuste do conteúdo é começar com uma pergunta que o Google não consegue responder. "O mundo está repleto de especialistas", diz Drew. "Para se destacar na multidão você precisa passar de especialista a visionário, e isso significa questionar o pensamento convencional. Como fazemos isso? Faça uma pergunta que o Google não consegue responder".

Drew usa Jenny Doan, a Rainha dos Alcochoados Rápidos, como um exemplo (mais sobre Jenny no Capítulo 13). Todos os especialistas diziam à Jenny que costurar uma colcha levaria nove meses. Jenny simplesmente perguntou: "Por que leva nove meses para costurar uma colcha?". Ela então lançou um programa no YouTube que ensinava as pessoas como costurar uma colcha em um dia. Ela lança um episódio toda quinta-feira, e mais da metade de seus inscritos no YouTube assistem a todos os programas quase imediatamente após a publicação.

Se você estiver respondendo a perguntas de "como fazer" que não questionam o pensamento convencional, será difícil encontrar e desenvolver um verdadeiro ajuste do conteúdo.

UTILIZE O UDEMY

Brendon Lemon é um comediante de stand-up que precisava desesperadamente de um fluxo de receitas contínuo e consistente. Ele decidiu lançar vários cursos na plataforma de ensino a distância Udemy, incluindo "Como começar a fazer comédia stand-up" e "Como desenvolver vendas sendo comediante". Brendon agora tem seis cursos que além de lhe fornecer um fluxo de receitas, não param de crescer. A propósito, Brendon não gastou dinheiro na criação de cada curso (apenas tempo).

Parte do sucesso de Brendon veio do fato de existir uma ferramenta de pesquisa gratuita no Udemy.com que informa quais cursos os alunos estão buscando e que não há (1) muitos cursos nesta consulta ou (2) cursos de qualidade nesta consulta. A boa notícia? Você não precisa produzir um curso Udemy para utilizar a ferramenta de pesquisa gratuita.

PERGUNTE AOS SEUS POSSÍVEIS LEITORES

Isso é tão óbvio que quase não incluí como uma estratégia. Perguntar aos seus clientes ou possíveis leitores parece ser algo tão simples de fazer, mas, infelizmente, raramente é feito.

Recentemente realizei um workshop para uma das maiores indústrias do mundo. Quando cheguei à seção sobre a construção de uma missão de conteúdo específica, perguntei aos profissionais de marketing se eles pesquisavam ou falavam com seus clientes para identificar as lacunas de conteúdo ou oportunidades para contar histórias diferentes, mas necessárias. Infelizmente, todos eles disseram que a equipe de marketing não vinha fazendo nenhuma pesquisa ou perguntando aos clientes quais eram suas dificuldades, necessidades ou desejos.

Aqui está uma oportunidade para tirar proveito daquilo que as grandes empresas não fazem bem: falar com seus leitores. Pergunte pessoalmente aos possíveis leitores (que podem ser seus amigos ou parentes) ou enviando uma pesquisa (usando uma ferramenta como o Google Forms) por e-mail. Cada uma dessas formas, ou ambas, deve fazer parte de sua estratégia normal. Isso é particularmente essencial nos estágios iniciais de descoberta de seu nicho.

Enquanto trabalhava em um projeto, precisei de alguns dados sobre as necessidades dos profissionais de marketing de conteúdo. Utilizei a pesquisa de uma única pergunta (com o Google Forms gratuito) e a disparei nas redes sociais. Em 24 horas recebi mais de 200 respostas, que incluíam um incrível feedback qualitativo que eu nunca esperaria receber (Figura 6.4).

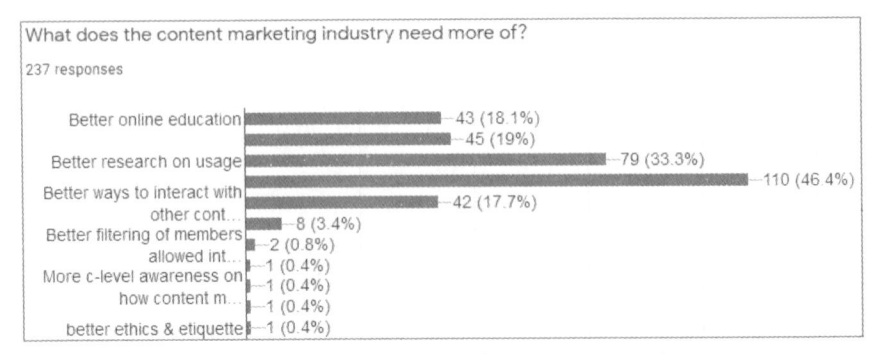

```
What does the content marketing industry need more of?
237 responses

Better online education          43 (18.1%)
                                 45 (19%)
Better research on usage         79 (33.3%)
                                 110 (46.4%)
Better ways to interact with
  other cont...                  42 (17.7%)
                                 8 (3.4%)
Better filtering of members
  allowed int...                 2 (0.8%)
More c-level awareness on        1 (0.4%)
  how content m...               1 (0.4%)
                                 1 (0.4%)
better ethics & etiquette        1 (0.4%)
```

Figura 6.4 Um questionário simples do Google Form com uma única pergunta gerou mais de 200 resultados em um dia.

Outra estratégia é fazer perguntas em seus e-mails. Em quase todos os meus boletins informativos, eu incluo uma pergunta. Os leitores podem simplesmente responder diretamente no e-mail. Um boletim informativo eletrônico de setembro gerou mais de 100 respostas. Sensacional!

CRIAÇÃO DE POSTOS DE ESCUTA

Comecei a trabalhar no setor editorial em fevereiro de 2000. Aprendi a importância de uma grande narrativa com o meu mentor, Jim McDermott. Jim falava constantemente sobre a importância de "postos de escuta". Os postos de escuta procuram obter feedback da maior variedade possível de fontes para que você possa encontrar a verdade.

A criação de postos de escuta é muito importante para todos os editores, jornalistas, repórteres e contadores de histórias, para garantir que eles realmente saibam o que está acontecendo no setor. Para você, os postos de escuta são essenciais para identificar o seu ajuste do conteúdo e certificar-se de que existe uma oportunidade para se diferenciar. Todos nós precisamos de postos de escuta para realmente descobrir as necessidades dos nossos clientes. Seguem alguns meios para obter feedback dos clientes — na verdade, funcionando como se fossem postos de escuta.

1. **Conversas individuais.** Adele Revella, uma das principais pensadoras a respeito das personas do público, acredita que nada consegue substituir a conversa direta com os clientes ou o seu público.
2. **Busca de palavras-chaves.** A utilização de ferramentas como o Google Trends, busca no YouTube, Udemy e alertas de palavras-chaves em mecanismos de busca permite acompanhar o que os clientes estão buscando e onde estão socializando na web.
3. **Estatísticas na web.** Mergulhe em suas estatísticas na web. Descobrir com quais conteúdos os clientes estão envolvidos (e com quais não estão) pode fazer toda a diferença para o seu sucesso.
4. **Ouvir as mídias sociais.** Seja através de grupos do LinkedIn, grupos do Facebook ou hashtags e palavras-chaves no Twitter, você pode facilmente descobrir o que os clientes estão compartilhando, conversando ou tendo dificuldades em suas vidas pessoais e profissionais.
5. **Pesquisas com clientes.** Ferramentas de pesquisa como o Google Forms (gratuito) podem facilmente reunir insights importantes sobre as necessidades de informação dos clientes.

TESTE DIFERENTES AJUSTES

Jay Acunzo, da Marketing Showrunners, emprega uma estratégia de teste toda vez em que pensa em uma nova área de conteúdo. Recentemente ele pegou pequenos subconjuntos de seu banco de dados e enviou testes de conteúdo para diferentes grupos. Em cada um, ele mediu a taxa de abertura, a quantidade de cliques, o envolvimento no site e a taxa de cancelamento da assinatura. Isso foi feito por seis semanas e, ao final do processo, ele teve condições de identificar um claro e inquestionável vencedor em uma determinada subcategoria de conteúdo.

Matthew Patrick, fundador do programa *Game Theory* no YouTube, também encontrou o seu nicho através de testes. De acordo com Matthew, "Eu realmente comecei abordando a plataforma de uma forma bastante experimental. Fiz testes A/B; realizei experimentos muito pequenos com descrições. Com o tempo, consegui realmente ter uma noção de como os usuários se envolvem com esta plataforma, e também como o YouTube e seus algoritmos funcionam para classificar vídeos e espalhá-los por todo o sistema".

Depois que os dados mostraram o que foi bem ou não, Matthew construiu o seu modelo, o que fez com que seu Conteúdo S.A. disparasse para o sucesso.

REPOSICIONE A ÁREA DE CONTEÚDO

Eu lancei o blog da revolução do marketing de conteúdo (que acabou se tornando o Content Marketing Institute) em abril de 2007. Embora eu já viesse usado a expressão "marketing de conteúdo" de vez em quando nos seis anos anteriores, ainda se tratava de uma nova terminologia de marketing.

A expressão predominante no setor, na época, era "publicação customizada". Pelas conversas com executivos de marketing, pude perceber que essa expressão não era algo que dizia muito para eles. Mas será que havia uma oportunidade para o "marketing de conteúdo"? Mudar a terminologia do setor poderia ser o nosso ajuste do conteúdo?

Comecei a mexer com a ferramenta Google Trends e analisei algumas variações da frase. Eis o que encontrei em relação à expressão predominante no setor ("publicação customizada") e a uma nova expressão ("marketing de conteúdo"):

- **Publicação customizada.** Se fosse uma ação da Bolsa de Valores, nós no CMI definitivamente não iríamos querer comprá-la. A cada ano as pessoas procuravam esse termo com menos frequência. Além disso, muitos dos artigos se referiam à impressão de livros customizados e não à nossa ideia de marcas criando conteúdo. Essa confusão era um problema.
- **Marketing de conteúdo.** A expressão nem sequer aparecia registrada no Google Trends. Comecei a pensar que se criássemos uma quantidade significativa do conteúdo certo, poderíamos iniciar um movimento em torno da expressão. Com a confusão associada às outras expressões, como "conteúdo de marca" e

"conteúdo customizado", o setor provavelmente necessitava de uma nova expressão que congregasse os principais líderes da atividade. Além disso, sem um líder claro no grupo do "marketing de conteúdo", o CMI poderia avançar rapidamente e ganhar participação de mercado nos mecanismos de busca. Como você pode ver na Figura 6.5, essa estratégia valeu a pena. Uma combinação de conversa com o nosso público e o uso de ferramentas gratuitas como o Google Trends ajudou o CMI a definir seu nicho de conteúdo e ajustar em torno dessa mudança de nome.

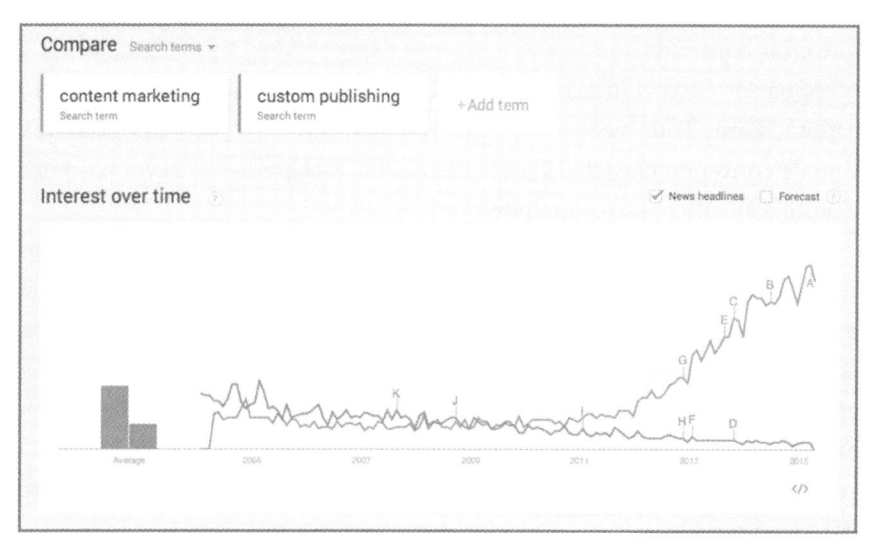

Figura 6.5 "Marketing de conteúdo" passou a ser a expressão do setor no lugar de "publicação customizada".

A HubSpot, empresa de automação de marketing, empregou a mesma estratégia com a expressão "marketing de atração" (*"inbound marketing"*). Em 2006, a HubSpot lançou um blog em torno do conceito e desenvolveu um livro (intitulado *Inbound Marketing*), uma série de vídeos e um evento chamado Inbound. A comunidade se reuniu em torno dessa expressão e ajudou a colocar a HubSpot em uma posição de liderança. Atualmente, a Hubspot está avaliada em mais de US$13 milhões.

EXEMPLOS DE AJUSTES

FOCO NO PÚBLICO

Você realmente é um nicho para o seu público? "Proprietários de animais de estimação" é um público-alvo muito amplo. Que tal "proprietários que gostam de viajar com um cachorro em seu veículo de passeio e morar no sudoeste da Flórida"? Para ser verdadeiramente relevante com sua história você precisa focar em um leitor muito específico. Como diz Stephen King em seu livro *Sobre a Escrita*, você deve pensar nessa pessoa sempre que criar conteúdo.

Quando escrevi meu romance, *The Will to Die*, meu público era minha esposa, Pam. Toda vez que eu me sentava para escrever, pensava que tipo de conteúdo ela acharia envolvente. Se você puder escrever para um cliente específico, tanto melhor.

A autora de vários best-sellers Ann Handley seguiu este conselho com seu boletim informativo *Total Annarchy*. Diz Ann: "Por mais que eu diga que me dirijo a todos os profissionais de marketing, a pessoa com quem eu falo, a todo momento, é um profissional de marketing específico. Quando escrevo um boletim informativo, sempre penso em um profissional de marketing por vez ou em uma pessoa, em uma conversa que tive. E escrevo este boletim informativo especificamente para essa pessoa".

Em menos de três anos, Ann reuniu um público para seu boletim informativo por e-mail de mais de 45.000 leitores com uma taxa de abertura superior a 40%.

Meu colega apresentador do podcast *This Old Marketing*, Robert Rose, diz que um ajuste do conteúdo do público "pode ser muito específico na temática, mas criado para um público geral, ou você pode abordar uma temática geral para um público muito específico. Você pode ser estritamente aplicável a um público amplo, ou amplamente aplicável a um público restrito".

Jay Acunzo acredita que este é um ótimo lugar para começar: "Em algum momento, você quer 'transformar em nicho' ambas as coisas: uma temática muito específica para um público muito específico. No entanto, conforme você planeja, escolha um e faça dele o seu foco, refinando o outro à medida que cria, aprende e faz a iteração".

AJUSTE DE PLATAFORMA

No ano passado eu conduzi um workshop de conteúdo para um grupo de empreiteiros de aquecimento e ar-condicionado. Nele aprendi que todo mundo estava blogando sobre eficiência energética, mas ninguém estava criando e distribuindo um podcast sobre o assunto.

Ser o primeiro em uma plataforma pode funcionar como um poderoso ajuste do conteúdo, mesmo se o nicho de conteúdo não for novo ou visado. Ter o primeiro evento pessoal em seu setor (como fizemos com o Content Marketing World) ou o primeiro evento ao vivo no Twitch (como o jogador de videogame do Twitch, Reckful, fez com o jogo World of Warcraft) pode causar um impacto.

RECOMBINAÇÃO

Adam Alter já esteve duas vezes presente na lista de best-sellers do *New York Times* e também é professor associado de marketing na Stern School of Business da Universidade de Nova York.

No podcast *Prof G* com Scott Galloway, Alter discutiu o conceito de recombinação. A ideia é que encontrar originalidade hoje é quase impossível. Em sua pesquisa com músicos e outros artistas, Alter afirma que todos os elementos constitutivos em torno da criação artística já foram desenvolvidos. O criador de hoje deve recombinar os elementos já desenvolvidos construindo algo novo.

Quando o rock foi criado, ele era novo?

No final dos anos 1940, a música country e o blues eram extremamente populares. Adicione guitarras elétricas e uma batida constante de bateria e pronto: rock and roll!

A recombinação pega dois conceitos independentes de sucesso e os combina para criar algo novo. Este pode ser o seu ajuste do conteúdo.

Por exemplo, pegue uma área de conhecimento (itens colecionáveis) e misture-a com outra área (criptomoeda). Isso aconteceu recentemente no espaço simbólico não fungível da criptomoeda.

Outro exemplo é o podcast de Rob LeLacheur, *Top Cheddar*, que mistura dois conjuntos diferentes de habilidades. LeLacheur entrevista ex-jogadores de hóquei de sucesso que, após o hóquei, também criaram negócios de sucesso. Para os interessados em hóquei e em desenvolver um negócio, esse podcast é uma mina de ouro.

AJUSTE PESSOAL

Joe Rogan tem um podcast diário, assim como 1 milhão de outras pessoas. Comentários não filtrados de Joe, memória impecável e personalidade humorística se destacam.

Malcolm Gladwell aborda os mesmos tópicos que dezenas de outras pessoas, mas a persistência de Gladwell em desmembrar o comportamento humano é incomparável. Além disso, Gladwell criou uma experiência de audiolivro para seu último livro, *Falando com estranhos*. O audiolivro parece mais com capítulos de uma novela de televisão, acrescentando comentários de dezenas de especialistas.

Seth Godin escreve livros de marketing. Assim como milhares de outros. Mas alguém aborda um tópico com a mesma simplicidade de Seth? Acho que não.

ESTUDO DE CASO: DAVID PORTNOY

David Portnoy saiu do setor corporativo em 2003 e fundou a *Barstool Sports*, uma publicação dedicada aos jogos Fantasy Game, previsões de apostas, cultura esportiva e fotos gratuitas de modelos. O próprio Portnoy descreveu o conteúdo como obscenidade esportiva. Para distribuir a revista, ele entrega pessoalmente exemplares para os moradores de Boston no metrô e nas esquinas.

Desde aquele começo modesto, Portnoy executa o modelo Conteúdo S.A. com perfeição, tendo vendido duas participações na *Barstool Sports* (uma em 2016 e outra em 2020), essa última avaliada em US$450 milhões.

Mas quando a pandemia interrompeu todos os eventos esportivos em meados de março de 2020, ficou difícil encontrar conteúdo para o site.

Entra o mercado de ações. Portnoy começou a transmitir sua atividade diária de negociação de ações para milhões de fanáticos por esportes que se tornaram operadores de mercado (*day traders*). Portnoy regularmente criticava grandes investidores como Warren Buffett e ativamente promovia ações como "apostas". Ele tratava o mercado de ações como um jogo de azar.

Ele e seus fãs não veem diferença, e podem estar certos.

Bloomberg e muitos outros sites de mídia deram a Portnoy o crédito pelo Robinhood Rally, o apelido para um crescimento explosivo em uma cesta de ações liderada por operadores da geração Z e dos millennials através do site de compra e venda de ações Robinhood.

Alguns pontos que valem a pena considerar:

- Portnoy berra ativamente contra o establishment, o que é perfeito para as pessoas entre 20 e 30 anos de idade que são contra o sistema.
- Ele é curto e grosso e não se importa com o que os outros pensam.
- Ele produz conteúdo todo dia. Está sempre ligado e consistentemente presente para o seu público.
- Ele é único, oferecendo conversas e conselhos diferentes dos que você encontraria em outros sites na web. Ele se destaca. O ajuste do conteúdo de Portnoy é do tamanho de Nebraska.

Portnoy cria uma mensagem específica para um grupo específico de pessoas e fornece essa mensagem de forma consistente. Não chega a ser uma surpresa que tenha formado um público de milhões em um período muito curto.

Benu começou como um serviço austríaco que ajudava os consumidores a encontrar casas funerárias. Com o tempo a empresa construiu um impressionante boletim informativo por e-mail com 5.000 assinantes. Os leitores recebiam informações sobre maneiras de lidar com o luto, tradições funerárias e ideias de funeral.

As ideias muitas vezes atingiam áreas sensíveis. A solução? Benu verifica frequentemente com pequenos grupos de amostra para ver se uma postagem específica ultrapassa os limites. Além de um ponto ideal muito específico, o ajuste do conteúdo da empresa inclui humor ácido, que a maioria do seu público aprecia.

A abordagem de Benu se tornou tão popular que ele agora organiza funerais diretamente, em vez de apenas passar indicações para casas funerárias.

FAÇA O TRABALHO

Vou encerrar este capítulo com uma lição valiosa e uma citação de Ira Glass, o popular apresentador e produtor do programa de rádio *This American Life*. Glass disse:

> Estabeleça o prazo para si mesmo de a cada semana terminar uma história. Somente depois de passar por um volume de trabalho é que você cumpre o objetivo e seu trabalho passa a corresponder às suas ambições. Demorei mais tempo para descobrir como fazer isso do que qualquer outra pessoa que conheço. Leva um tempo. É normal demorar um pouco. Você só tem que traçar o seu caminho.

Para encontrar o seu ajuste do conteúdo, você simplesmente precisa começar, fazer o trabalho e descobrir as oportunidades. Jeff Bullas, o estrategista de mídia social mais popular na Austrália, começou sua plataforma de conteúdo escrevendo notícias de celebridades. Sua primeira postagem foi sobre Jeniffer Aniston. Após meses criando conteúdo, Jeff encontrou seu ritmo. Jeff teve de fazer o trabalho para chegar ao ajuste do conteúdo.

A mesma coisa aconteceu com Jay Baer. Jay lançou inicialmente um blog, principalmente sobre marketing por e-mail. Em uma entrevista, ele disse:

> Descobri em cerca de 30 segundos que toda vez que eu escrevia sobre marketing por e-mail, recebia 150 visitas ao site, e toda vez que escrevia sobre mídia social, recebia cerca de 1.000 visitas ao site. E depois de ver isso acontecendo por um tempo, pensei: 'não tenho diploma em estatística, mas vejo uma tendência aqui'.
>
> Então, eu disse: vamos escrever sobre mídia social até que alguém nos diga para não escrever mais sobre isso; assim, passei todo o meu tempo escrevendo sobre esse assunto. Em seguida, fiz várias consultorias sobre mídia social e pensei: 'acho que se há tanta demanda por essas informações, então esse será o foco do negócio'; e assim foi.

Jay nunca teria descoberto isso se não tivesse começado a criar conteúdo. É completamente aceitável que você faça uma aposta (como fez Jay) em um determinado ajuste do conteúdo e comece a desenvolver a sua plataforma. Talvez então você venha a encontrar o nicho de Conteúdo S.A. que impulsionará o seu sucesso.

RECURSOS

Acunzo, Jay, "Playing Favorites", consultado em 12 de outubro de 2020, https://mailchi.mp/mshowrunners/what-makes-content-irresistible-4728206?e=a6f02685ef.

"Barstool Biographies", *Barstool Sports*, consultado em 12 de outubro de 2020, https://www.barstoolsports.com/blog/746282/barstool-biographies-becoming-el-pres-pt-2.

"Barstool Sports Is Leading an Army of Day Traders", Bloomberg, consultado em 12 de outubro de 2020, https://www.bloomberg.com/news/articles/2020-06-12/barstool-sports-dave-portnoy-is-leading-an-army-of-day-traders.

"Brendon Lemon: Professional Stand-Up Comedian and Sales Director", Udemy, https://www.udemy.com/user/brendon-lemon/.

"A Casino Company Is Buying Barstool Sports for $450 million", *Recode*, consultado em 12 de outubro de 2020, https://www.vox.com/recode/2020/1/29/21113130/barstool-sports-penn-national-deal-dave-portnoy-chernin.

"Creating Online Courses with Brendon Lemon", *The James Altucher Show*, 29 de agosto de 2020.

Gladwell, Malcolm, *Falando com estranhos*, Sextante, 2019.

Entrevista com Cristoph Schlarb por Joakim Ditlev, setembro de 2020.

Entrevista com Rob LeLacheur por Joe Pulizzi, setembro de 2020.

Entrevistas com Clare McDermott:

Jay Acunzo, janeiro de 2015 e agosto de 2020.

Jay Baer, janeiro de 2015.

Ann Handley, agosto de 2020.

MacArthur, Amanda, "An Inspirational Press Release Template from Amazon", Mequoda.com, http://www.mequoda.com/articles/audience-development/an-inspirational-press-release-template-from-amazon/.

Revella, Adele, *Buyer Personas*, John Wiley & Sons, 2015.

Slush, "Twitch's First Big Streamer—the History of Reckful", consultado em 1º de outubro de 2020, https://www.youtube.com/watch?v=vnavU4bk7Vc.

This American Life, produzido por Ira Glass, WBEZ, 2014, http://www.thisamericanlife.org/.

Wheatland, Todd, "The Pivot: 4 Million People Glad Bullas Went Back to Tech", ContentMarketingInstitute.com, consultado em 2 de setembro de 2020, http://contentmarketinginstitute.com/2015/01/the-pivot-jeff-bullas/.

CAPÍTULO 7

FINALIZANDO A MISSÃO DO CONTEÚDO

Tudo sob o sol já foi dito... você precisa encontrar uma nova maneira de dizê-lo.
HENRY WINKLER

> É chegada a hora de formalizar o processo. Vamos pegar o ponto ideal e o ajuste do conteúdo e construir nossa declaração de missão do conteúdo.
>
> *Se você já entendeu isso, pule para o próximo capítulo.*

Além do modelo de negócios subjacente (como entra o dinheiro), há uma coisa que as empresas de mídia fazem em seu planejamento de conteúdo que as empresas que não são de mídia não fazem. É formular uma declaração de missão editorial.

As empresas de mídia começam suas estratégias desenvolvendo uma declaração de missão editorial que orienta seus esforços de criação de conteúdo e serve como um farol para os negócios em geral. Eu já lancei mais de 50 produtos de mídia em minha carreira, desde revistas, boletins informativos, sites e programas de webinars. Em cada um desses lançamentos, passei os primeiros dias criando e fazendo o ajuste fino da missão editorial. É o primeiro passo no estabelecimento de uma estratégia de sucesso.

Atualmente, a maioria das empresas tem a oportunidade de ser uma editora. As inteligentes seguem as estratégias básicas que as empresas de mídia têm utilizado durante anos para conquistar com sucesso o seu público.

SUA MISSÃO DO CONTEÚDO

Uma declaração de missão é a razão para a existência de uma empresa. Trata-se do motivo para a empresa fazer o que faz. Por exemplo, a missão da Patagonia é desenvolver os melhores produtos, não causar danos desnecessários e usar os negócios para inspirar e implementar soluções para a crise ambiental. A missão da Tesla é acelerar a transição do mundo para a energia sustentável. A do TED é propagar ideias.

Para um modelo Conteúdo S.A., a declaração de missão do conteúdo é a razão de sua existência. É o seu porquê.

Eu discuto a declaração de missão do conteúdo na maioria de minhas palestras. É fundamental primeiro dar o tom para conquistar o público e, depois, gerar receita a partir (ou por causa) desse público. Os profissionais de marketing de pequenas e grandes empresas têm tamanha fixação em canais — blogs, Facebook, TikTok — que ficam absolutamente sem saber qual afinal é o motivo para usar aquele canal. O porquê deve vir antes do quê.

O seu ajuste do conteúdo precisa ser expresso de uma forma que permita que você se comunique com o seu público. É uma afirmação ousada quando você finca sua bandeira no chão e diz ao público por que você existe.

Existem três partes da declaração de missão do conteúdo:

- Quem é o seu público-alvo específico?
- O que você entregará ao seu público?
- O que há nele para o público?

Andy Crestodina da Orbit Media chama isso de método XYZ: "Nossa empresa é onde [o público X] encontra [o conteúdo Y] para [o benefício Z]".

Minha declaração de missão favorita de uma empresa de mídia tradicional é a da revista *Inc.*:

Bem-vindo à Inc.com, o lugar onde os empreendedores e empresários podem encontrar informações úteis, conselhos, insights, recursos e inspiração para administrar e fazer prosperar os seus negócios.

A declaração de missão da *Inc.* inclui:

- O público-alvo específico: "empreendedores e empresários".
- O material que será entregue ao público: "informações úteis, conselhos, insights, recursos e inspiração".
- O resultado/benefício para o público: "administrar e fazer prosperar os seus negócios".

A declaração de missão da *Inc.* é incrivelmente simples e não inclui palavras que possam ser facilmente mal interpretadas. A simplicidade é a chave para a sua declaração de missão do marketing de conteúdo.

Observe que em nenhum lugar na declaração de missão a *Inc.* fala sobre como a empresa ganha dinheiro com o público. Este é o ponto em que a maioria das empresas erra com a sua criação de seu conteúdo: elas falam sobre o que vão vender.

O editor-chefe da *Inc.*, Scott Omelianuk, acredita que manter o propósito da *Inc.* focado no público é fundamental: "Falamos em sobrevivência diária e como praticá-la de forma mais ampla ou menos acadêmica. Conversamos com pessoas que nos dizem que assinam a *Inc.* há 40 anos e que isso nunca foi o mais importante para elas. O mais importante é a diferença entre a sobrevivência do dia a dia e a sobrevivência de longo prazo, e acho que nisso estamos na trincheira com os empresários".

A missão do conteúdo tem tudo a ver com o público e como fazer com que sua equipe fique focada em algo maior do que apenas ganhar dinheiro (que é importante, mas sempre secundário). **Você não poderá ganhar dinheiro com seu público até que ele seja realmente o seu público.**

ESTUDO DE CASO: ESCOLA DE FOTOGRAFIA DIGITAL

Darren Rowse construiu dois modelos Conteúdo S.A. incrivelmente bem-sucedidos. O primeiro, *ProBlogger*, está centrado em blogs de pequenos negócios. O segundo, Escola de Fotografia Digital (*Digital Photography School*), é uma das principais fontes para fotógrafos iniciantes sobre como extrair o máximo de suas habilidades para tirar fotos.

Mas não começou assim. Ele explica:

> Antes do *ProBlogger,* lancei um blog de avaliação de câmeras que foi meu primeiro blog comercial e isso chegou a um ponto em que eu trabalhava em tempo integral, mas não era muito gratificante escrever. Meus leitores apareciam um dia para pesquisar uma determinada câmera e depois desapareciam e nunca mais voltavam. Assim, sempre tive essa insatisfação com o blog, pois não estava realmente construindo uma comunidade; acho que isso é o que realmente me alimenta, ter leitores permanentes. Eu sempre quis ter um blog mais voltado para ajudar as pessoas em longo prazo.

Após essa experiência inicial que quase não funcionou, Darren voltou para o blog de fotografia, mas mudou seu ajuste do conteúdo. O momento "Aha!" de Darren veio com seu foco em um público específico.

"Acho que uma das dúvidas que tive ao longo do processo dizia respeito ao foco", diz Darren. Ele lembra:

> Bem no começo era para iniciantes; portanto, era conteúdo muito básico e eu tinha algumas dúvidas sobre se deveria começar a expandir para um conteúdo de nível intermediário, mas eu meio que fiquei preso neste material para iniciantes nos primeiros dois anos e realmente conquistei um público ali, até começar a evoluir para um nível superior de conteúdo. Assim, eu não expandi o conhecimento cedo demais, o que foi bom, analisando em retrospecto.

Esta decisão valeu a pena e Darren viu seu público de e-mail e de mídia social crescer para bem mais de 1 milhão de assinantes.

Vamos dar uma olhada na missão do conteúdo inicial da Escola de Fotografia Digital:

> Bem-vindo à Escola de Fotografia Digital — um site com dicas simples para ajudar os proprietários de câmeras digitais a tirar o máximo proveito de suas câmeras.

Vamos dissecar a declaração de missão:
- O público-alvo principal: "proprietários de câmeras digitais".
- O material que será entregue ao público: "dicas simples [de como fazer]".
- O benefício para o público: "ajudar os proprietários de câmeras digitais a tirar o máximo proveito de suas câmeras".

Darren amplia a sua missão:

> Esta "escola" não é de modo algum formal. Não há aulas, professores, exames — na verdade, é um ambiente de aprendizagem onde eu penso em voz alta sobre o que sei e onde compartilhamos em nosso fórum o que aprendemos, mostrando nossas fotos e perguntando e respondendo uns aos outros. Além disso, diferentemente da maioria das escolas, a informação aqui é gratuita.

Desde então, o site cresceu, incluindo uma equipe ao redor do mundo escrevendo dicas para uma comunidade de mais de 2 milhões de pessoas.

Não é de admirar que fotógrafos iniciantes e intermediários se envolvam regularmente com o site de Darren. O ajuste do conteúdo de Darren é sua percepção e capacidade de concentrar o seu foco em um público iniciante com dicas úteis e consistentes que seus leitores podem usar imediatamente. Já ficaram bem para trás os dias em que Darren fazia avaliações de câmeras.

ESTUDO DE CASO: SECTIONHIKER.COM

Philip Werner foi gerente de produto em uma startup de software sediada em Boston por mais de 20 anos. Sua especialidade era software de código aberto, e seu chefe pediu-lhe que investigasse a construção de um site com base no popular software de blog WordPress. Foi esse recurso de blog que acabou permitindo o lançamento do SectionHiker.com. Philip explica: "Eu voltei a fazer viagens como mochileiro depois de algumas décadas de haver parado. Na caminhada pela Long Trail em Vermont decidi fazer um blog sobre isso".

Philip pegou seus 20 anos de experiência em marketing e gerência de produto e combinou-as com suas experiências de caminhada e mochileiro para iniciar o blog. Depois de um curto período, ele estava blogando cinco dias por semana.

O público de Philip começou principalmente com mochileiros ultraleves, um segmento muito pequeno do mercado (é sempre bom começar pequeno e limitado com seu público). À medida que aumentava o sucesso e as pessoas começavam a encontrar o blog, Philip decidiu modificar o público e focar o conteúdo: "Decidi focar não apenas na minha experiência, concentrando-me mais em conteúdo educativo para pessoas iniciantes em caminhadas e viagens de mochila. Também tenho uma grande atração regional, pois faço caminhadas principalmente em New Hampshire, e assim atinjo toda a Nova Inglaterra".

A decisão de Philip de alterar o público funcionou. Em 2018, 2019 e 2020, a AdventureJunkies.com classificou SectionHiker.com como o principal blog sobre caminhadas e mochileiros na internet.

A declaração de missão do conteúdo de Philip foi fundamental para o seu sucesso. Ela é mais ou menos assim:

> SectionHiker.com — um site que oferece informações detalhadas de "como fazer" [o conteúdo] para iniciantes em caminhadas e viagens de mochila na região da Nova Inglaterra [o público] para experiências de caminhada consistentes, seguras e agradáveis [o benefício].

DESEJOS, NÃO NECESSIDADES

Cada vez mais, constato que os melhores programas de Conteúdo S.A. giram em torno de aspirações, não necessidades. Eu carrego e assumo a culpa por dizer aos profissionais de marketing para "se concentrar nas dificuldades dos clientes" desde, bem, sempre. Concentrar-se nos pontos problemáticos é excelente, mas apenas o coloca na porta da frente.

Para atingir o âmago das aspirações de seus clientes, você precisa se concentrar no que eles desejam ser e ajudá-los a chegar aonde realmente querem ir.

O QUE REPRESENTA UM NOME?

Em 2008, participei de uma reunião executiva da American Business Media e ouvi a palestra de Peter Hoyt. Peter é CEO da Hoyt Publishing, uma empresa familiar da área de mídia. Hoyt afirmou que o nome Hoyt Publishing limitava as oportunidades para a empresa e, então, mudaram para In-Store Marketing Institute (rebatizado mais tarde como Point-of-Purchase Institute).

Após a mudança, as receitas de Hoyt dispararam. "O instituto realmente pegou e se desenvolveu para algo muito maior do que eu poderia imaginar", disse Hoyt. "Ele já proporcionou milhões de dólares em novas receitas e lucros. Nosso lucro operacional líquido passou de 7% para 19% em dois anos, e continuamos reinvestindo os lucros para atender ainda mais o setor".

As experiências de Hoyt foram o motivo direto para eu mudar o nosso nome para Content Marketing Institute. Não é um nome nem um pouco sexy, mas a mudança nos posicionou imediatamente como especialistas. Também não tínhamos que perder tempo contando às pessoas o que fazíamos — elas imediatamente ficavam sabendo.

A moral da história? Às vezes ter um nome chato que diga exatamente o que você faz é melhor do que uma marca que você precisa explicar. A Escola de Fotografia Digital e o SectionHiker.com seguem esse modelo. E funciona.

Em vez do básico como "poupar dinheiro" e "diminuir custos", vamos elevar o nível para coisas como "dar aos nossos clientes mais tempo livre para que vivam a vida que eles desejam" ou "ser uma pessoa que pode fazer a diferença no mundo".

Jack Butcher, fundador do Visualize Value, fez isso com sua missão, que é "ajudar pessoas ambiciosas a dominar sua saúde mental e desenvolver uma renda independente". Um recurso para empreendedores com foco em seu bem-estar mental? Isso sim é um ajuste do conteúdo!

Pode parecer piegas, mas é fundamental. Para se tornar aquele recurso que se destaca na multidão, as pessoas em seu público precisam acreditar que o seu conteúdo pode **mudar a vida delas**.

Como prega Peter Thiel, esqueça o que a sua suposta concorrência está criando e distribuindo aos clientes dela. Você é melhor do que isso. Procure criar o conteúdo com o qual os clientes queiram se envolver acima de tudo. É esse tipo de aspiração que lhe dará a visão para montar um plano e uma equipe que verdadeiramente farão a diferença.

Na cozinha de nossa casa, existe uma declaração de missão pendurada na parede. Refiro-me a ela muitas vezes. O mesmo fazem meus dois filhos, agora com 17 e 19 anos de idade.

A declaração de missão é o propósito de nossa família. É o que nos esforçamos para ser hoje e no futuro. Eu acredito que a declaração de missão tem sido crucial para o sucesso e a felicidade da nossa família.

Eis o que ela diz:

A Missão Pulizzi

Enquanto família Pulizzi, nós reconhecemos o seguinte como propósito e ação permanentes:

> Agradecemos a Deus todos os dias por nossas bênçãos, mesmo nos dias em que somos desafiados ou enfrentamos dificuldades.
>
> Nós sempre compartilhamos o que temos com os outros, e ajudamos sempre que podemos a quem precisa.
>
> Nós louvamos uns aos outros, pois cada um de nós é abençoado por Deus com talentos únicos.
>
> Nós sempre terminamos o que começamos, sempre tentamos, mesmo que possamos estar com medo, e sempre damos toda a atenção à atividade do momento.

Versão curta:

> Agradecer a Deus. Sempre compartilhar. Dizer coisas agradáveis. Dar o melhor de si.

Quando os garotos têm dúvidas sobre o que devem ou não fazer, minha esposa e eu nos referimos à declaração de missão. E a melhor parte? Quando os visitantes entram em nossa casa, a declaração de missão é imediatamente notada e quase sempre comentada. É uma daquelas pequenas coisas que fazem a diferença.

RECURSOS

Cox, Lindsay Kolovich, "17 Truly Inspiring Company Vision and Mission Statement Examples", consultado em 12 de outubro de 2020, https://blog.hubspot.com/marketing/inspiring-company-mission-statements.

Griffin, Marie, "The Idea That Transformed Hoyt Publishing", AdAge.com, consultado em 19 de abril de 2015, http://adage.com/article/btob/idea-transformed-hoyt-publishing/273350/.

"Henry Winkler", *The Nerdist Podcast*, 15 de dezembro de 2014.

Entrevistas com Clare McDermott:

Darren Rowse, janeiro de 2015.

Philip Werner, agosto de 2020.

Coração de Cavaleiro, Columbia Pictures, lançado em maio de 2001.

Welton, Caysey, "For Inc., It's Not About Platform or Product, It's About Purpose", consultado em 12 de outubro de 2020, https://www.foliomag.com/inc-platform-product-purpose/.

PARTE 4

A BASE

Não é para a beleza de um edifício que você deve olhar;
é a construção da fundação que resistirá ao teste do tempo.
DAVID ALLAN COE

Você encontrou o seu ponto ideal e identificou seu ajuste do conteúdo. Agora é hora de fazer o trabalho.

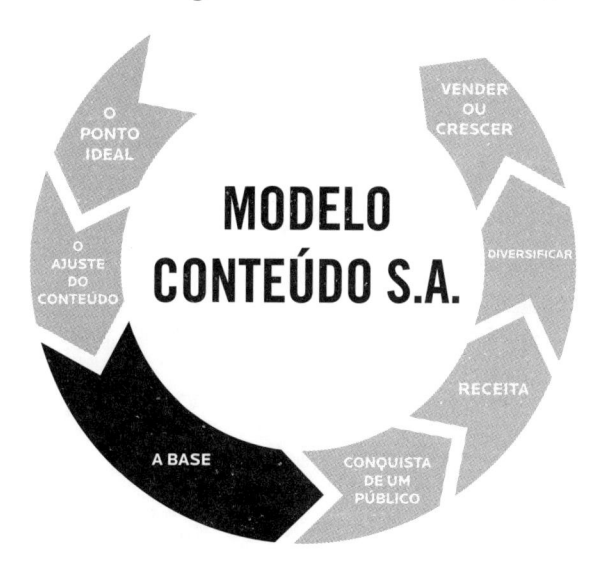

MODELO CONTEÚDO S.A.

- O PONTO IDEAL
- O AJUSTE DO CONTEÚDO
- A BASE
- CONQUISTA DE UM PÚBLICO
- RECEITA
- DIVERSIFICAR
- VENDER OU CRESCER

CAPÍTULO 8

FAÇA ALGO... GRANDE

São aqueles que se concentram em apenas
uma coisa de cada vez que avançam neste mundo.
GARY KELLER

> As maiores marcas de mídia de todos os tempos começaram sua jornada aproveitando uma plataforma principal. Este é o lugar onde todos os modelos Conteúdo S.A. começam.
>
> *Se você já entendeu isso, pule para o próximo capítulo.*

Quando os irmãos McDonald abriram o restaurante McDonald's em 1940, eles vendiam de tudo, desde churrasco a suco de laranja. Durante sete anos, os irmãos se esforçaram para encontrar o sucesso de longo prazo.

Em 1948 eles analisaram os dados e constataram que 87% das vendas (e a maior parte de seus lucros) vinham de hambúrgueres, batatas fritas e refrigerantes. Então eles fecharam por três meses, reformaram a cozinha e reabriram com um novo cardápio simplificado.

Os negócios cresceram e os irmãos franquearam o conceito em 1953. Hoje o McDonald's tem 40.000 lojas em 100 países e está avaliado em mais de US$150 bilhões.

Se você concluiu o trabalho até este ponto, parabéns. Acredite ou não, a estratégia por trás do modelo Conteúdo S.A. é a parte mais difícil. Qualquer pessoa, em qualquer lugar, quase sem recursos, pode criar um blog, um podcast, uma série no YouTube, um canal TikTok, mas é preciso de pesquisa e planejamento para consolidar um público leal e confiável. Esse público é o que, em última instância, impulsionará todo o seu modelo de negócios.

ONDE COMEÇAR?

Como disse Michael Hyatt em seu livro e blog, ambos intitulados *Plataforma*, suas ideias e histórias precisam de um lugar para morar, se você pretende ter sucesso. Segundo Michael, "Sem uma plataforma — algo que permita que você seja visto e ouvido — **você não tem chance**. Ter um produto incrível, um serviço excelente ou uma causa convincente não é mais suficiente".

Os maiores órgãos de mídia de todos os tempos selecionaram um canal principal para construir sua plataforma:

- *Financial Times* — jornal impresso.
- *Fortune* — revista impressa.
- *TED Talks* — eventos presenciais.

- *ESPN* — programação de televisão a cabo.
- *Huffington Post* — formato de revista online.
- *The Joe Rogan Experience* — programa de podcast.
- *PewDiePie* — série do YouTube.

Como no caso de cada um desses exemplos, você tem duas escolhas a fazer ao construir sua plataforma: como e onde?

- Como você contará suas histórias? Qual é o seu principal tipo de conteúdo?
- Onde você contará suas histórias? Que canal você escolherá para distribuir o conteúdo?

Ao misturar isso com a nossa missão de conteúdo, cada exemplo de Conteúdo S.A. possui quatro atributos principais (Figura 8.1):

1. Um público-alvo principal.
2. Uma missão (ajuste do conteúdo).
3. Um tipo principal de conteúdo (áudio, vídeo, texto/imagem).
4. Uma plataforma central (blog/site, YouTube, Instagram etc.).

Figura 8.1 Uma base de sucesso equivale a um público-alvo, um forte ajuste do conteúdo, um tipo de conteúdo e uma plataforma escolhida.

A maioria das empresas inicia sua jornada de criação de conteúdo e começa a distribuir conteúdo para todos os lugares utilizando todos os formatos possíveis. Elas fazem postagens no Facebook, blogs, podcasts e vídeos e esperam que algo provoque um efeito. Isso raramente funciona.

Ann Reardon, do *How to Cook That*, decidiu criar vídeos consistentes e distribuí-los no YouTube.

Philip Werner, do SectionHiker.com, cria e distribui uma postagem de blog todos os dias em seu site desenvolvido com WordPress.

Wally Koval de *Accidentally Wes Anderson* distribui uma imagem por dia no Instagram.

O comediante Jim Carrey se refere à importância de fazer uma coisa consistentemente ao longo do tempo como "eliminar as arestas". Ao iniciar, você não tem o conceito exatamente certo. A prática ao longo do tempo o torna consciente das "arestas" que não funcionam, de modo a poder criar no final um ativo de conteúdo verdadeiramente valioso.

DOMÍNIO DE NENHUMA PLATAFORMA

Constatei o seguinte ao longo do último ano:

- Uma pequena empresa, apenas um mês depois de colocar o seu novo podcast no ar, decidiu lançar uma série de vídeos.
- Uma startup de tecnologia que acreditava precisar ser ativa no Twitter, LinkedIn, Facebook, Snapshat e TikTok, espalhando seus recursos por todos e causando um impacto nulo.
- Uma empresa de marketing por e-mail lançando uma "rede" de 15 curtas-metragens, documentários e programas de áudio, tudo ao mesmo tempo.

Sempre queremos mais. Nós achamos que mais é melhor. Ao lançar um novo esforço de conteúdo, a prática "faz de tudo um pouco, mas nada direito" nunca, jamais, funciona. Como a Amazon se tornou a empresa mais valiosa do mundo? Por três anos ela somente vendeu livros. Depois de aperfeiçoar esse modelo, só então começaram a vender outras coisas. O modelo Conteúdo S.A. se comporta da mesma maneira.

As iniciativas Conteúdo S.A. funcionam porque iniciam sua jornada com um boletim informativo eletrônico incrível, uma série de vídeos incrível, um evento presencial incrível ou um blog incrível, em vez de 100 itens de conteúdo aleatório que não inspiram qualquer tipo de mudança de comportamento.

Existe algo sobre o foco. Existe algo em ser verdadeiramente excepcional em uma coisa. O problema é que isso requer que você escolha. Isso exige que você pare todas as pequenas coisas e se concentre no que realmente é importante, no que realmente surtirá efeito.

ESTUDO DE CASO: *THE JOE ROGAN EXPERIENCE*

Seguindo os passos de Howard Stern e sua mudança de uma rádio tradicional para a SiriusXM, o comediante, ator e apresentador do *Fear Factor* Joe Rogan fechou um contrato de exclusividade com a Spotify no valor de R$100 milhões em 2020.

Joe Rogan começou a produzir seu podcast, *The Joe Rogan Experience*, em 2009. Podcasts eram novidade em 2009, e o de Joe Rogan foi inicialmente lançado na Ustream.tv. Diz Rogan: "Começamos apenas fazendo um programa na frente de um laptop, pegando perguntas de pessoas no Twitter".

Rogan finalmente encontrou um lar no iTunes (agora Apple Podcasts) e entregava um episódio por semana, que mais tarde evoluiu para duas vezes por semana. Em 2011, o podcast de Rogan era um dos mais populares no mundo.

Tão logo garantiu um público fiel, Rogan começou a diversificar, primeiro assinando um contrato para a SiriusXM licenciar o programa e, em 2013, distribuindo o programa via YouTube. Até o momento, *The Joe Rogan Experience* produziu mais de 1.500 episódios e obteve substancialmente mais de 200 milhões de downloads por mês.

O segredo para o sucesso de Rogan? Ele começou com um tipo de conteúdo (áudio) em principalmente um canal (Ustream, depois iTunes). Tendo obtido sucesso, diversificou suas ofertas e agora é um dos exemplos mais ricos de Conteúdo S.A. de todos os tempos.

OS SEIS PRINCÍPIOS FUNDAMENTAIS

Todos os exemplos de Conteúdo S.A. descritos neste livro seguem esses princípios fundamentais, assim como qualquer empresa de mídia global confiável:

1. Preencher uma necessidade/desejo. Seu conteúdo deve responder a alguma necessidade não atendida ou a uma pergunta de seu público.
2. Ser consistente. A consistência é a grande característica de uma editora de sucesso. Seja publicando um canal no Instagram ou boletim informativo diário por e-mail, o conteúdo precisa ser entregue no prazo e conforme o esperado. Neste ponto é que muitas estratégias de Conteúdo S.A. fracassam.
3. Ser humano. Encontre sua voz e a compartilhe. Se a história de sua empresa tem tudo a ver com humor, compartilhe isso. Se for um pouco sarcástica, tudo bem também.
4. Ter um ponto de vista. Isso não é conteúdo de enciclopédia. Você não está fazendo um relatório da história. Não tenha medo de tomar partido em questões que podem posicionar você e sua empresa como especialistas. Uma das razões pelas quais Marcus Sheridan e sua empresa River Pools & Spas tiveram sucesso é a emoção e franqueza com que Marcus e sua equipe transmitem no conteúdo. As pessoas gostam disso.
5. Evitar "falar de vendas". Às vezes há motivos comerciais para fazer isso, mas quanto mais você fala sobre si mesmo, menos as pessoas prestam atenção ou valorizam seu conteúdo.
6. Ser o melhor da categoria. Embora talvez não consiga alcançar isso no início, o seu objetivo para o conteúdo é, em última análise, ser o melhor da categoria. Isso significa que, para o seu nicho de conteúdo, o que você está distribuindo é o melhor que se pode encontrar e está disponível. Se você espera que seus leitores passem tempo com seu conteúdo, deve entregar--lhes um valor incrível.

Em todos os nossos estudos de caso Conteúdo S.A., esses seis elementos estão presentes. Procure mantê-los em mente durante todo o processo de construção de seu modelo Conteúdo S.A.

RECURSOS

Ernst, Erik, "Joe Rogan Talks About Creating His Top-Ranked Podcast", consultado em 12 de outubro de 2020, https://web.archive.org/web/20110909180530/http://www.jsonline.com/blogs/entertainment/127610833.html.

The Founder, Weinstein Company, lançado em 2016.

Hyatt, Michael. *Platform*, http://michaelhyatt.com/platform.

"Jim Carrey", WTF com Marc Maron, Episódio 1150, 16 de julho de 2020.

Koetsier, John, "Joe Rogan Takes $100 Million to Move Podcast to Spotify", consultado em 12 de outubro de 2020, https://www.forbes.com/sites/johnkoetsier/2020/05/19/joe-rogan-moves-podcast-with-286-million-fans-to--spotify-drops-apple-youtube-other-platforms/#25ac4a42a238.

CAPÍTULO 9

SELEÇÃO DE SUA PLATAFORMA

As empresas de assinatura crescem nove vezes mais rápido que o índice da bolsa S&P 500. Por quê? Porque, ao contrário das empresas de produtos, as empresas de assinatura conhecem seus clientes. Uma base feliz de assinantes é a melhor vantagem competitiva.

TIEN TZUO, AUTOR DE *SUSCRIBED*

> Não fique tentado a se lançar em muitas plataformas de uma vez. O segredo é manter o foco e aperfeiçoar sua experiência em uma plataforma antes de diversificar.
>
> *Se você já entendeu isso, pule para o próximo capítulo.*

TIPOS DE CONTEÚDO

Segundo pesquisa do Content Marketing Institute/Marketing Profs, os tipos de conteúdo mais populares utilizados pelas empresas são os seguintes:

- Conteúdo de mídias sociais.
- Vídeos.
- Postagens ou artigos de blog.
- Boletins informativos por e-mail.
- Eventos presenciais.
- Webinars/eventos online.
- Artigos técnicos/e-books.
- Revistas impressas.
- Podcasts.

Isso significa que a maioria das empresas está criando montanhas de praticamente todos os tipos de conteúdo em todos os tipos de plataformas, por vezes simultaneamente. Em resumo, precisamos de mais foco.

A maioria das histórias de sucesso de Conteúdo S.A. se enquadra nos seguintes tipos de conteúdo:

- **Artigos, blogs ou sites baseados em conteúdo.** Quando lançamos o Content Marketing Institute, os blogs eram a principal plataforma para conquistar um público. Nossas postagens no blog começaram a um ritmo de três vezes por semana e agora ocorrem uma vez por dia.
- **Programas de boletins informativos eletrônicos.** Um exemplo, o boletim informativo eletrônico *Total Annarchy*, da autora e palestrante Ann Handley, um guia bimestral de como escrever bem, conquistou mais de 45.000 assinantes em apenas poucos anos.
- **Vídeos.** Na maioria dos casos, isso significa uma série regular no YouTube com um programa pelo menos uma vez por semana, ou possivelmente uma transmissão regular na Twitch.

- **Podcasts.** Nathaniel Whittemore oferece um podcast sobre macroeconomia e bitcoin para os fãs todas as noites. Está se tornando um dos podcasts de criptomoeda mais populares no setor.
- **Instagram.** Quinn Tempest lançou seu negócio, Create Your Purpose, com base em postagens diárias no Instagram.
- **Facebook.** Mette Løvbom, da Dinamarca, criou o SalatTøsen (A Salada Chique) quase que exclusivamente no Facebook. Nos últimos cinco anos, ela acumulou mais de 100.000 fãs e lançou uma linha impressionante de produtos voltados para saladas.

As empresas que usam estratégias Conteúdo S.A. diversificam seus canais de conteúdo para outras propriedades depois de atrair um público grande o suficiente. No início é importante se concentrar na criação de conteúdo incrível e relevante, com principalmente um canal de conteúdo.

TENTATIVA E ERRO

No início da pandemia em 2020, o autor de marketing, palestrante e empreendedor Joseph Jaffe lançou *CoronaTV*, um programa interativo ao vivo com especialistas em múltiplos campos sobre como eles estão lidando com uma vida que não é normal.

Jaffe lançou propositadamente em várias plataformas ao mesmo tempo, incluindo Facebook, LinkedIn, Periscope e YouTube, para ver qual teria mais repercussão.

Quando lancei o blog *Content Marketing Revolution*, também distribuí consistentemente informações no Twitter, LinkedIn e Facebook. Também me envolvi um pouco com o YouTube. Depois de alguns meses, quando comecei a ver alguns resultados com o blog, concentrei mais energia lá e usei os canais de mídia social como pontos de distribuição.

Você pode não saber qual plataforma será a melhor quando começa sua jornada Conteúdo S.A. Há muitos prós e contras a considerar.

ESCOLHENDO UMA PLATAFORMA

Considere três questões principais ao tomar uma decisão sobre a plataforma:

A primeira questão é pessoal:

- Como você conta melhor sua história? Isso significa você, o ser humano, com todos os seus dons e talentos.

Em alguns casos, a melhor maneira de contar a sua história para seu nicho de público específico pode ser um podcast ou uma série de vídeos, mas talvez você tenha mais paixão por escrever ou desenhar.

Para minha plataforma Conteúdo S.A., acredito que a melhor plataforma seria um podcast, com entrevistas regulares a cada semana. O problema? Eu sou mais apaixonado por escrever; assim, concentrei-me em desenvolver o boletim informativo por e-mail como principal canal. A forma como **você** gosta de criar conteúdo é importante.

As duas questões seguintes são sobre alcance e controle.

- Que canal oferece a melhor oportunidade para atingir meu público-alvo? (**Alcance**).
- Que canal me dá mais controle sobre a apresentação do meu conteúdo e a conquista de meu público? (**Controle**).

Vamos analisar o gráfico na Figura 9.1.

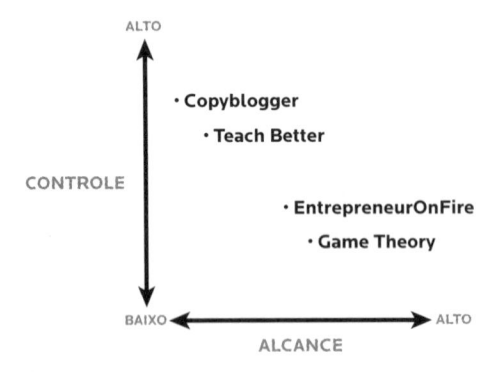

Figura 9.1 Sua estratégia será muito diferente, dependendo de você começar com controle ou alcance.

A Copyblogger, de Brian Clark, tem controle quase infinito sobre o seu canal, um site próprio feito com o WordPress. Ao mesmo tempo, a Copyblogger precisa construir um sistema para atrair pessoas para o seu conteúdo, pois o site não reside dentro de outro ecossistema que possa naturalmente trazer tráfego. O mesmo ocorre com Teach Better, um dos principais sites informativos para professores. Ele também lançou sua plataforma usando o WordPress.

Por outro lado, o *EntrepreneurOnFire* (*EOF,* podcast) e o *Game Theory* (vídeo) têm uma possibilidade maior de alcance do que a Copyblogger, pois publicam dentro de um ambiente com um público embutido. O *EOF* publica principalmente via Apple Podcasts e Spotify, onde milhões de pessoas buscam por novos podcasts todos os dias. O mesmo vale para o *Game Theory*. Seu público-alvo de gamers já está todo dia no YouTube. Desde que o *Game Theory* continue a criar conteúdo atraente no YouTube, o seu público tende a crescer.

O problema com o *EOF* e o *Game Theory* é que eles estão aproveitando plataformas sobre as quais têm pouco ou nenhum controle. *Game Theory* tem mais de 13 milhões de inscritos. Isso é incrível, mas tecnicamente o host e proprietário da marca, Matthew Patrick, não controla os relacionamentos com esses inscritos; o YouTube é que controla. O YouTube poderia decidir amanhã que não quer que o *Game Theory* tenha acesso a essas pessoas, ou poderia decidir divulgar outro conteúdo para o público de Matthew, como *PewDiePie* ou *The Joe Rogan Experience*, em vez de *Game Theory*.

Considere o exemplo da dupla SMOSH, uma das sensações originais do YouTube, que conquistou uma audiência de 25 milhões de inscritos nessa plataforma. Depois de alguns anos o SMOSH começou a redirecionar as chamadas para ação no final de seus vídeos empurrando os espectadores para o seu próprio site, Smosh.com, onde podiam inscrever pessoas para um programa de assinatura de e-mail sobre o qual tinham controle.

Se você escolheu um canal de baixo controle como principal agente de distribuição de seu conteúdo, esteja ciente de que em algum momento poderá querer converter os inscritos dessa plataforma em seus próprios assinantes. Se você escolheu um canal de alto controle, como um site ou um evento presencial, você precisará criar um plano mais robusto para direcionar um público a esses locais.

CUIDADO COM OS CANAIS SOCIAIS

Embora canais sociais, como TikTok, Clubhouse, Facebook e LinkedIn, possam ser excelentes lugares para construir a sua pegada digital e seguidores, você acabará não tendo controle algum sobre os que essas empresas fazem com suas conexões. Naturalmente o LinkedIn deixa que suas conexões atuais vejam todo o conteúdo que você publica no LinkedIn, mas o LinkedIn muda o algoritmo constantemente. Um dia você vê milhares de pessoas se envolvendo com sua postagem. No dia seguinte podem ser algumas dezenas. O LinkedIn tem todo o direito de fazer isso como empresa privada, e você, um usuário gratuito da comunidade LinkedIn, tem pouquíssimos direitos.

Canais sociais como Facebook, Twitter, LinkedIn, Pinterest, Snapchat, TikTok e Instagram podem ser possibilidades sólidas para a construção de uma plataforma dependendo de quem é o seu público-alvo, mas é importante entender os perigos.

ESTUDO DE CASO: TWINSTHENEWTREND

Um dos maiores sucessos de 2020 foi o Twinsthenewtrend. Quase todos os dias, uma dupla de gêmeos senta e ouve uma canção que nunca havia escutado antes, e nós podemos assistir às suas reações.

Em 27 de julho, a canção foi "In the Air Tonight" de Phil Collins. Eu imploro para que você assista, especialmente a reação deles na marca de 4:56.

A canção se tornou completamente viral, com 4 milhões de visualizações e mais de 12.000 comentários em apenas algumas semanas.

Mas, como você sabe, o viral acontece depois de entregar conteúdo valioso por um longo período de tempo. Os gêmeos produziram vídeos no YouTube por mais de um ano antes de se tornarem virais. Muitos de seus vídeos têm apenas algumas centenas de visualizações. Agora os gêmeos ficaram famosos na internet e acumularam quase 700.000 inscritos no YouTube.

A APOSTA MAIS SEGURA

Pense nas empresas de mídia com grande crescimento atualmente, como o Morning Brew ou o Bleacher Report, ou plataformas de mídias de notícias mais maduras, como o BuzzFeed. Você pode até mesmo pensar em publicações tradicionais como o *New York Times*. Todas são muito boas em termos de aproveitar os canais sociais e de conquistar uma audiência nesses canais, mas essas publicações **não** constroem a principal plataforma delas nos canais sociais.

Em cada um desses casos, as empresas constroem sites, aplicativos em celulares, veículos impressos ou programas de eventos (todos com assinantes) que podem possuir e, então, aproveitam outros canais para conduzir as pessoas de volta aos sites que elas possuem, para que possam converter os transeuntes em um público passível de ser monetizado.

PODCASTING DENTRO DO ORÇAMENTO

Eu venho fazendo podcast desde 2013. É difícil de acreditar que já são mais de 500 episódios do *This Old Marketing* (com Robert Rose) e do podcast *Content Inc*.

Quando comecei levava duas horas para produzir cada episódio. Hoje leva cerca de 20 minutos. Eis algumas dicas:

1. **Utilize um ótimo microfone.** Na verdade, este poderia ser os primeiros três pontos. Um ótimo microfone pode valer muito a pena. Eu utilizo um Audio-Technica AT2020 USB e adoro. Meu coapresentador do *This Old*

Marketing, Robert Rose possui um Shure SM58, enquanto o podcaster Christopher Penn possui um AT2100.

2. **Grave com Audacity.** Audacity é uma ferramenta gratuita de gravação. É extremamente fácil de editar e publicar. Depois de criar o arquivo, salve-o como um arquivo .wav e execute-o através de outro programa gratuito chamado Levelator II, que limpa o som. Se você tiver um Apple, o Garageband pode substituir o Audacity.
3. **Hospede com Libsyn.** Sou cliente de longa data da Libsyn, uma plataforma de hospedagem e distribuição de podcast. Planos robustos começam ao custo de US$5 por mês. A Libsyn distribui seu podcast para Apple Podcasts, Spotify, Overcast, Stitcher, SoundCloud, YouTube, Amazon Music, Google e muito mais. Outras plataformas a considerar são Buzzsprout, Podcave, Anchor, Podbean e Captivate.

ADEQUAÇÃO TIPO DE CONTEÚDO/PLATAFORMA

Determinados tipos de conteúdo e estilos de narrativa se encaixam melhor em plataformas e frequências específicas. Aqui estão as fórmulas mais utilizadas pelos empreendedores de Conteúdo S.A.:

Plataforma	Tipo de Conteúdo	Comprimento	Frequência
Blog	Texto + imagem	500 – 2.000 palavras	Semanal ou mais
Boletim eletrônico	Texto + imagem	500 – 2.000 palavras	Bimestral ou mais
YouTube	Vídeo	5 – 15 minutos	Mínimo semanalmente
Podcast	Áudio	30 – 90 minutos	Mínimo semanalmente
Facebook	Texto/imagem/vídeo	Vários	Diariamente
Pinterest	Imagem	N/A	Diariamente
Instagram	Imagem/vídeo	60 segundos ou menos	Diariamente
Snapchat	Imagem/vídeo	60 segundos ou menos	Diariamente
TikTok	Vídeo	20 segundos ou menos	Diariamente

PLATAFORMAS EM AÇÃO

A Openview investe em empresas de tecnologia com potencial de crescimento. Em 2009, a Openview lançou uma plataforma de conteúdo que fornece regularmente conteúdo na forma de artigos para atrair assinantes para uma oferta de boletim informativo eletrônico que agora ostenta mais de 100.000 assinantes (Figura 9.2) — nada mal para uma empresa de capital de risco.

John Deere lançou a revista *The Furrow* em 1895 (Figura 9.3). Ela ainda é publicada hoje em formato impresso e digital em 14 idiomas diferentes e distribuída para 40 países. *The Furrow* sempre teve como foco a forma como os fazendeiros podem aprender a tecnologia mais recente para promover o crescimento de suas fazendas e negócios.

No início dos anos 2000, o empreendedor em série Jean-Baptiste Duquesne fundou o 750g como principal site de receitas de alimentos para apreciadores de comida francesa. Passados cinco anos do lançamento, Duquesne expandiu para Brasil, Estados Unidos, Itália, Espanha e Alemanha. Atualmente a comunidade inclui mais de 4 milhões de seguidores no Facebook e 400.000 seguidores no Pinterest, mas sua plataforma principal é o 750g.com.

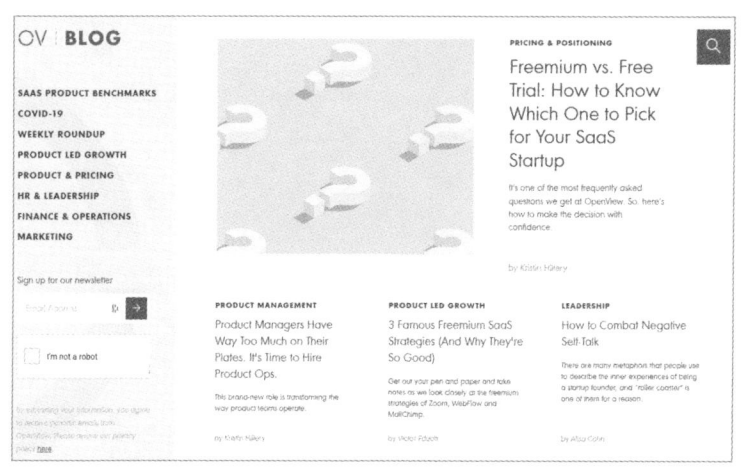

Figura 9.2 Já se passaram 10 anos e são 100.000 assinantes do boletim informativo da Openview.

| Março de 2020 | Fevereiro de 2020 | Janeiro de 2020 |

Figura 9.3 A revista *The Furrow*, da John Deere, é uma das iniciativas de Conteúdo S.A. mais antigas do planeta.

A celebridade de Hollywood Gwyneth Paltrow lançou própria estratégia de Conteúdo S.A., chamada Goop. Originalmente concebida como boletim informativo eletrônico semanal sobre recomendações de viagens e dicas de compras, o Goop evoluiu para um site de mídia completo com mais de 8 milhões de assinantes. O site possui uma taxa de abertura de boletins eletrônicos de 40%, cerca de duas vezes a média da categoria.

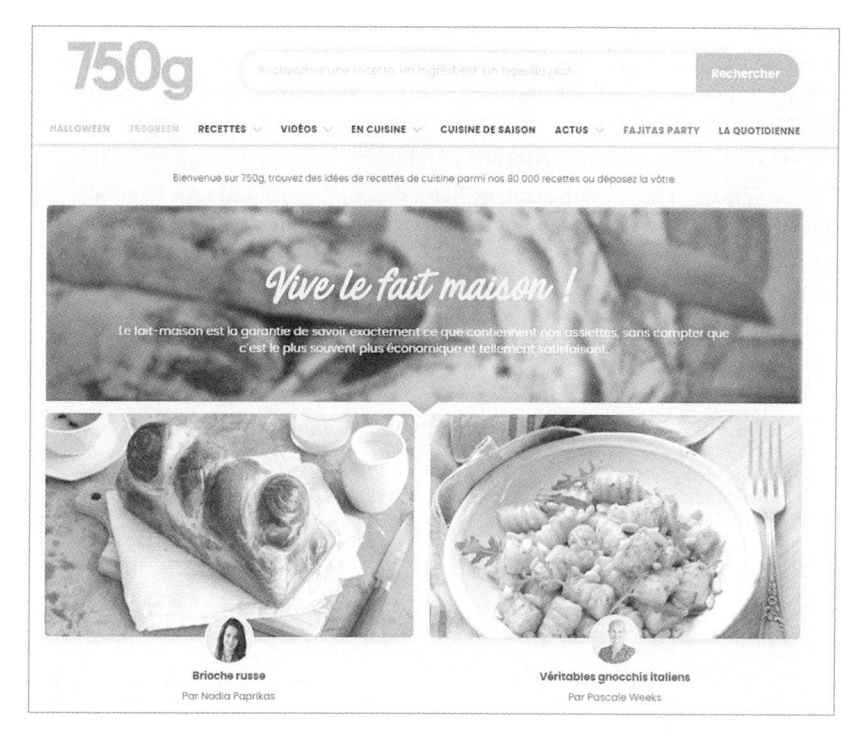

Figura 9.4 750g é o principal site de receitas de alimentos para apreciadores de comida francesa.

Figura 9.5 O Goop, de Gwyneth Paltrow, agora possui mais de 8 milhões de assinantes.

RECURSOS

"Enterprise Content Marketing Research", Content Marketing Institute/ MarketingProfs, consultado em 10 de outubro de 2020, https://contentmarketinginstitute.com/2020/02/customer-experience-enterprise-research/.

Entrevista com Jean-Baptiste Duquesne por Joakim Ditlev, setembro de 2020.

McKinnon, Tricia, "The Growth Strategy Behind Goop", consultado em 12 de outubro de 2020, https://www.indigo9digital.com/blog/goopdirectoconsumerstrategy.

CAPÍTULO 10

CRIANDO IDEIAS

Uma ideia que não seja perigosa não é digna de ser chamada de ideia.
OSCAR WILDE

> As experiências positivas de conteúdo vêm da análise do que você possui, misturada com a coleta de informações sobre o seu público. Se você não entende intimamente os dois, o sucesso será um desafio.
>
> *Se você já entendeu isso, pule para o próximo capítulo.*

Ann Handley, autora do livro *Everybody Writes*, acredita no conceito Conteúdo S.A. por dois motivos. Diz Handley:

> Número um, porque coloca as necessidades de seu público em primeiro lugar, no sentido de que você vê o seu público como colaborador no negócio. Eu gosto desse ponto de vista centrado no público.
>
> A segunda coisa é que a criação de conteúdo não é apenas para o marketing. Não é apenas um exercício externo concebido para fazer aumentar a audiência; a beleza do conteúdo é que ele realmente também faz crescer o indivíduo. Assim, ao mesmo tempo, ele faz crescer o criador do conteúdo. Isso significa que ele quase o obriga a evoluir em seu pensamento. Ao criar conteúdo e receber feedback do público, você consegue aprimorar sua visão e, no final das contas, incorporar essa visão no que for que estiver criando.

Darren Rowse lançou um site de avaliação de câmeras (Digital Photography School) que se tornou a principal plataforma de ensino para fotógrafos iniciantes. Kristen Bor começou um blog sobre mochileiros (*Bearfoot Theory*) que se tornou um site mundialmente conhecido sobre a vida em um trailer. Wally Koval lançou uma lista de fotos de viagem (*Accidentally Wes Anderson*) que se tornou um livro best-seller de fotojornalismo em salas de espera de consultórios.

Observe cada um dos recursos informativos que são líderes na web. O conteúdo desenvolvido logo após o lançamento é, em geral, significativamente diferente do material mais novo. Ao longo do tempo, o conteúdo evolui para atender melhor às necessidades do público. Ao mesmo tempo, os criadores de conteúdo começam a encontrar o seu próprio ajuste do conteúdo (que às vezes leva tempo para encontrar, conforme já discutimos).

Terminar corridas é importante, mas correr é mais importante.
DALE EARNHARDT

Para chegar ao sucesso no Conteúdo S.A., precisamos executar o trabalho. Agora que você já identificou o seu ponto ideal e determinou o que diferencia você e seu conteúdo, produzir consistentemente ideias de conteúdo atraente pode parecer assustador. Pôr mãos à obra faz toda a diferença.

A maioria dos empreendedores não consegue desenvolver ideias para o seu conteúdo porque não consegue planejar. Caso você esteja sentado diante de um computador à espera de inspiração para atacar, então está fazendo errado.

Não existe uma maneira certa de desenvolver ideias para seus projetos de conteúdo, mas você precisa de um processo.

A AUDITORIA DE CONTEÚDO

Antes mesmo de determinar qual o tipo de conteúdo que você precisa, é necessário primeiro descobrir o que você possui. Além disso, há necessidade de determinar se o que você tem é bom o suficiente ou, melhor ainda, se você possui algum conteúdo bruto que ainda seja incrivelmente valioso para aproveitar em sua estratégia de Conteúdo S.A.

Por que isso é tão fundamental? Eu trabalhei com centenas de empresas que lançaram novos e-books, artigos técnicos e contrataram editores e freelances, apenas para descobrir no meio do processo que muito do conteúdo que elas queriam já havia sido criado em algum outro lugar da organização. A condução de uma auditoria de conteúdo, ainda que simples, teria poupado tempo e dinheiro a essas empresas.

As auditorias de conteúdo podem ser caras, mas provavelmente menos onerosas do que gastar recursos em conteúdo desnecessário. Existem vários modelos gratuitos de auditoria de conteúdo para você usar. Por ora, vamos mantê-la simples e focar seus principais ativos de conteúdo. Sua planilha pode ter a seguinte aparência:

Tipo de Conteúdo	Uso	Quantidade	Detalhes
Textos	Artigos de blog	42	Possível aproveitamento em um futuro livro.
Imagens	Postagens do Instagram	194	Imagens originais do projeto. Pleno direito de uso.
Áudio	Entrevistas de podcast	34	Entrevistas de 45 minutos com especialistas do projeto.
Vídeo	"Como fazer" no YouTube	5	Tutoriais sobre projeto CAD para engenheiros.
E-book	Relatório de pesquisa	2	Relatório confidencial sobre a utilização pelo usuário final.

Você pode se aprofundar nisso o quanto quiser. Muitas organizações fazem uma auditoria completa do conteúdo de seus sites e analisam cada página, usando ferramentas como Google Analytics, Orbiter e Screaming Frog. Vamos deixar isso para mais tarde. No momento só queremos saber com o que estamos trabalhando.

50 PERGUNTAS

Uma das coisas incríveis sobre o sucesso de Marcus Sheridan com a River Pools & Spas é que ele nunca realmente instalou uma piscina de fibra de vidro, embora a maior parte do mundo acredite que ele **seja** o especialista. Seu segredo: "A melhor estratégia de conteúdo é escutar".

Marcus ouve clientes, funcionários, podcasts. Ele é um verdadeiro aprendiz. Em seguida, ele faz um brainstorming em busca de ideias de conteúdo. "Se não chegar a pelo menos 50 perguntas, então você não tentou com empenho suficiente", diz Sheridan. "Se você escrever duas vezes por semana, terá conteúdo para o ano inteiro".

Abra um notebook e faça uma lista de perguntas que seu público gostaria de ver respondidas (mantenha sua missão de conteúdo em mente enquanto faz isso). Nesta fase, não há respostas erradas. Não pare para corrigir nada — apenas escreva perguntas. Conclua sua lista de 50 perguntas e faça uma pausa. Depois de um tempo, volte à lista para encontrar o tesouro escondido.

UTILIZANDO A ESCRITA LIVRE

Mark Levy (autor de *Accidental Genius*) ministrou-me um curso intensivo sobre algo chamado "escrita livre". A escrita livre, também conhecida como escrita de "fluxo de consciência", é uma técnica de redação em que a pessoa escreve por um determinado período de tempo sem se preocupar com a ortografia ou mesmo com o tema. Mark usa essa técnica com seus clientes para extrair o conteúdo bruto que está no âmago do criador de conteúdo.

Natalie Goldberg, autora de *True Secret of Writing*, descreve algumas das regras da escrita livre:

- Dê a si mesmo um limite de tempo. Escreva por um determinado período e depois pare.
- Mantenha a mão se movendo até acabar o tempo. Não pare para olhar para o espaço ou ler o que acabou de escrever. Escreva rapidamente, mas não se apresse.
- Não preste atenção à gramática, ortografia, pontuação, esmero ou estilo. Ninguém mais precisa ler o que você produziu.
- Se ficar fora do assunto ou sem ideias, continue escrevendo mesmo assim. Se necessário, escreva coisas sem sentido ou o que vier à sua cabeça, ou simplesmente rabisque algo: faça de tudo para manter a mão em movimento.
- Se você se sente entediado ou desconfortável com o que está escrevendo, pergunte a si mesmo o que o está incomodando e escreva sobre isso.
- Quando o tempo acabar, olhe para o que você escreveu e marque as passagens que contenham ideias ou frases que valeriam a pena manter ou trabalhar um pouco mais em uma sessão posterior de escrita livre.

DIVERTINDO-SE COM O GOOGLE ALERTS

O Google Alerts é um serviço gratuito (tudo o que você precisa é de uma conta no Gmail) que envia para sua caixa de entrada conteúdo da web com palavras que você está procurando. Por exemplo, caso esteja interessado em conteúdo sobre o jogo multiplayer Minecraft, você pode pedir para o Google Alerts enviar uma notificação quando o Google encontrar uma nova página sobre dicas ou lançamentos do Minecraft.

Você pode receber os alertas na medida em que ocorrem, todos os dias ou por semana. Esses artigos podem se tornar fontes para novas ideias de conteúdo.

O Google Trends também é um excelente recurso para isso.

HASHTAGS

Semelhante ao Google Alerts, o seu setor de atividade pode ter algumas hashtags que podem ser um farol para novos conteúdos. Por exemplo, existem várias conversas rolando na web em torno de "marketing *business-to-business*". A hashtag para isso seria #b2bmarketing. Procurando no Twitter (através da ferramenta TweetDeck), LinkedIn, Facebook ou Instagram, você pode monitorar o que está acontecendo em torno do tópico nas mídias sociais. Outras ferramentas pagas incluem Brand24, Sprout Social e Brandmentions.com.

ANALISE SUAS ESTATÍSTICAS

Jay Baer nunca teria encontrado seu ajuste do conteúdo sem analisar o tráfego na web. Depois de publicar uma postagem sobre mídia social, ele via dobrar ou triplicar o tráfego em comparação com seu tema anterior sobre marketing por e-mail.

Verifique suas estatísticas toda semana. Descubra no que as pessoas estão mais interessadas e como elas estão encontrando o seu conteúdo. Pode fazer sentido criar mais conteúdo em torno daquilo que é mais importante para o seu público.

Existem centenas de sistemas estatísticos. O Google Analytics é gratuito e relativamente fácil de instalar em seu site.

CONVERSAS COM FUNCIONÁRIOS

Muitos funcionários temem ajudá-lo a criar conteúdo porque não entendem que grande parte do valor é adicionada durante o processo de edição. Para os seus objetivos, o importante é extrair o conteúdo "bruto" deles — as informações que fazem deles os especialistas no assunto.

Assegure aos membros da equipe que o documento será aprimorado durante a edição. Em seguida, faça-os contribuir com o conteúdo oferecendo as seguintes dicas:

- **Registre.** Da mesma forma que em seu exercício de 50 perguntas ou escrita livre, procure extrair conteúdo deles. Reúna-se com seus funcionários para tomar um café e grave a conversa. Simplesmente fale com eles sobre os desafios que estão enfrentando. Antes que você perceba, você terá 20 ideias de conteúdo.
- **Faça um esboço.** Se os funcionários estiverem com problemas para se abrirem, diga-lhes para simplesmente visualizarem o que querem dizer e escreverem as principais frases ou conceitos em pequenos papéis adesivos. Eles podem até mesmo desenhar o que estão pensando. Esta é uma forma muito boa de organizar pensamentos para um conteúdo mais longo.

PERGUNTE ÀS SUAS REDES SOCIAIS

Com certeza, meu melhor gerador de novas ideias é ir a conferências e eventos e falar diretamente com meu público de profissionais de marketing. Em 2013, eu gerei meu livro *Marketing de Conteúdo Épico* quase que por inteiro conversando com profissionais de marketing em eventos.

Se você não tem acesso direto aos clientes, tente e-mail ou telefone. Você ficará surpreso com a disposição de seus clientes de conversar quando você não está pedindo-lhes para comprar algo. Basta perguntar: "O que está fazendo com que você fique acordado à noite hoje em dia?" e, em seguida, sentar e ouvir.

TECNOLOGIA ÚTIL

Diversos blogueiros prolíficos utilizam o Evernote para rastrear suas ideias de conteúdo. O Evernote é um aplicativo utilizado para registro no diário e pode ser sincronizado com todos os seus aparelhos (smartphone, tablet etc.). Robert Rose, coapresentador do nosso podcast *This Old Marketing*, utiliza o Evernote para rastrear ideias novas e notícias.

Algumas pessoas gostam de rastrear visualmente ideias de conteúdo utilizando um software de mapeamento da mente como o Mindjet (agora chamado MindManager). Newt Barrett, que escreveu junto comigo o livro *Get Content Get Customers*, utilizou o Mindjet para esquematizar cada capítulo do livro, além do índice de conteúdo do livro e detalhes dos estudos de caso.

Michael Hyatt elogia muito o Scrivener. O Scrivener é utilizado principalmente por roteiristas, mas ultimamente cada vez mais blogueiros têm adotado a ferramenta.

Pessoalmente, eu utilizo um caderno Moleskine para anotar todas as minhas ideias novas.

LEIA UM LIVRO COMPLETAMENTE IRRELEVANTE

De vez em quando a minha criatividade seca. Não importa o que eu faça, simplesmente não consigo me concentrar em um tema atraente. Quando isso acontece, pego um livro completamente irrelevante para a minha área de conteúdo. As minhas melhores ideias de conteúdo sempre surgem quando estou lendo um bom livro. Recomendo muito *Um Estranho*

Numa Terra Estranha, de Robert Heinlein, e clássicos como *O Sol É Para Todos* (Harper Lee) e *O Guia do Mochileiro das Galáxias* (Douglas Adams).

> *Se você não tem tempo para ler, você não tem tempo (ou as ferramentas) para escrever. Simples assim".*
> STEPHEN KING

RECURSOS

Goldberg, Natalie, *The True Secret of Writing*, Atria Books, 2013.

Entrevista com Ann Handley por Clare McDermott, janeiro de 2015 e agosto de 2020.

Levy, Mark, *Accidental Genius*, Berrett-Koehler Publishers, 2010.

Miltenberg, Bill, "To Save His Business, Marcus Sheridan Became a Pool Reporter", PRNews.com, http://www.prnewsonline.com/featured/2012/09/06/to-save-his-business-marcus-sheridan-became-a-pool-reporter/.

Roberts, Stacey, "How to Consistently Come up with Great Post Ideas for Your Blog", ProBlogger.net, http://www.problogger.net/archives/2014/02/03/content-week-how-to-consistently-come-up-with-great-post-ideas-for-your-blog/.

CAPÍTULO 11

O CALENDÁRIO DE CONTEÚDO

Você pode ter tudo. Você só não pode ter tudo de uma vez.
OPRAH WINFREY

> Para que um programa Conteúdo S.A. funcione, ele precisa sempre aparecer e, quando isso acontecer, ser interessante.
>
> *Se você já entendeu isso, pule para o próximo capítulo.*

D urante anos tenho falado sobre a consistência na frequência do conteúdo como sendo a coisa mais importante no desenvolvimento de um negócio que prioriza o conteúdo/público. Isso foi verdade para o meu negócio Conteúdo S.A. e vale para todos os exemplos deste livro.

Mas, na verdade, há duas partes para a consistência. Deixe-me explicar.

Quando jovem eu assistia toda quinta-feira ao programa de sucesso da NBC, *Cheers*, que é sobre um bar em Boston. Um dos principais personagens é Norm Peterson. Todos amavam Norm — tanto que quando ele entrava no bar, todos os outros clientes gritavam o seu nome.

Por que todos amavam Norm? Em primeiro lugar, porque ele aparecia no mesmo horário, todos os dias. Para ser amado, você tem que estar presente. Em segundo lugar, Norm sempre tinha algo interessante a dizer. Toda vez.

Era algo assim:

Norm: Boa tarde pessoal.

Todos no bar: Norm!

Barman ou cliente: Como o mundo está lhe tratando?

Norm: Como um bebê trata uma fralda.

Ele fez isso de 273 maneiras diferentes — o número total de episódios de *Cheers*.

Para ser ótimo, você precisa aparecer. Aí então, você precisa ser interessante. **Toda vez**.

Como você já leu anteriormente, Anthony Fasano construiu um incrível negócio de Conteúdo S.A. chamado Engineering Management Institute.

Diz Anthony:

A consistência na publicação de conteúdo é absolutamente fundamental. Em primeiro lugar, a consistência na vida é essencial. Quer dizer, se você vai à academia uma vez por mês, não ajuda em nada. Se você vai várias vezes por semana, aí então ajuda. Se você se alimenta bem uma vez por mês, não ajuda em nada. A mesma coisa acontece com o conteúdo. Se você faz um podcast de vez em quando, somente ao se sentir criativo, então não está realmente ajudando ninguém, pois é muito aleatório. Não há estratégia nisso.

Você tem que se forçar a fazer, porque senão não estabelece um ritmo. Seu público não sentirá que está obtendo valor de forma consistente e você não criará canais nos quais possa causar impacto e influenciar muitas pessoas e ajudar muitas pessoas.

Pense na consistência como ritmo, o ritmo de um batimento cardíaco. Ele nunca para e praticamente permanece com o mesmo passo. Às vezes fica um pouco mais rápido, outras um pouco mais lento, mas sempre bate.

"Determine com que frequência (ritmo) você deseja publicar conteúdo (consistência) e mantenha isso (disciplina)", diz Denis Doeland da NXTLI. "Este é o verdadeiro desafio: a combinação de ritmo, consistência e disciplina é muitas vezes subestimada".

PLANO PARA CONSISTÊNCIA

Não importa o quão bons sejamos no que fazemos ou por quantos anos temos feito, todos nós sempre buscamos a elusiva "melhor maneira" de realizar nossas tarefas diárias — novas ferramentas para explorar, novas técnicas para experimentar, novas informações para levar em consideração. Constantemente surgem inovações para ajudar as pessoas a executar as coisas em menos tempo, com menos esforço desperdiçado e com maior êxito. A reinvenção é praticamente uma commodity que comercializamos hoje em dia para continuar impulsionando nossa sociedade voltada para o digital.

Até mesmo a mais estável e robusta das ferramentas no arsenal do Conteúdo S.A. — o calendário editorial (de conteúdo) — transformou-se ao longo dos anos, passando de uma simples planilha para acompanhar o que publicamos para um componente essencial na gestão de todo o ciclo de vida do nosso programa de conteúdo.

Todos os criadores do Conteúdo S.A. têm uma coisa em comum: eles mantêm e executam um calendário de conteúdo. Comecemos então.

O BÁSICO

Comece revisando as informações de estratégia do Conteúdo S.A. nas quais você baseará seus esforços de criação de conteúdo. Você já deve ter muitas dessas informações agora, mas este exercício formaliza o processo.

Suas respostas às seguintes perguntas ajudarão a determinar o que você precisa acompanhar em seu calendário, e ajudarão a manter o foco nos seus objetivos de marketing enquanto planeja a criação de conteúdo.

- **Para quem você cria conteúdo?** Manter o seu público-alvo em mente enquanto você cria o calendário é essencial para o planejamento de como atender às necessidades dos clientes atuais e futuros através do seu marketing de conteúdo.
- **Por que você cria conteúdo?** A sua missão de conteúdo e seus objetivos terão impacto sobre o que você publica, onde você publica e com que frequência, e sobre a forma como sua equipe prioriza e organiza os esforços de criação de conteúdo. Em sua maior parte, o sucesso do conteúdo se baseará em obter ou manter assinantes (ver os capítulos sobre a conquista de um público).
- **Que recursos você tem à sua disposição?** Você pode ter uma equipe dedicada de escritores e produtores de vídeo, um grupo de profissionais do setor procurando compartilhar seus insights, um punhado de executivos relutantes que precisarão de uma boa ajuda na criação de conteúdo. Ou talvez seja só você. Os formatos, frequência e fluxo geral de trabalho que você acompanha em seu calendário provavelmente dependerão de quem está escrevendo e em que área de especialização.
- **Como você pode se destacar?** Que necessidades não atendidas em seu setor de atividade o conteúdo pode atender? Que lacunas existem em seus esforços atuais de criação de conteúdo — ou nos esforços dos concorrentes? Que eventos do setor acontecem durante o ano aos quais você pode vincular o seu conteúdo para uma maior exposição? O fato de saber onde você pode desempenhar um papel de liderança na conquista da atenção do público irá ajudá-lo a preencher o calendário editorial com conteúdo eficaz que o ajudará a cumprir seus objetivos de negócio.

A CONSISTÊNCIA DE MICHAEL SCHØT

The *Ministry of Schøt (Schøtministeriet)*, um programa sobre o mau comportamento político, é uma criação do comediante dinamarquês Michael Schøt. Todas as sextas-feiras ao meio-dia, Michael lança um novo episódio. Ele tem feito isso por 350 semanas consecutivas, ganhando mais de 100.000 seguidores no Facebook.

O formato do programa é rígido. Cada episódio de *Schøtministeriet* começa com a mesma fanfarra, o cenário é o mesmo, e Schøt está sempre vestido com uma camisa branca e gravata escura, sentado atrás de uma mesa. Todo episódio termina com a frase "E que Deus [um bip soa quando a palavra Deus é pronunciada] proteja meus fundilhos". Os episódios duram entre seis e dez minutos.

MONTAGEM DO CALENDÁRIO

Há uma série de ferramentas pagas e gratuitas para montagem de calendário que podem ajudá-lo nesta tarefa. Dentre elas, podemos citar:

- MS Excel, Google Sheets (ou outras ferramentas de planilhas)
- Evernote
- Agorapulse
- Trello
- Loomly
- Sprout Social
- DivvyHQ

Shanna Mallon, uma escritora do Straight North, oferece algumas sugestões sobre uma maneira rápida e fácil de construir um calendário de conteúdo. Em seu aspecto mais fundamental, recomendamos que o calendário editorial inclua os seguintes campos:

- A **data** em que o conteúdo deve ser revisado/produzido.
- A **data** em que o conteúdo será publicado.

- O **tópico** ou **título** do conteúdo.
- O **autor** do conteúdo.
- O **proprietário** do conteúdo — ou seja, a pessoa encarregada de assegurar que o conteúdo passe da concepção para a publicação e promoção.
- A **situação atual** do conteúdo (atualizada à medida que avança no ciclo de publicação).

Dependendo do nicho e missão do conteúdo de sua empresa, do fluxo de trabalho de sua equipe, dos formatos e plataformas com os quais você planeja trabalhar, e do volume de conteúdo que será criado, você também pode precisar acompanhar os seguintes elementos para ajudá-lo a manter-se organizado e no rumo certo em longo prazo. Por exemplo:

- **Os canais onde o seu conteúdo será publicado.** Isso pode apenas incluir seus canais próprios (como o blog, site, boletins informativos por e-mail etc.), ou você pode ampliar o acompanhamento para incluir também canais pagos e de mídia social.
- **Os tipos de conteúdo.** É uma postagem de blog? Um vídeo? Um podcast? Uma imagem original? Para conseguir mais circulação com o conteúdo criado, você pode pensar em adaptá-lo para outros formatos em algum momento. É útil manter o controle sobre os tipos de ativos que você tem em mãos desde o início.
- **Elementos visuais.** Falando em ativos, é importante que você não esqueça o apelo que os elementos visuais podem emprestar ao seu conteúdo, tanto em termos de potencial de compartilhamento social quanto de reconhecimento da marca em geral. O acompanhamento dos elementos visuais que você inclui em seus esforços de conteúdo — tais como imagens de capa, logotipos, ilustrações, gráficos — facilita garantir que seu trabalho tenha uma assinatura e uma identidade de marca coesa.
- **Categorias de tópicos.** Isto facilita a busca em seus calendários. Encontre tópicos sobre os quais você já criou muito

conteúdo, bem como aqueles que você não abordou com frequência suficiente.
- **Palavras-chaves, hashtags e outros metadados.** Os metadados incluem metadescrições e títulos (se eles diferem dos seus títulos) para SEO (*search engine optimization*), que ajudarão a manter os seus esforços de SEO alinhados com a criação de conteúdo.
- **URLs.** Arquive esta informação como uma forma simples de manter suas auditorias de conteúdo online atualizadas ou para linkar itens de conteúdo mais antigos nos novos conteúdos que você cria.
- **Chamadas para ação.** Isto ajuda a assegurar que cada item de conteúdo que você cria esteja alinhado com os objetivos de aquisição de seu público.
- **Resultado para o público.** Talvez minha parte favorita do calendário, acrescentar um resultado é importante se você estiver trabalhando com vários criadores de conteúdo. Indicar o resultado significa ser específico em relação ao que você deseja que seu público obtenha do conteúdo. É para conseguir um emprego melhor? Aprender uma tarefa específica? Ter uma vida melhor de alguma maneira? O registro dos resultados esperados ajuda os criadores de conteúdo a manter o ponto de vista do público em mente.

Pode ser útil ter mais de um calendário de conteúdo. Por exemplo, você pode ter um calendário-mestre no qual possa ver tudo em um relance e calendários individuais para atividades específicas (Figura 11.1).

	Author	Headline	Status	Call to action	Category	Notes
Week of November 3						
Monday, November 3, 14						
Tuesday, November 4, 14						
Wednesday, November 5, 14						
Thursday, November 6, 14						
Friday, November 7, 14						
Saturday, November 8, 14						
Sunday, November 9, 14						
Week of November 10						
Monday, November 10, 14						
Tuesday, November 11, 14						
Wednesday, November 12, 14						
Thursday, November 13, 14						
Friday, November 14, 14						
Saturday, November 15, 14						
Sunday, November 16, 14						
Week of November 17						
Monday, November 17, 14						
Tuesday, November 18, 14						
Wednesday, November 19, 14						
Thursday, November 20, 14						
Friday, November 21, 14						
Saturday, November 22, 14						
Sunday, November 23, 14						
Week of November 24						
Monday, November 24, 14						
Tuesday, November 25, 14						
Wednesday, November 26, 14						
Thursday, November 27, 14						
Friday, November 28, 14						
Saturday, November 29, 14						

Figura 11.1 Seu calendário de conteúdo não precisa ser complexo para ser eficaz.

MANTENHA O SEU CALENDÁRIO PREENCHIDO E FOCADO

Conforme discutido no capítulo anterior, a criação de conteúdo é um processo importante e contínuo. À medida que suas ideias de conteúdo ficarem mais refinadas, adicione-as ao calendário de conteúdo. Manter uma lista contínua de ideias em sua planilha de calendário faz com que ela seja uma ferramenta de referência fácil quando você precisar de alguma inspiração.

Insistimos que os campos definidos em sua planilha podem variar por necessidade, mas, no mínimo, recomendamos que você acompanhe:

- A ideia do tópico.
- O dono da ideia.
- As palavras-chaves e categorias em relação às quais o conteúdo seria mapeado.
- Quem pode estar disponível e qualificado para ser o autor do item de conteúdo.
- Um prazo de publicação.

Michele Linn, cofundadora da Mantis Research, recomenda acrescentar algumas abas em sua planilha de calendário de conteúdo, incluindo:

- "Bloco" de conteúdo existente (e-books ou artigos técnicos utilizados para atrair assinantes, que podem ser baixados) que pode ser usado como uma chamada de ação para novos itens de conteúdo.
- Ideias para conteúdo que podem ser reaproveitadas em vários itens de conteúdo.
- Conteúdo que pode ser compilado e reorganizado (curadoria).

VELOCIDADE DO CONTEÚDO

Quando o especialista em Facebook Jon Loomer iniciou seu modelo Conteúdo S.A., ele produziu 350 postagens no primeiro ano. No segundo ano diminuiu a produção para 250 postagens. No terceiro ano fez 100 itens originais de conteúdo.

O que queremos mostrar com isso? À medida que conquistava o seu público, Jon percebeu que não precisava criar tanto conteúdo para obter o máximo impacto. Embora isso dependa da plataforma que você esteja construindo, mais conteúdo nem sempre é o melhor uso de seus recursos.

O nosso objetivo deve ser sempre o de criar a mínima quantidade de conteúdo com a máxima quantidade de resultados.
ROBERT ROSE

HORIZONTE DE TRABALHO

Uma pergunta comum dos empreendedores refere-se à programação. Exatamente quanto tempo à frente deve estar previsto em nosso calendário editorial?

Embora não haja uma única maneira certa de fazer isso, as equipes de conteúdo geralmente:

- Reúnem-se uma vez por ano para discutir a direção geral e a estratégia editorial. Isso lhes dá uma noção geral da direção do conteúdo à medida que ele se alinha com sua visão.
- Reúnem-se trimestralmente para compilar os temas de conteúdo para o próximo trimestre. Isso pega o conteúdo geral, especificando-se temas semanais, colaboradores e cronogramas de produção.
- Reúnem-se semanalmente para fazer alterações conforme necessário. Isso dá à equipe a oportunidade de aproveitar novos conteúdos que possam precisar encontrar um lugar na programação ou talvez de aproveitar as notícias do setor (chamado de marketing em tempo real).

As melhores equipes editoriais têm uma ótima ideia sobre o que publicarão no próximo mês — e sabem exatamente o que publicarão nas próximas duas semanas. Se você e sua equipe não souberem que conteúdo irão produzir, isso levará a um conteúdo sem brilho e a erros de processo que afetarão o seu modelo.

RECURSOS

Entrevista com Jon Loomer por Clare McDermott, janeiro de 2015.
Entrevista com Michael Schøt por Joakim Ditlev, setembro de 2020.
Entrevista com Michele Linn por Joe Pulizzi, junho de 2016.

CAPÍTULO 12

ENCONTRANDO AJUDA PARA O CONTEÚDO

Nenhum de nós é tão inteligente quanto todos nós.
KEN BLANCHARD

> A maioria dos modelos Conteúdo S.A. começa com conteúdo criado por uma ou duas pessoas.
> Mas à medida que o modelo cresce, você precisa de ajuda no conteúdo.
> Você descobrirá onde e como neste capítulo.
>
> *Se você já entendeu isso, pule para o próximo capítulo.*

Em quase todas as entrevistas com empreendedores que utilizavam a estratégia Conteúdo S.A., não havia uma equipe. Era apenas o empreendedor sozinho tentando iniciar um negócio. Este certamente foi o meu caso com o Content Marketing Institute. O mesmo com Brian Clark e a Copyblogger Media, Quinn Tempest no Instagram, o Chicken Whisperer e Anthony Fasano do Engineering Management Institute.

Para a plataforma funcionar para além de um negócio baseado em hobby e desabrochar em uma empresa em crescimento, a ampliação de escala é fundamental. Você precisa de uma equipe para elevá-lo ao próximo nível.

CARGOS DE CONTEÚDO

"Quais são as funções de pessoal que precisamos para ter sucesso com uma abordagem Conteúdo S.A.?". Ouço essa pergunta o tempo todo em empresas de todos os tamanhos. Trata-se de uma questão fundamental, que não é fácil de planejar. Ainda assim, precisamos planejar.

Não existe uma estrutura perfeita para uma organização Conteúdo S.A. Cada uma depende do público e do nicho de conteúdo. Precisamos pensar em preencher certos cargos agora para que o sucesso possa ser alcançado.

Não pense na lista abaixo como novos cargos de trabalho, em si mesmo, e sim como as competências essenciais que precisam estar presentes na empresa. Como você verá, muitas dessas funções podem ser preenchidas por vários cargos.

DIRETOR DE CONTEÚDO
(TAMBÉM CONHECIDO COMO FUNDADOR)

Este muito provavelmente é você. Esta pessoa é responsável pela definição do editorial em geral e da missão do conteúdo. Enquanto cada membro da equipe trabalha para criar e cuidar do conteúdo, é de responsabilidade do diretor de conteúdo (*chief content officer* — CCO) garantir que as histórias mantenham-se consistentes e façam sentido para o(s) público(s).

Além disso, o CCO deve entender como as histórias se traduzem em resultados que dão conta das questões comerciais da organização: atrair novos assinantes, manter os assinantes atuais, abrir caminho para receitas etc.

Exemplos de cargos: diretor de conteúdo, fundador, proprietário, CEO, editor-executivo.

EDITOR-CHEFE

Meio contador de histórias e meio gerente de projeto, o editor-chefe executa o plano de conteúdo em nome do CCO. Enquanto o CCO foca a estratégia (e algum conteúdo), o trabalho do editor-chefe volta-se totalmente para a execução (incluindo a programação de conteúdo), trabalhando com o pessoal dos outros cargos para fazer as histórias ganharem vida.

Exemplos de cargos: editor-chefe, editor-executivo, gerente de projeto.

DIRETOR DE ESCUTA

O papel do diretor de escuta (*chief listening officer* — CLO) é o de funcionar como controlador de tráfego aéreo para mídias sociais e outros canais de conteúdo. Esta pessoa está ali para ouvir os grupos, manter as conversas e encaminhar feedback para os membros da equipe que possam se envolver em cada tipo de conversa (para você, para o editorial ou talvez para a equipe de vendas). Esse mecanismo de feedback é fundamental se a intenção for que o conteúdo venha a fazer diferença para seus clientes. O CLO também precisa manter o controle sobre o desempenho do conteúdo em sites próprios na mídia (como um blog) e repassar as informações para o CCO e o editor-chefe.

Exemplos de cargos: gerente de mídia social, gerente de comunidade.

DIRETOR DE AUDIÊNCIA

Esta pessoa é encarregada de monitorar os membros do público, garantindo que todos os criadores de conteúdo estejam intimamente familiarizados com suas características, com seus desencadeadores de paixão e com as ações que você quer que eles executem. O diretor de audiência também é responsável pela construção de ativos de subscrição (listas de mala direta, listas de e-mail, seguidores de mídia social) que possam crescer e ser segmentados à medida que sua missão de conteúdo amadurece e se expande.

Exemplos de cargos: gerente de desenvolvimento de audiência, gerente de circulação, gerente de assinaturas.

CONTROLADOR DO CANAL

Qualquer que seja o canal utilizado pelo seu conteúdo (mídia social, e-mail, dispositivos móveis, impresso, pessoalmente etc.), o controlador é responsável por extrair o máximo de cada canal. O que funciona bem no LinkedIn? Quando você deve enviar seus e-mails e com que frequência? Qual é a proporção adequada entre conteúdo próprio e externo que sua empresa deve distribuir no Twitter? Quem está mantendo o controle da estratégia com dispositivos móveis e a execução? Sua equipe procurará o controlador do canal em busca dessas e de outras respostas.

Exemplos de cargos: gerente de mídia eletrônica, diretor de análises estatísticas.

CHEFE DE TECNOLOGIA

À medida que o marketing e a tecnologia da informação continuam a se unir, você terá necessidade de pelo menos um indivíduo (talvez mais) cuja única finalidade seja a de promover o uso apropriado dessas tecnologias no processo de marketing de conteúdo. A pessoa nesta função será responsável por seus sistemas de publicação, como a infraestrutura de seu site e os sistemas de e-mail, e como eles se integram.

Exemplos de cargos: gerente de mídia eletrônica, gerente de TI, gerente de serviços na web.

DIRETOR DE CRIAÇÃO

O design e a aparência de seu conteúdo são mais fundamentais do que nunca, especialmente quando os canais sociais visuais se tornam um método cada vez mais importante na atração e retenção de assinantes. O diretor de criação é responsável pela aparência geral e a sensação causada por todo o seu conteúdo, incluindo o site, blog, imagens, fotografia e qualquer outro material de apoio que você crie.

Exemplos de cargos: diretor de criação, gerente de design gráfico.

RELAÇÕES COM INFLUENCIADORES

A função anteriormente conhecida como relações com a mídia evoluirá para a de gerente de influenciadores. As responsabilidades desta pessoa incluem desenvolver sua "lista" de principais influenciadores, manter relações diretas com eles e integrá-los ao seu processo de marketing das maneiras mais impactantes.

Exemplos de cargos: gerente de relações públicas, diretor de marketing, gerente de comunicações.

RELAÇÕES COM FREELANCES E AGÊNCIAS

Como as demandas de conteúdo continuam a evoluir e aumentar, a dependência de sua organização de talentos freelances e de outros fornecedores de conteúdo externo também crescerá. As organizações precisam cultivar suas próprias equipes e redes de conteúdo especializado. A função desta pessoa é negociar remuneração e responsabilidades para que todos os membros de sua equipe estejam unidos no trabalho em prol de seu programa Conteúdo S.A.

Exemplos de cargos: editor-executivo, gerente de projeto.

DIRETOR DE CURADORIA DE CONTEÚDO

Quando começar a desenvolver ativos de conteúdo, você terá oportunidades incríveis para reformular e reaproveitar o seu conteúdo. A função do diretor de curadoria de conteúdo é de continuamente examinar todos os conteúdos que a organização desenvolve e pensar em estratégias para criar novos conteúdos a partir do que já existe.

Exemplos de cargos: diretor de mídia social, especialista em curadoria de conteúdo, diretor de conteúdo.

TERCEIRIZAÇÃO DE SEU CONTEÚDO PARA FREELANCES

Você pode descobrir que precisa de ajuda para desenvolver conteúdo contínuo ou que precisa de produtores de conteúdo adicional para manter a velocidade e a qualidade da produção.

COMO O GAME THEORY OPERACIONALIZA O CONTEÚDO

O fundador do *Game Theory*, Matthew Patrick, que começou do nada, atraiu um público de mais de 8 milhões de assinantes. Matthew faz uma análise detalhada de como monta as equipes de suas várias linhas de negócio.

> *Game Theory* opera dois tipos de ramificações com boa sinergia entre si. Há o componente de produção, que cuida do YouTube e dos processos criativos. O maior setor é o de Game Theorists, que atualmente emprega de 13 a 16 pessoas. Isso inclui editores freelance, escritores, equipe de vendas etc.
>
> Sob o aspecto da produção, [existem] vídeos customizados para marcas de videogame, anunciantes tradicionais e coisas assim, que vivem no canal Game Theorists, promovem seus produtos ou falam sobre o serviço que oferecem. Eu escrevo o texto, eu sou a influência ou talento nisso e, então, nós sempre fazemos suas mensagens chegarem ao destino e conduzimos o público para converter vendas.

Assim, além de fazer apenas os nossos próprios vídeos-padrão, uma boa quantidade deles é de marcas, tanto de empresas de videogames que vêm pedir um conteúdo personalizado quanto de empresas de resposta direta, ou apenas outras marcas pedindo algum tipo de campanha de sensibilização. Esse é o lado da produção.

Depois, existe o setor de consultoria. Sob o aspecto de consultoria, atuamos muito parecido com uma empresa tradicional. Nossa especialidade é promover o crescimento de uma audiência orgânica no espaço da mídia com uma ênfase específica no YouTube. Assim, a nossa oferta agora realmente abrange toda a gama de serviços baseado naquilo que o cliente necessita. Temos de tudo, como workshops completos de um dia em que entramos em sua empresa e basicamente treinamos você e sua equipe em YouTube (introdução até avançado); aqui está tudo o que você precisa saber sobre conteúdo, o que funciona em sua plataforma, como otimizar sua presença usando níveis bastante granulares de otimizações, e avançando em como você pode criar estratégias para o sucesso.

E também há alguns projetos de longo prazo. Assim, temos pessoas que trabalham quase em tempo integral com várias empresas, atuando como seus gerentes de conteúdo ou como gerentes de canal.

É realmente um conjunto de atividades, mas tudo isso está no setor de consultoria. Este é o princípio fundamental: tomada de decisão baseada em dados para ajudar a aumentar uma audiência orgânica no espaço das novas mídias.

Como fazer para encontrar bons colaboradores externos de conteúdo (às vezes chamados de "correspondentes")? Você deve buscar um bom escritor e ensinar-lhe o seu negócio? Ou você deve contratar alguém que conhece o seu setor de atividade e ensinar-lhe a escrever? Seguem algumas dicas para levar em consideração:

- Lembre-se de que a especialização é útil, mas não imprescindível. Você pode quase certamente ensinar a alguém o seu negócio mais rápido e melhor do que ensinar alguém a escrever ou produzir conteúdo.
- Contrate certo — redatores, jornalistas, escritores técnicos, especialistas em produção. Por ter passado tanto tempo em sua estratégia e em seu processo, você deve estar muito ciente do tipo de criador de conteúdo que está buscando. Entenda que os redatores trabalham de forma muito diferente e têm sensibilidades bastante diferentes que as dos jornalistas. Caso esteja buscando alguém para escrever postagens no blog para você, um redator pode não ser a sua melhor aposta. Por outro lado, se estiver buscando alguém para reforçar a sua convincente chamada para ação para todos os seus excelentes artigos técnicos, então um bom redator pode ser exatamente o que você precisa. Mesmo com a produção de vídeo, é extremamente útil certificar-se de que os membros de sua equipe entendam o público em primeiro lugar, principalmente se você não lhes der um roteiro de produção finalizado.
- Desenvolva o relacionamento comercial certo. Compreenda os elementos do seu relacionamento comercial e coloque-os por escrito. Haverá um item de conteúdo por semana e seu escritor receberá honorários mensais? Nesse caso, como você fará nos meses que têm cinco semanas? Haverá uma postagem extra naquela semana? Você pagará a mais por essa postagem? Postagens curtas receberão menos do que postagens mais longas?
- Dado o tamanho de sua organização, você precisa deixar claras as condições de faturamento e pagamento — ou entender o que o escritor precisa. Seja claro também sobre as expectativas. Não deve haver surpresas, nenhuma postagem no blog passando de repente de 750 para 1.000 palavras ou temas de conteúdo saindo descontroladamente do assunto. Inclua tudo isso no contrato

final assinado e coordene um sistema de cobrança do fornecedor de fácil utilização.

Aqui estão algumas das coisas que você precisa comunicar aos seus criadores de conteúdo freelances:

- Que conteúdo eles irão produzir e onde se encaixa no calendário de conteúdo (seja bastante específico sobre o prazo de entrega dos esboços. Planeje para revisá-los prontamente).
- Os objetivos de suas contribuições específicas (tanto os seus objetivos quanto o resultado para o público). Quem dará as ideias para o conteúdo? Se os freelances forem responsáveis pela geração de ideias, estabeleça prazos separados para as ideias e para o conteúdo finalizado. Que conhecimento ou outras informações de terceiros os freelances precisarão acessar? Eles entrevistarão pessoal interno, trarão informações externas ou retrabalharão o material existente?
- Seu orçamento (por conteúdo, por hora, fixo). Certifique-se de incluir o número de itens de conteúdo e o comprimento estimado por item no contrato. E você deve esperar pagar mais para escritores que geram novas ideias do que para escritores que retrabalham materiais existentes.
- O número de rodadas de revisão para cada item de conteúdo.

Existem também alguns serviços excelentes que podem ajudá-lo a encontrar o fornecedor certo de conteúdo. Seguem algumas sugestões:

- ClearVoice
- Fiverr
- Upwork
- Textbroker

FATORES ORÇAMENTÁRIOS

No passado recente do setor editorial, os freelances costumavam receber US$1 por palavra. Isso continua valendo para conteúdo exclusivo e de alta qualidade, como relatórios de pesquisa e artigos técnicos. No caso de artigos, alguns serviços podem cobrar preços de até 5 centavos de dólar por palavra. Para serviços de vídeo, a faixa é incrivelmente ampla, de US$15 a US$250 por hora.

Atenção: você geralmente recebe aquilo pelo que paga. No CMI temos tido mais sucesso no modelo fixo — ou seja, criando um relacionamento contínuo com um freelance que trabalha em um determinado número de ativos de conteúdo durante um período de tempo, pagando então uma remuneração mensal pelo trabalho. Ambas as partes geralmente gostam desse arranjo. Tanto a empresa quanto o freelance podem orçar mais facilmente com uma gama de trabalhos combinada.

CONTEÚDO ATRAVÉS DE CURADORIA

BookBub, que oferece aos usuários ofertas e notificações sobre livros mais vendidos, percebeu que o melhor plano de criação de conteúdo era através de curadoria externa. Em vez de criar conteúdo original, a BookBub lançou um boletim informativo por e-mail feito quase que exclusivamente por itens de curadoria de conteúdo de livros existentes. E funcionou. Hoje, com milhões de assinantes, a BookBub tornou-se um recurso incrível para os consumidores que gostam de ler.

EXPERIMENTE PRIMEIRO

Com a grande oferta de criadores de conteúdo no mercado de trabalho, não há necessidade de começar um relacionamento de longo prazo. Teste um criador com algumas histórias ou vídeos e veja como isso funciona. Pergunte a si mesmo: o estilo desta pessoa atende às suas expectativas?

Ele ou ela entrega no prazo? Esta pessoa compartilha ativamente o conteúdo através da própria rede social? (Alguns escritores somente compartilharão em suas redes sociais se isso for acordado por escrito).

Uma vez tendo atendido às suas expectativas nessas áreas, estabeleça um contrato de longo prazo. Tenho visto muitos profissionais de marketing e editores assinarem com freelances que são estrelas, mas acabarem rompendo o contrato apenas alguns meses depois, com nenhuma das partes feliz. Teste o acordo primeiro para não perder o seu tempo.

TENTE PESQUISAR O EXPEDIENTE

Você se lembra do expediente de jornais e revistas? Era o lugar onde você encontrava os nomes de todos os escritores, editores e gerentes de circulação que trabalhavam em uma publicação impressa. Hoje os expedientes são mais difíceis de localizar, mas ainda existem. Uma vez encontrados, podem ser extremamente úteis para o seu modelo — você só precisa saber como usá-los.

Abrir a principal revista especializada ou visitar um site de mídia em seu nicho e encontrar o expediente é uma mina de ouro para descobrir escritores competentes e outros criadores de conteúdo. Esses criadores (muitos em tempo parcial) não só compreendem a sua base de clientes como conseguem formular conteúdos relevantes e originais de forma qualificada.

Além de escritores, o expediente também lista os editores que podem ajudar a transformar o seu conteúdo bruto em uma história envolvente, bem como produtores de vídeo e especialistas em SEO/mídia social.

O expediente também fornece informações sobre o seu público. Ele mostra a circulação e os cargos editoriais responsáveis pelo desenvolvimento da circulação, conquista do público e geração de assinantes (o kit de mídia da publicação é outro lugar excelente para obter informações sobre dados demográficos dos clientes). Isso pode ajudar na segmentação de assinantes, construção de relacionamentos e, em última análise a conseguir pessoas que comprem de você.

Necessidades de design? Consulte o expediente para isso também.

E o momento não poderia ser melhor. Em muitas empresas de mídia e publicações especializadas, os modelos de negócios não estão funcionando. A recessão de 2020 levou a inúmeras falências e desinvestimentos. Mesmo quando as publicações continuam no mercado, os aumentos de salário são mais difíceis de conseguir hoje em dia. Isso deixa a porta aberta para você e sua empresa.

TRABALHANDO COM AUTÔNOMOS

A maior parte da equipe no CMI é de autônomos ou contratados como pessoa jurídica. São pessoas que querem horários flexíveis, que estão à procura de opções para a sua vida e que não necessariamente querem trabalhar 40 horas por semana. Descobrimos que há talentos incríveis no mercado de indivíduos buscando esse tipo de flexibilidade.

Quando comecei no ramo de mídia, há mais de 20 anos, nós contratávamos designers criativos e jornalistas freelancers de todo o mundo. Tínhamos que fazer isso para encontrar os melhores recursos para concluir um projeto específico.

Muitos donos de empresas querem seus funcionários fazendo todas as tarefas de conteúdo sem terem de se preocupar com as pessoas trabalhando para outras empresas. Eles acham que é fundamental para a construção da cultura de suas empresas. Isso pode funcionar para alguns, mas a nata do setor de mídia quer mais oportunidades. Uma contratação como pessoa jurídica independente funciona bem na maioria dos casos. Para o nosso negócio, e em algumas situações muito importantes, não conseguiríamos contratar os talentos certos sem esse tipo de flexibilidade.

AJUDA NO CONTEÚDO POR MEIO DE REAPROVEITAMENTO

Por Arnie Kuenn, autor de *Content Marketing Works*

O desenvolvimento de novos materiais para o seu conteúdo requer um grande esforço, desde a pesquisa de tópicos, trazendo novas ideias e ângulos, até a criação e promoção do conteúdo. Muitas vezes há várias pessoas envolvidas no processo: redatores, designers, especialistas em SEO, profissionais de marketing de mídia social e outros, que podem fazer do conteúdo quase um investimento. Felizmente, um ótimo conteúdo pode muitas vezes ser reaproveitado em algo novo e diferente, promovendo continuamente o seu investimento ao longo do caminho.

Os benefícios do reaproveitamento do conteúdo

O reaproveitamento do conteúdo requer a alteração de um item de conteúdo para torná-lo novo, mudando o ângulo ou o formato. Integrar o reaproveitamento em sua estratégia pode reduzir custos, melhorar a produção, expandir o alcance do público e proporcionar uma infinidade de benefícios adicionais, incluindo:

- **Expandir uma ideia em vários itens de conteúdo.** Por exemplo, uma postagem popular no blog pode formar a base de uma apresentação de slides, um vídeo, um guia de informações gratuitas, um artigo técnico, um podcast. Você entendeu a ideia. O reaproveitamento permite utilizar em vários projetos adicionais de conteúdo a mesma pesquisa que você conduziu para um trabalho original.
- **Reduzir substancialmente o tempo de criação de conteúdo.** Elementos que já foram criados ou passaram por curadoria — como imagens, citações ou texto — podem ser aplicados em novos trabalhos.
- **Atender vários públicos.** Algumas pessoas aprendem visualmente, enquanto outras podem preferir ler um documento. Algumas pessoas adoram ler em profundidade artigos de pesquisa, enquanto outras preferem passar rapidamente os olhos sobre postagens de um blog. O reaproveitamento do conteúdo permite que você se

dirija a vários públicos, com diferentes preferências de conteúdo. Por exemplo, se você criou um excelente conteúdo de vídeo, seu roteiro pode ser a base de documentos de texto, como postagens de blog ou PDFs para download. De modo semelhante, você pode ilustrar estatísticas, fatos e cifras através de visualização de dados e fornecê-los como infográficos ou tabelas.

- **Promoção cruzada de conteúdo.** Através dos esforços de reaproveitamento, você pode promover seu excelente conteúdo através de múltiplos canais. Por exemplo, em uma descrição de vídeo no YouTube, você pode fazer o link para uma postagem de blog, uma apresentação de slides e um infográfico sobre o mesmo tema, o que envia tráfego para seu site ou blog. Esse tráfego segmentado reforça a marca e aumenta a probabilidade de atrair assinantes.

- **Prolongar a longevidade do conteúdo.** Com tanto conteúdo sendo publicado todos os dias, as pessoas estão sujeitas a perder uma postagem de blog ou vídeo de vez em quando. No entanto, por meio de reaproveitamento, o público pode encontrar seu conteúdo depois de ter sido alterado, através de um canal diferente. Além disso, o contínuo reaproveitamento de conteúdo expande ainda mais o ciclo de vida, permitindo que continue relevante por anos a fio.

O processo de reaproveitamento de conteúdo

A criação de um plano de reaproveitamento no início de seu desenvolvimento irá ajudá-lo a refletir e produzir conteúdo de forma eficaz, e ao mesmo tempo manter o seu processo de reaproveitamento racional e alinhado com seus outros esforços de conteúdo.

Considere as seguintes etapas:

1. **Pegue uma ideia de história.** Comece a pensar em possíveis maneiras diferentes de contar a história. Nesta fase inicial, é importante pensar em como um tópico pode ser traduzido em vários tipos de conteúdo. Por exemplo, se você tem uma loja que vende óculos de sol, o seu tópico pode ser

"tendências de óculos de sol para 2021". Apesar de abrangente, este tema pode ser o ponto focal de muitos projetos de conteúdo.

2. **Uma vez tendo um tópico geral, pense em como ele pode ser alterado e aplicado em vários tipos de conteúdo para atrair inúmeras audiências.** No exemplo das tendências dos óculos de sol, alguns itens de conteúdo que você poderia criar, incluem:
   - Postagens no blog sobre tendências de óculos de sol masculinos e femininos para 2021.
   - Um infográfico ilustrando estilos diferentes de óculos de sol previstos para serem populares em 2021.
   - Um vídeo entrevistando seus funcionários especialistas sobre as tendências dos óculos de sol para 2021.
   - Uma apresentação de slides com imagens e descrições dos principais estilos de óculos de sol para 2021.
   - Um e-book sobre como escolher óculos de sol para 2021, que se adaptem ao seu rosto e estilo.

   Isso é apenas o começo. Com um tópico abrangente como tendências dos óculos de sol para 2021, fica fácil ver como a pesquisa de um conceito pode levar a vários itens de conteúdo. Cada item tem um ponto de vista diferente e é transformado para atrair um público específico, mas a ideia central permanece a mesma.

3. **Agora que você já preparou uma lista de diferentes abordagens sobre a sua ideia central, comece a pesquisar, mantendo em mente o primeiro item que você deseja criar.** Comece com qualquer item que faça mais sentido. Se você criar uma apresentação de slides, conseguiria facilmente adaptá-la para criar um infográfico? O roteiro de um vídeo poderia funcionar como uma postagem de blog? O primeiro item de conteúdo que você produzir exigirá mais trabalho, pois requer a maior quantidade de pesquisa e desenvolvimento. No entanto, quando terminar de pesquisar para seu primeiro item de conteúdo, você poderá aplicar suas descobertas para criar conteúdo adicional no futuro.

4. **Após ter criado seu primeiro item de conteúdo, reaproveite a pesquisa e outros elementos do projeto para preparar novos trabalhos.** Você pode precisar pesquisar facetas mais específicas de sua ideia central à medida que avança, mas a maior parte do trabalho pesado já deve estar concluída.

Obtenha o máximo de seu conteúdo

Em resumo, o reaproveitamento de conteúdo é uma maneira muito eficiente de aproveitar ao máximo seus esforços de criação de conteúdo. Inúmeros itens de conteúdo podem resultar de apenas uma ideia principal, cada um deles atendendo a um público diferente de uma forma única. O processo de reaproveitamento pode lhe poupar tempo e dinheiro e dar novos usos ao seu investimento inicial em conteúdo, tornando-se uma estratégia valiosa.

O MODELO DE PUBLICAÇÃO COLABORATIVA

Um caso em questão

Michael Stelzner, sobre a fundação do site educativo de marketing de mídia social Social Media Examiner escreve:

> Procurei meus amigos com quem tinha construído um relacionamento. Decidi perguntar-lhes se eles considerariam a hipótese de escrever um artigo por mês até se cansarem.
>
> Assim, cada um de nós cinco essencialmente escreveu um artigo por mês. Então consegui uma voluntária e ela trabalhou de graça como minha editora, nos bastidores, colocando tudo no WordPress.
>
> Vou te dizer, nas primeiras semanas a coisa explodiu. Tivemos 10.000 assinantes de e-mail literalmente em dois meses e meio.

O que estas empresas têm em comum: Forbes, Content Marketing Institute, Social Media Examiner, Copyblogger, HubSpot, MarketingProfs, *Huffington Post* e Mashable?

Todas elas utilizam um modelo de publicação colaborativa. Em vez de ter um núcleo central de escritores e jornalistas empregados pela marca (o modelo utilizado pelas publicações tradicionais), essas marcas procuram suas comunidades para recrutar conteúdo relevante para publicar em sua plataforma.

E todas elas são empresas extremamente bem-sucedidas!

POR QUE PENSAR NA PUBLICAÇÃO COLABORATIVA?

Como modelo de negócio, a publicação colaborativa é a ideia de que a empresa recruta ativamente colaboradores externos para construir uma plataforma e uma audiência. Com a plataforma construída e apresentando algum sucesso, você tem a oportunidade de trazer líderes e especialistas da comunidade para preencher os buracos de conteúdo.

Além do benefício de cobrir áreas de conteúdo que possam ser difíceis para você fazer por si só ou pagando a especialização através de freelancers, a maior vantagem de um modelo colaborativo é a oportunidade de atrair um público novo para o seu conteúdo. Os colaboradores têm seus próprios seguidores e assinantes que, caso as coisas sejam feitas corretamente, podem ser somados ao seu público.

Muitas empresas tradicionais de mídia exibem apenas talentos contratados em folha de pagamento. Elas não incentivam os membros da comunidade a contribuir com histórias. Isso representa uma clara oportunidade para você.

O *Huffington Post* foi fundado em 2005 por alguns investidores, incluindo Arianna Huffington, uma porta-voz da esquerda política nos Estados Unidos. Em 2011, o *Huffington Post* foi vendido por mais de US$300 milhões para o AOL e agora é uma das joias da coroa da rede de mídia da Verizon.

O *Huffington Post* tem centenas de sites segmentados por nicho, nos quais milhares de colaboradores ao redor do mundo publicam conteúdo de graça, em troca da oportunidade de ser publicado. O *Huffington Post* utiliza um modelo colaborativo de publicação. Claro, ele contrata alguns jornalistas, escritores e produtores de conteúdo incríveis, mas boa parte do que você vê no site é produzido por líderes e membros ativos da comunidade.

O PROCESSO

Há diversas maneiras de identificar colaboradores para desenvolver o modelo colaborativo, mas o fundamental para fazer o modelo funcionar depende tanto do processo quanto do talento.

O primeiro requisito é estabelecer diretrizes e expectativas rígidas com seus colaboradores. Caso seja negligente com o conteúdo que permite em seu site, você nunca será o principal especialista de informações em seu nicho.

Depois de ter certo número de colaboradores, o processo pode ficar extremamente complexo. É importante manter a comunicação aberta com todos os seus colaboradores. Quando você recebe uma consulta sobre contribuição de conteúdo para o seu site, siga estas etapas:

- **E-mail nº 1.** Envie a confirmação de recebimento da consulta e o que o colaborador deve esperar em termos de calendário geral do processo.
- **E-mail nº 2.** Notifique quanto à aprovação ou rejeição da postagem. Se confirmado, há geralmente um pedido de revisões.
- **E-mail nº 3.** Envie uma prévia da postagem. Com o artigo finalizado e preparado para produção, o editor do blog envia uma prévia da postagem, assim como a data provável de publicação e algumas ideias sobre as maneiras como os escritores podem compartilhar o artigo com o próprio público.
- **E-mail nº 4.** Notifique o colaborador sobre quaisquer comentários postados no blog. Quando chega o primeiro comentário de alguém, o editor do blog ou o gerente de mídia social encaminha para o autor e solicita que ele ou ela responda (alguns escritores não leem comentários, então você pode precisar comunicar com

antecedência que eles devem prestar atenção aos comentários de seu artigo/conteúdo).

- **E-mail nº 5.** Envie notificação sobre as postagens mais buscadas. Se o artigo estiver com um bom desempenho, avise o colaborador e mantenha contato. Isso significa que o colaborador é alguém valioso. Talvez você queira que ele ou ela escreva outro artigo em algum momento ou se torne um colaborador habitual.

PARTE 5

CONQUISTA DE UM PÚBLICO

Você só pode construir algo enorme começando com algo pequeno para efetivamente encurtar a distância.
DANNY INY

Você escolheu sua plataforma e desenvolveu os ativos e um calendário de publicação que atrai um nicho de audiência. Agora é hora de criar um sistema que construa a valiosa base de assinantes para a sua empresa.

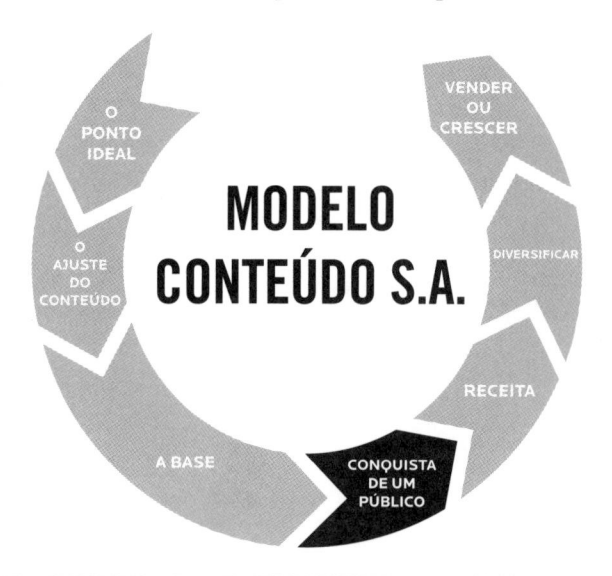

MODELO CONTEÚDO S.A.

- O PONTO IDEAL
- VENDER OU CRESCER
- DIVERSIFICAR
- RECEITA
- CONQUISTA DE UM PÚBLICO
- A BASE
- O AJUSTE DO CONTEÚDO

CAPÍTULO 13

A MEDIÇÃO QUE IMPULSIONA O MODELO

Quando você dá à sua ÚNICA coisa seu mais enfático "Sim!"
e vigorosamente diz "Não!" para o restante,
resultados extraordinários tornam-se possíveis.
GARY KELLER

> Embora as métricas de atividade sejam fundamentais para medir o sucesso de seu conteúdo, seu objetivo final deve ser sempre conquistar e manter um público.
> Um foco concentrado nisso faz toda a diferença.
>
> *Se você já entendeu isso, pule para o próximo capítulo.*

Agora que você já selecionou o tipo de conteúdo e plataforma, o seu único foco é em uma medição simples: o assinante. Ao dormir à noite, você deve ficar pensando em como atrair assinantes. Ao acordar pela manhã, você deve ter os assinantes gravados em seu cérebro. O modelo Conteúdo S.A. só funciona se você conseguir conquistar um público fiel de assinantes ao longo do tempo. Ponto.

Isso significa que independentemente do lugar onde você construiu sua base como parte do modelo Conteúdo S.A., você ainda precisa de uma oferta de e-mail. Agora é a hora. Como afirma Andrew Davis, "Focar a criação de um banco de dados de assinantes é desenvolver um banco de dados de clientes antes mesmo de realmente ter clientes a quem vender".

Do mesmo modo que em uma assinatura da Netflix ou (no passado) a assinatura de jornal, o seu objetivo é entregar um valor tão incrível por meio de conteúdo que o seu público se disporá a dar algumas informações pessoais em troca (endereço de e-mail, endereço residencial etc.). A única diferença é que você está dando seu conteúdo gratuitamente, para que possa monetizar esse relacionamento mais tarde.

John Jantsch, fundador do Duct Tape Marketing, seguiu uma estratégia Conteúdo S.A., incluindo um blog da comunidade e uma série de livros, que permitiu o desenvolvimento de uma prática de consultoria com receita de milhões de dólares. Mas o grande momento de inspiração de John ocorreu quando no início dos anos 2000 ele acrescentou uma área "assine meu livro de visitas" no site. Em vez de apenas analisar as estatísticas de tráfego do site, John começou a construir um banco de dados de assinantes. Esses assinantes permitiram que John lançasse sua rede de consultoria e construísse uma plataforma multimilionária no processo.

Jimmy Fallon, apresentador do programa *The Tonight Show*, é um dos reis da mídia em termos de assinantes. Depois de cada episódio, você pode assistir a vários clipes do programa compartilhados nas mídias sociais para conseguir (adivinha) assinaturas. Após cada clipe, de curta duração, você assiste a um clipe engraçado de Jimmy Fallon pedindo ao espectador para fazer uma assinatura.

ESTUDO DE CASO: CHARLOTTE LABEE

Charlotte Labee, ex-Miss Universo Holanda, lutou para ganhar a vida após seu breve estrelato em 2015. Atingida por alguns problemas de saúde meses depois, Charlotte descobriu algo chamado "equilíbrio do lado direito do cérebro". Diz Charlotte: "Todas as coisas que fazemos, aprendemos, comemos ou bebemos são por causa de nosso cérebro e de como ele está conectado. É a base do nosso sistema humano. Quando descobri isso, fiquei tipo 'Incrível, por que não ouvimos sobre isso na escola?'. Se nosso cérebro não está em equilíbrio, não podemos lidar com todas as mudanças ao nosso redor".

Charlotte estabeleceu como foco a comunicação sobre esse assunto, dedicando o seu canal no Instagram à aptidão do cérebro. Em três anos, esse canal cresceu, acumulando mais de 50.000 seguidores. O segredo para seu sucesso atual? O boletim informativo semanal por e-mail, que ultrapassou 25.000 assinantes em dois anos. Entre suas realizações estão vários contratos de livros, palestras e um portal de sucesso chamado Your Brain Balance, e o segredo é claro. O boletim informativo por e-mail impulsiona o modelo para o sucesso em termos de receitas.

CAPITAL DO MUNDO DOS ACOLCHOADOS

Cortesia de Andrew Davis

Se você não trabalha com acolchoados, esta pode ser a primeira vez que ouve falar da cidade de Hamilton, Missouri: a capital do mundo dos acolchoados. O apelido foi obtido graças a uma dona de loja de edredons envolvente e de espírito prático com seus tutoriais sobre acolchoados em vídeos no YouTube. Jenny Doan é uma das fundadoras da Missouri Star Quilt Co., uma loja de acolchoados em Hamilton que ostenta a maior variedade de tecidos pré-cortados do mundo.

Durante a grande recessão, Hamilton foi atingida duramente. Os moradores Jenny e Ron Doan haviam criado seus sete filhos com a renda de Don como mecânico de máquinas do *Kansas City Star*. Muitos moradores foram demitidos de seus empregos, e os filhos de Jenny e Ron ficaram preocupados com o futuro financeiro dos pais. Para manter-se ocupada, Jenny costurava colchas para sua família e amigos. Embora ela mesma costurasse os pedaços de tecido para fazer um belo acolchoado, Jenny precisava de alguém que tivesse uma máquina de costura com braço longo para acrescentar o enchimento e o forro e, em seguida, acolchoar o sanduíche de tecido resultante. A procura era tão grande que podia levar de nove meses a um ano para conseguir uma vaga na fila. Isso deu uma ideia ao filho de Jenny, Al.

Al e sua irmã Sarah investiram US$24.000 em uma máquina de costura de braço longo, uma dúzia de rolos de tecido e um edifício em Hamilton para vender suprimentos e serviços de acolchoados. A família trabalhou dois anos no negócio sem nunca receber salário. Era um desafio fazer o negócio prosperar em uma cidade com apenas 1.800 habitantes. Al decidiu que precisavam de um site. Como todos nós sabemos, não basta construir o site para os compradores começarem a aparecer.

A família Doan sabia que precisava fazer algo diferente para atrair visitantes na internet e gerar mais vendas online. Al sugeriu que Jenny criasse tutoriais em vídeo sobre acolchoados para postar no YouTube. Com a personalidade natural e envolvente de Jenny diante das câmeras e as habilidades amadoras de Al nos bastidores, o canal Missouri Star Quilt Co. foi criado no YouTube.

O canal recebeu 1.000 assinantes em seu primeiro ano, 10.000 no segundo ano e hoje tem mais de 650.000 assinantes. Os mais de 350 vídeos tutoriais de Jenny foram vistos mais de 100 milhões de vezes. Os vídeos atraíram novo tráfego para o site, gerando mais de 2.000 vendas online por dia e tornando-os o maior fornecedor mundial de tecidos pré-cortados. Jenny recebe e-mails de pessoas de todo o mundo que adoram assistir a seus vídeos. Seja no Irã devastado pela guerra, na África do Sul ou nos Estados Unidos, os admiradores de Jenny a adoram.

Os Doan não sabem ainda para onde a empresa irá a partir daí, especialmente porque o turismo da cidade foi duramente atingido pela pandemia de Covid-19. Seu foco é fazer os melhores acolchoados e fornecer os melhores produtos para seus clientes. Nesse ínterim, eles estão mudando vidas e reconstruindo uma cidade, uma colcha de cada vez.

O que isso tudo tem a ver com e-mail? Enquanto Jenny construía sua base de Conteúdo S.A. no YouTube, o Missouri Star Quilt reunia 50.000 membros em seu fórum privado. Como você se torna parte dessa comunidade? Isso mesmo. Um endereço de e-mail.

E quer saber mais? De acordo com a *Forbes*, o Missouri Star Quilt gerou mais de US$40 milhões em 2019.

A HIERARQUIA DOS ASSINANTES

Conforme já discutimos, o seu objetivo é a construção de ativos de conteúdo sobre os quais você tenha o máximo de controle. Isso vale principalmente na atração de um público desejado. Embora eu acredite que qualquer fã, seguidor ou assinante possa ser uma coisa boa, eles não são iguais em valor.

Por exemplo, digamos que você construa a sua plataforma no Facebook. Você consegue atrair 50.000 fãs nessa plataforma por meio de uma empresa ou grupo do Facebook.

Nos últimos anos, o Facebook promoveu algumas mudanças drásticas na plataforma para ocultar as postagens das páginas, tais como:

- Postagens que apenas incentivam as pessoas a comprar um produto ou instalar um aplicativo.
- Postagens que incentivam as pessoas a entrar em promoções e sorteios sem contexto real.
- Postagens que reutilizam exatamente o conteúdo do anúncio.
- Postagens que direcionam as pessoas para um site externo.

Isso faz sentido para o modelo de negócio do Facebook, mas também significa que o Facebook tem o direito de **não** mostrar determinadas postagens. Como as eleições de 2016 e 2020 nos EUA nos ensinaram, as pessoas no Facebook veem seu próprio feed particular. O Facebook está no controle e pode mostrar o seu conteúdo — ou não.

De acordo com o documentário da Netflix, *O Dilema das Redes*, o algoritmo do Facebook impulsiona o consumo de conteúdo, seja ele real ou desinformação. O objetivo do algoritmo é aumentar o engajamento, e ele vai lhe mostrar tudo o que é necessário para que isso aconteça.

Por causa desse algoritmo, algumas empresas viram o alcance orgânico (o tráfego pelo qual você não paga) no Facebook cair para 1% ou menos. Ao mesmo tempo, Scott Linabarger, ex-diretor de marketing de conteúdo na Cleveland Clinic, diz que algumas postagens ainda têm bom desempenho organicamente no Facebook. Realmente não importa. Você deve aproveitar o Facebook da maneira que puder, mas precisa saber que o Facebook controla o alcance máximo, não você.

À medida que você analisa sua pegada digital e começa a conquistar o público, o foco precisa estar no topo dessa hierarquia (Figura 13.1)

Figura 13.1 Nosso objetivo deve ser o de mover continuamente nossos assinantes para cima na hierarquia.

Falando de maneira simples, tudo se resume à quantidade de controle que você tem sobre a plataforma e suas comunicações com fãs e assinantes.

Começando pelo topo, a hierarquia consiste em:

- **Afiliação.** Isso inclui treinamento contínuo online ou inscrição em um grupo de comunidade/fórum de discussão privado no qual você recebe um endereço de e-mail para o serviço que você fornece. Esse tipo de assinante é difícil de superar.
- **Assinantes de boletins informativos por e-mail.** Uma grande quantidade de controle. E-mails extremamente úteis e relevantes se destacam na multidão.
- **Assinantes de impressos.** Os assinantes geralmente trocam grandes quantidades de informações pessoais para receber uma revista impressa ou boletim informativo. A comunicação nunca é instantânea, e o feedback é difícil. Há desafios em termos de custo devido às despesas de impressão e correio.
- **Assinantes de podcast.** Controle total sobre a entrega de conteúdo de áudio, mas Apple Podcasts, Spotify, Overcast e Stitcher não informam quem assina seu conteúdo.
- **Seguidores no Twitter.** Controle total sobre o que você envia aos seguidores, mas as mensagens têm uma vida útil limitada; portanto, pode ser difícil atingir um público regularmente.
- **Inscritos do YouTube.** Algum controle sobre o conteúdo, mas o YouTube pode decidir reter parte do seu conteúdo se os assinantes não se envolverem o suficiente com o conteúdo (chamado de "*subscriber burn*").
- **Conexões no LinkedIn.** Controle total sobre o que você envia para seguidores e conexões, mas o canal está muito congestionado, de modo que pode ser difícil aparecer com uma mensagem consistente. O algoritmo do LinkedIn mostra o que obtém engajamento e, assim, o conteúdo que não funciona pode não ser visto.

- **Seguidores no Instagram.** Controle total sobre o seu conteúdo, mas o algoritmo do Instagram mostrará um conteúdo envolvente (o que, novamente, significa que o seu conteúdo pode não ser visto).
- **Seguidores na Twitch.** Quase exclusivamente para streaming de videogames. Jogue o game certo por um longo período e você pode ganhar seguidores (o tempo médio de transmissão é de três a quatro horas por sessão).
- **Assinantes do Pinterest.** Controle total sobre a entrega de conteúdo. Os usuários verão o seu conteúdo se assim o desejarem. Sem propriedade definitiva sobre a plataforma.
- **Fãs do TikTok.** Neste momento, o TikTok tem o melhor algoritmo do mundo. O conteúdo de qualidade pode apresentar um bom desempenho, mesmo com você não tendo muitos seguidores.
- **Seguidores do Snapchat.** Os usuários passam mais de 30 minutos por dia no Snapchat e abrem o aplicativo mais de 25 vezes por dia. Se você tiver como alvo um público mais jovem, pode ser necessário testá-lo.
- **Seguidores do Reddit.** A comunidade Reddit é extremamente leal à plataforma. Postar conteúdo consistentemente útil cria seguidores. O Reddit é melhor como uma opção secundária do assinante.
- **Fãs do Facebook.** O Facebook modifica continuamente o algoritmo, o que está fora do seu controle. Os fãs podem ou não ver o seu conteúdo, dependendo desse algoritmo, embora um conteúdo interessante, útil e de qualidade tenha melhor chance de aparecer. O Facebook quase sempre fecha o conteúdo promocional.

Embora você tenha mais controle com determinadas opções de assinatura, Jeff Rohrs, autor de *Audience*, está convencido de que o público não "pertence" a nenhuma empresa: "O motivo pelo qual o público está em diferentes lugares é que nenhum público pertence a alguém.

Independentemente de você ser uma grande rede de televisão, um astro pop ou um time profissional com torcedores fanáticos, você simplesmente não possui o seu público. Eles podem levantar-se e sair — mental ou fisicamente — a qualquer momento", diz ele.

Esse é exatamente o motivo pelo qual um conteúdo incrivelmente útil e relevante é a única maneira de manter o nosso público conectado a nós, independentemente das opções de assinatura que você escolher.

VOCÊ PRECISA DE UMA OFERTA POR E-MAIL

Sendo uma estrela no YouTube ou um vendedor de piscinas, você precisa de uma oferta por e-mail para atrair assinantes. BuzzFeed, o site de notícias e entretenimento de mídia, ganhou popularidade devido ao compartilhamento social no Facebook e Twitter. Embora os assinantes do Facebook e do Twitter sejam importantes para o BuzzFeed, cada página nessa plataforma tem uma promoção concebida para conseguir assinantes de e-mail para o boletim informativo eletrônico diário deles (Figura 13.2). Atualmente, o modelo de negócio do BuzzFeed começa e termina com boletins informativos por e-mail autorizados pelo usuário (*opt-in*).

Vejamos o exemplo de Conteúdo S.A. em TeachBetter.com (Figura 13.3). Embora ofereça assinaturas para suas páginas do Facebook, Twitter, LinkedIn, YouTube, Instagram e Pinterest, a maior parte da energia vai para a coleta de endereços de e-mail dos professores por meio de cursos, relatórios e modelos gratuitos.

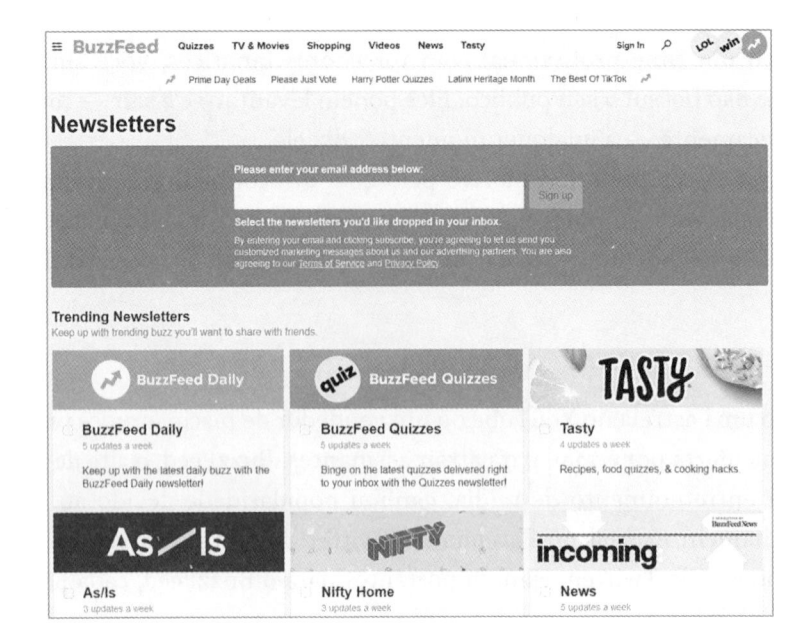

Figura 13.2   O modelo de negócio do BuzzFeed funciona por e-mail.

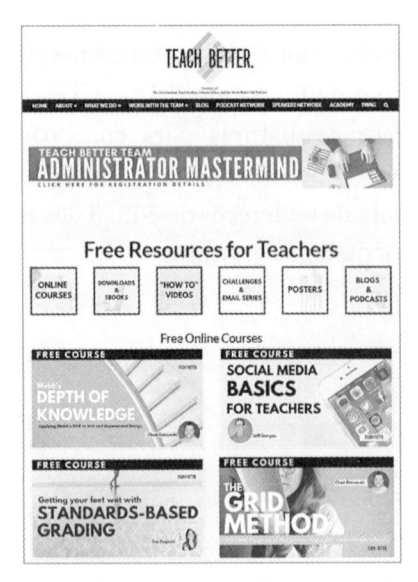

Figura 13.3   O Teach Better oferece centenas de cursos e e-books em troca de um endereço de e-mail.

Ao utilizar sua estratégia básica de Conteúdo S.A, você precisa de algum tipo de oferta de e-mail. Pode ser um:

- Boletim informativo diário por e-mail com base em seu blog original.
- Boletim informativo diário por e-mail com curadoria das melhores informações da internet.
- Boletim informativo semanal por e-mail ou relatório semanal ofertando uma visão original do setor.
- Relatório ofertando todo mês uma ideia nova para o seu público.

Ao longo dos últimos anos, grupos de associação privada (alguns pagos e outros gratuitos) têm explodido em popularidade. Para apoiar seu negócio de comunicação comercial no setor da medicina, Joe Hage lançou o Medical Devices Group em 2011 no LinkedIn, crescendo para mais de 300.000 membros em apenas alguns anos. Em 2018, o LinkedIn começou a mudar o que o dono de um grupo poderia fazer, incluindo não mais enviar e-mails aos membros.

Diz Joe: "Para salvar o valor do grupo [LinkedIn], eu criei um espaço de trabalho no Slack chamado MDG (Medical Devices Group). Eu via meus assinantes como clientes gratuitos". Por meio do grupo Slack, Joe consegue se comunicar diretamente com seus "membros", que na maioria dos casos lhe pagam uma pequena taxa mensal pelo serviço. Ele não precisa mais se preocupar com mudanças adicionais no LinkedIn.

O RELACIONAMENTO POR E-MAIL

Quando digo às pessoas que, a menos que algo mude, o e-mail ainda é a melhor opção de assinante, elas costumam zombar. Elas me respondem dizendo que recebem uma quantidade imensa de spam todos os dias e que deletam muitos boletins informativos por e-mail assim que abrem sua caixa de entrada.

Então eu digo: "Tenho certeza que recebe muito spam, mas você não tem um ou, talvez, dois boletins informativos por e-mail nos quais confia? Um ou dois e-mails que você sempre lê e nunca pensa em deletar?".

Depois que concordam comigo, eu digo: "Seja um desses".

Ann Handley adotou essa abordagem com seu popular boletim informativo, *Total Annarchy*. Diz Ann: "Não sou uma marca que se comunica com um público, mas sou Ann, uma pessoa se comunicando com outra". Ann está certa, e as empresas que continuam a enviar e-mails irrelevantes e não direcionados, continuarão a perder audiência.

Em muitos casos, as pessoas assinam e compartilham o boletim informativo com seus colegas por causa de seu relacionamento pessoal com Ann. "Quando alguém assina meu boletim informativo, ele ou ela recebe um e-mail gerado automaticamente por mim que pergunta: 'Por que você assinou e o que espera receber aqui?'. Eu acompanho as respostas e isso me dá dicas sobre o que as pessoas esperam de mim, para que eu possa criar um conteúdo que corresponda às suas necessidades. Eu adoro quando as pessoas respondem a essas perguntas e me contam quem são e o que as trouxe aqui. Então eu escrevo de volta e elas sempre ficam tipo, o quê? Uau".

OS SERVIÇOS DE RESPOSTA AUTOMÁTICA SÃO IMPORTANTES

A maioria dos programas de e-mail inclui *autoresponders*, que são e-mails gerados automaticamente com base no comportamento do assinante. A maioria das respostas automáticas ocorre após a assinatura inicial. Por exemplo, pode ser uma carta de "Bem-vindo à minha comunidade". Frequentemente, as taxas de abertura de e-mail são elevadas com esses tipos de respostas automáticas, de modo que você precisa dar-lhes a devida importância.

Uma das melhores respostas automáticas que já vi vem do boletim informativo de negócios e tecnologia *Morning Brew*. Ao longo de um período de cerca de três semanas, tornei-me um leitor ávido do boletim informativo. Então recebi um e-mail do CEO do *Morning Brew*, mostrado na Figura 13.4. Táticas como essa não requerem muito esforço, mas precisam ser planejadas.

A MEDIÇÃO QUE IMPULSIONA O MODELO 175

MORNING BREW

Hey there,

You've been reading Morning Brew like a champion. It's readers like you who inspire us to create the most informative and enjoyable newsletter we can. So first: **thank you**.

Next, I have a favor to ask: If you've been enjoying the Brew, please consider sharing it with a friend. We provide our newsletter for free and rely on word-of-mouth to grow our audience.

To make it worth your while, we created a pretty awesome rewards program. The more readers you refer, the more you'll get. From access to Light Roast (our premium Sunday newsletter) to Brew apparel and mugs, we've got something for everyone.

3	Premium Sunday Newsletter
5	Stickers
10	Bottle Opener w/ Keychain
15	Coffee Mug
25	**T-Shirt**
50	Set of 2 Pint Glasses
100	Crewneck Sweatshirt

We've made sharing incredibly easy—use the button below to access your personalized referral page where you can track progress and use our tools to share seamlessly.

[Share the Brew]

Or copy & paste your referral link to others:
morningbrew.com/daily/r/?kid=72bed759

Thanks for the support, and keep on Brewin'.

Alex Lieberman
CEO, Morning Brew

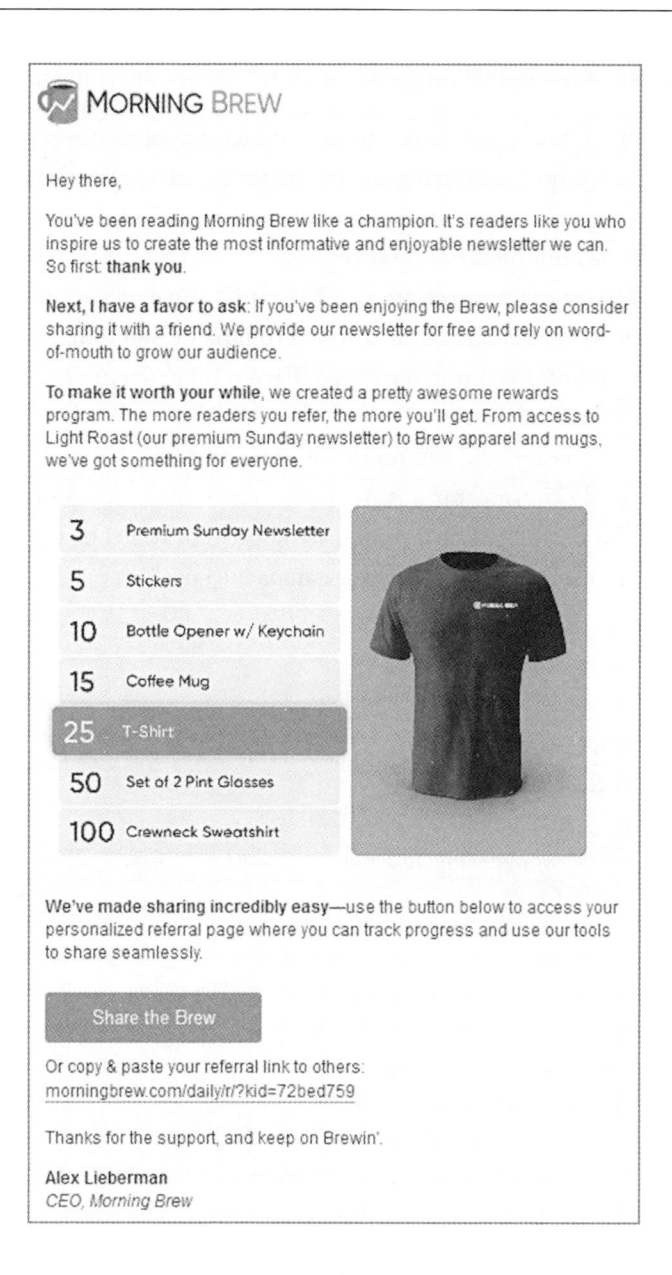

Figura 13.4 *Morning Brew* envia um e-mail automático aos assinantes que abrem uma determinada quantidade de e-mails.

Outras maneiras de reforçar a oportunidade de conseguir assinaturas:

- Pedir somente um endereço de e-mail ou apenas um nome e o endereço de e-mail para os que visitam o site pela primeira vez. Pedir informações demais no início pode prejudicar sua capacidade de conquistar assinantes.
- Promover assinaturas em seu site e plataformas sociais.
- Colocar opções de assinaturas no rodapé de seu e-mail, onde aparece seu nome e cargo. Faça o mesmo com todos os seus funcionários.
- Não sobrecarregue seu marketing mostrando 15 maneiras diferentes de se conectar aos possíveis assinantes. Concentre-se apenas em sua oferta de e-mail e a coloque em todos os lugares que fizerem sentido em seu site e canais sociais.

RECURSOS

Entrevistas com Clare McDermott:

Joe Hage, agosto de 2020.

Ann Handley, agosto 2020.

Rohrs, Jeff, *Audience: Marketing in the Age of Subscribers, Fans and Followers*, John Wiley & Sons, 2013.

O Dilema das Redes, Netflix, lançado em 2020.

CAPÍTULO 14

MÁXIMA ENCONTRABILIDADE

O verdadeiro prazer está mais na descoberta do que no saber.
ISAAC ASIMOV

> Embora definir o seu conteúdo para ser encontrado não seja algo de extrema dificuldade, a maioria das empresas não faz as pequenas coisas necessárias para ser encontrada pelos mecanismos de busca e pela mídia social.
>
> *Se você já entendeu isso, pule para o próximo capítulo.*

Matt Cutts, ex-divulgador das buscas do Google, declarou: "Apoio firmemente a ideia de que as pessoas devam ter uma forma diversificada de atingir o seu público. Portanto, se você confia apenas no Google, isso pode não ser uma abordagem tão forte quando comparado com ter uma ampla variedade de caminhos diferentes para poder atingir as pessoas e conduzi-las para o seu site ou para qualquer que seja o seu objetivo".

Segundo a pesquisa Content Marketing Benchmark ["Referência em Marketing de Conteúdo", em tradução livre] do Content Marketing Institute e do MarketingProfs, mais profissionais de marketing estão com foco na promoção de conteúdo do que nunca. Por quê? Empresas de todos os tamanhos estão gastando enormes quantias de dinheiro na criação de conteúdo, mas acabam descobrindo que ninguém está se envolvendo com este conteúdo. O desenvolvimento contínuo de conteúdo sem uma estratégia clara para a encontrabilidade do conteúdo é como não ter plano nenhum.

APROVEITE AS VANTAGENS DA OTIMIZAÇÃO DO MECANISMO DE BUSCA

Ter o seu conteúdo encontrado por meio de mecanismos de busca é o conceito-chave da encontrabilidade do conteúdo. "O Google ainda é o meu principal meio de obtenção de audiência", diz Philip Werner (SectionHiker.com).

Para que o modelo Conteúdo S.A. seja bem-sucedido, você precisa se concentrar na otimização do mecanismo de busca (*search engine optimization* — SEO) o tempo todo. Quando iniciamos o CMI, eu acreditava que, se entendesse os conceitos básicos da SEO e criasse conteúdo valioso e compartilhável, esse conteúdo seria encontrado nos rankings de busca orgânica. Embora tendo um tráfego respeitável vindo ao nosso site a partir dos mecanismos de busca, o ato de levar mais a sério a SEO dobrou nossos resultados de busca — e dobraram os nossos negócios no processo. Melhor ainda, a maioria dos novos assinantes vem por meio dos mecanismos de busca, e não de qualquer outra fonte. Não é preciso dizer que a SEO é fundamental para a sua sobrevivência.

SUA "LISTA DE ALVOS" DE PALAVRAS-CHAVES

Todos os meses o CMI analisava uma "lista móvel" de nossas principais palavras-chaves (como "marketing de conteúdo" ou "como fazer a curadoria do conteúdo"). Para cada frase, monitoramos o nosso posicionamento no Google (Figura 14.1), verificamos como estamos em relação aos concorrentes e verificamos a nossa tendência em relação ao mês anterior (estamos melhores ou piores?).

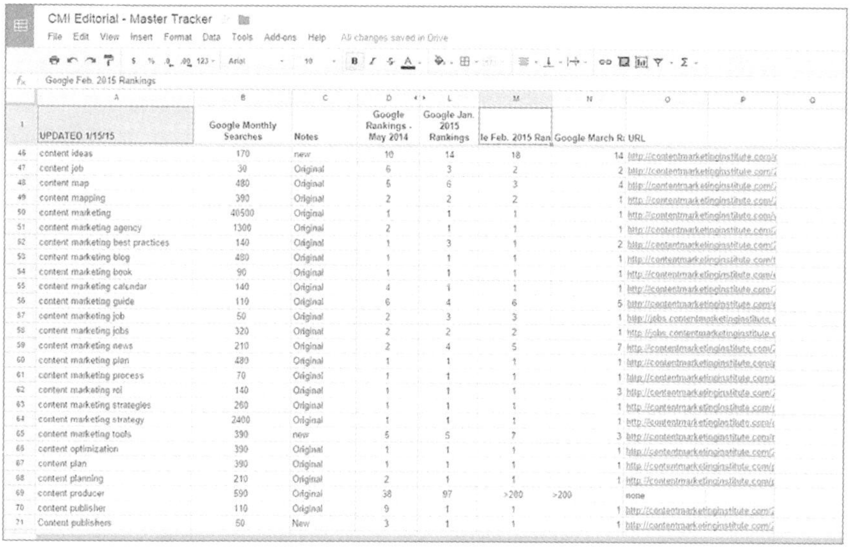

	A	B	C	D	L	M	N	O
1	UPDATED 1/15/15	Google Monthly Searches	Notes	Google Rankings - May 2014	Google Jan. 2015 Rankings	le Feb. 2015 Ran	Google March R:	URL
46	content ideas	170	new	10	14	18	14	http://contentmarketinginstitute.com/
47	content job	30	Original	6	3	2	2	http://contentmarketinginstitute.com/
48	content map	480	Original	5	6	3	4	http://contentmarketinginstitute.com/
49	content mapping	390	Original	2	2	2	1	http://contentmarketinginstitute.com/
50	content marketing	40500	Original	1	1	1	1	http://contentmarketinginstitute.com/
51	content marketing agency	1300	Original	2	1	1	1	http://contentmarketinginstitute.com/
52	content marketing best practices	140	Original	1	3	1	2	http://contentmarketinginstitute.com/
53	content marketing blog	480	Original	1	1	1	1	http://contentmarketinginstitute.com/
54	content marketing book	90	Original	1	1	1	1	http://contentmarketinginstitute.com/
55	content marketing calendar	140	Original	4	1	1	1	http://contentmarketinginstitute.com/
56	content marketing guide	110	Original	6	4	6	5	http://contentmarketinginstitute.com/
57	content marketing job	50	Original	2	3	3	1	http://jobs.contentmarketinginstitute.c
58	content marketing jobs	320	Original	2	2	2	1	http://jobs.contentmarketinginstitute.c
59	content marketing news	210	Original	2	4	5	7	http://contentmarketinginstitute.com/
60	content marketing plan	480	Original	1	1	1	1	http://contentmarketinginstitute.com/
61	content marketing process	70	Original	1	1	1	1	http://contentmarketinginstitute.com/
62	content marketing roi	140	Original	1	1	1	3	http://contentmarketinginstitute.com/
63	content marketing strategies	260	Original	1	1	1	1	http://contentmarketinginstitute.com/
64	content marketing strategy	2400	Original	1	1	1	1	http://contentmarketinginstitute.com/
65	content marketing tools	390	new	5	5	7	3	http://contentmarketinginstitute.com/
66	content optimization	390	Original	1	1	1	1	http://contentmarketinginstitute.com/
67	content plan	390	Original	1	1	1	1	http://contentmarketinginstitute.com/
68	content planning	210	Original	2	1	1	1	http://contentmarketinginstitute.com/
69	content producer	590	Original	38	97	>200	>200	none
70	content publisher	110	Original	9	1	1	1	http://contentmarketinginstitute.com/
71	Content publishers	50	New	3	1	1	1	http://contentmarketinginstitute.com/

Figura 14.1 O CMI monitorava uma lista móvel de 50 palavras-chaves e o progresso contínuo de cada uma.

O seu objetivo é gerar assinaturas a partir de cada página de conteúdo. Trate cada página como uma página de destino e acompanhe as principais páginas à procura de formas para aumentar o tráfego para uma página específica, assim como aumentar a conversão de leitores em assinantes.

Como podemos construir uma estratégia para este conceito? Mike Murray, presidente da Online Marketing Coach, explica como integrar as buscas no modelo Conteúdo S.A.

Se metade de seu tráfego vem da busca orgânica, de onde vem a outra metade? Aqui estão algumas táticas que você deve considerar como parte de seu modelo.

12 DICAS PARA SELEÇÃO DE PALAVRAS-CHAVES PARA SEO

Por Mike Murray, Online Marketing Coach

Pequenos empresários e empreendedores não podem se dar ao luxo de operar no escuro quando se trata da seleção de palavras-chaves se quiserem conquistar um público a partir do tráfego do mecanismo de busca.

Com muita frequência, os empresários dão tiros no escuro em suas escolhas de palavras-chaves. Certamente, eles podem ocasionalmente até ter um bom palpite. Mas quantas vezes seus esforços são pura perda de tempo?

A boa notícia é que você pode atrair alguns visitantes de mecanismos de busca criando conteúdo constantemente, mesmo sem uma estratégia de SEO. Com palavras-chaves você pode ter um artigo ou página ranqueado porque os algoritmos dos mecanismos de busca valorizam o conteúdo.

Você precisa ser realista. Nem toda página ou postagem de blog o levará à primeira posição no Google (ou em outros mecanismos de busca). Talvez uma frase de palavras-chaves com 10.000 buscas por mês esteja fora de alcance. Você ainda pode obter mais da SEO com apenas um pouco mais de esforço.

Você pode consultar a seguinte lista de verificação ao pensar quais palavras-chaves utilizará em seu novo conteúdo. Não perca a oportunidade de também atualizar artigos e páginas mais antigos sobre sua empresa.

1. **Eu explorei os recursos de pesquisa de palavras-chaves?** Confira o Google Search Console, Google Trends, Soovle, Serpstat, Keyword Tool e Ubersuggest. Mesmo sem ter anúncios no Google, pegue uma conta

Google Ads para acessar o Keyword Planner. As ferramentas pagas incluem o SEMrush, Moz Keyword Explorer, Wordtracker, KWFinder e Ahrefs Keywords Explorer. Eu costumo usar o SEMrush, que sugere possíveis palavras-chaves que você pode não ter considerado. Ele analisa mais de 200 milhões de palavras-chaves em seu banco de dados nos Estados Unidos, incluindo dados sobre concorrentes. Depois de poucos minutos de uso do SEMrush, posso ter uma planilha Excel preenchida com mais de 30.000 variações de palavras-chaves (para ajudar com ideias de conteúdo).

Você pode fazer uma lista de palavras-chaves, mas as contagens de busca são importantes. Às vezes, você pode visar uma frase de palavras-chaves que é o assunto de 1.000 buscas mensais no Google. Muitas vezes, você pode querer algo menos competitivo. Eu não descarto palavras-chaves que são assunto de 50 buscas por mês. Muitas empresas vendem produtos e serviços anuais que custam US$10.000, US$25.000, US$50.000 ou mais. Uma frase com palavras-chaves com 50 buscas mensais pode acabar sendo vencedora.

Tenha em mente que cada site tem um ponto ideal: a zona de classificação em que o seu site provavelmente maximiza o ranking. Você pode encontrar esse ponto correlacionando as classificações de palavras-chaves com o volume médio de buscas no Google para as mesmas palavras-chaves que você está utilizando. Em outras palavras, se você normalmente se classifica entre as 10 primeiras posições no Google para palavras-chaves que têm de 100 a 500 buscas mensais, esse é o seu ponto ideal. Por que você investiria muito tempo em palavras-chaves que são pesquisadas com muito mais frequência? Estabeleça como alvo palavras-chaves que estejam ao seu alcance.

2. **A palavra-chave é relevante?** Será que a palavra-chave realmente combina com seus produtos e serviços ou com o seu público-alvo? A especificidade da palavra-chave é fundamental. Tenha em mente que as buscas de palavras-chaves que você descobre podem incluir combinações incomuns de palavras-chaves, como "uniformes futebol júnior". Você pode ver como elas se classificam, mas a estrutura adequada da sentença pode forçá-lo a alterar a ordem das palavras. Provavelmente, você pode usar duas grafias

diferentes em alguns casos (mas evite fazê-lo na mesma página). "Ar condicionado" e "ar-condicionado" seria um exemplo.

A intenção do pesquisador também está relacionada com a relevância. Frases de palavras-chaves com palavras como "frete" e "quais são..." podem indicar se alguém está prestes a comprar ou apenas buscando informações.

3. **Estou comprando esta palavra-chave através de pesquisa paga?** Se você estiver gastando dinheiro em pesquisa paga (*pay per click*), os dados de desempenho podem ser úteis. Mas pagar por esses cliques não garantirá o sucesso orgânico para o seu pequeno negócio. Apenas algumas das palavras-chaves podem ter um bom desempenho. Dependendo das conversões, pode valer a pena manter uma frase de palavras-chaves tanto na busca paga quanto na busca natural. Pesquise também quais palavras-chaves os concorrentes usam para a busca paga. Utilize ferramentas como SEMrush, SpyFu e iSpionage.

4. **Já estou na classificação para a palavra-chave?** Você está entre os 10 mais, os 20, os 30 ou fora dos 99? Use ferramentas como o SEMrush, Advanced Web Ranking e Moz para obter dados de rankings. *Enterprise SEO Tools for Content Marketing, Search Intelligence, UX and More: A Marketer's Guide* ["Ferramentas Corporativas de SEO para Marketing de Conteúdo, Inteligência de Busca, UX e Mais: Um Guia do Profissional de Marketing", em tradução livre] (décima edição) examina diferentes plataformas que podem ajudá-lo a gerenciar, rastrear e otimizar milhares de palavras-chaves (algumas são caras, mas alguns pacotes são acessíveis).

5. **Minha nova página menciona adequadamente a palavra-chave?** Embora os mecanismos de busca detectem temas ou conceitos, o conteúdo excepcional ainda deve incluir suas palavras-chaves mais estratégicas. Os rankings também são fortemente influenciados pelo título da página, cabeçalho da página, número de páginas, links de entrada de outros sites e muitos outros fatores.

6. **Quanto tráfego o meu site recebe em função da palavra-chave?** Infelizmente, o Google começou a ser criptografado em 2011, de modo que o Google Analytics esconde as palavras-chaves e frases reais. Mas você pode obter dados consideráveis do Google Search Console. Eu também rastreio as

principais páginas de destino no Google Analytics e as comparo com dados de rankings personalizados no SEMrush para ter uma ideia do desempenho das frases de palavras-chaves. Talvez alguém busque a frase "Empresas de contabilidade em Cleveland", mas a análise de dados pode levá-lo a buscar "Cleveland empresas de contabilidade" ou "empresas de contabilidade de Cleveland, Ohio". Você pode trabalhar essas frases em conteúdo existente ou em novas páginas.

Eu sempre analiso várias frases de palavras-chaves que tenham classificação elevada nos mecanismos de busca. Você pode descobrir que uma única página pode receber buscas de "aquecimento e refrigeração em Dallas" e "Dallas aquecimento refrigeração". No entanto, você pode precisar criar uma nova página para cada frase.

7. **Estou aprimorando meu conjunto de palavras-chaves?** Mesmo depois de criar seu conjunto de palavras-chaves, você deve avaliá-lo com base em suas novas ideias de palavras-chaves, tendências do setor, concorrência, suas estatísticas, palavras-chaves que você vê nas mídias sociais e outras fontes. Não anote apenas as palavras com as quais você se depara. Pense também nas variações.

8. **Esta frase de palavras-chaves (ou frases semelhantes) já está convertendo em uma página de vendas ou assinatura?** Você pode rastrear palavras-chaves através de suas estatísticas do site e funis de conversão, incluindo e-commerce (conectando palavras-chaves e páginas de destino com vendas de produtos). Algumas empresas obtêm insights adicionais com serviços de rastreamento de chamadas como os oferecidos por CallFire, CallRail, Marchex e outros.

9. **Há chamadas para a ação na página?** Se você quiser que uma frase de palavras-chaves dê retorno em sua estratégia de Conteúdo S.A., procure fazer com que a página tenha uma atraente chamada para a ação. O visitante pode fazer uma ligação telefônica gratuita, pedir um demo, fazer o download de um guia ou solicitar mais informações?

10. **Existem páginas relacionadas que poderiam servir de apoio a uma estratégia de link interno?** Uma página isolada pode ter uma boa classificação, mas às vezes é útil criar várias páginas relacionadas para que

os mecanismos de busca possam determinar que você está enfatizando um conjunto semelhante de frases de palavras-chaves. Faça links cruzados de palavras-chaves estratégicas em várias de suas páginas ou postagens semelhantes.

11. **Como a escolha dessa palavra-chave se encaixa no conteúdo futuro?**
Suas opções de seleção de palavras-chaves devem se basear no conteúdo planejado para as próximas semanas ou meses, e não apenas no conteúdo que você já tem. Com um calendário de conteúdo, pense em várias possibilidades de palavras-chaves antes de escrever um artigo ou criar uma postagem no blog.

12. **A palavra-chave está em meu nome de domínio?** Em 2012, o Google decidiu diminuir a importância de domínios de correspondência exata de baixa qualidade para sites (o que significa que seus rankings podem ser afetados). Tenho certeza de que o Google queria lidar com domínios como o site falso seocontentmarketingtipsforsmallbusinessmarketers.com, que são usados apenas como sites indutores de cliques. No entanto, para a maioria dos sites, o nome do domínio ainda parece ter um efeito positivo nos rankings dos mecanismos de busca.

FAÇA PARTICIPAÇÕES ESPECIAIS NO OPC

OPC é a abreviação de *"other people's content"* (conteúdo de outras pessoas). Quanto mais as nossas ideias se espalham em torno de OPC, maiores as chances de atrair pessoas novas para o nosso site e conquistar assinantes. Ao desenvolver um melhor relacionamento com influenciadores (sites onde seu público passeia), um de seus objetivos é encontrar oportunidades para ajudar esses influenciadores com o conteúdo deles. Isso pode significar o desenvolvimento de uma postagem como convidado no blog deles ou participar de um webinar para o público deles.

Na última década, escrevi artigos originais ou reaproveitei artigos para mais de 500 sites diferentes. Ao mesmo tempo, participei de mais de 20 a

30 webinars externos por ano. Essas duas atividades foram fundamentais para o meu sucesso. Como eu sei? Leitores vêm ao site do CMI de mais de 3.000 lugares diferentes todos os meses. Grande parte dessa diversidade é porque compartilhamos conteúdo em sites de outras pessoas.

CRIE MAIS LISTAS COM O SEU CONTEÚDO

Embora utilizadas em demasia em artigos do setor, as listas são procuradas e compartilhadas. Consequentemente, mais pessoas fazem blogs e links para este conteúdo, tornando mais fácil encontrar o conteúdo pelos mecanismos de busca. O conteúdo de melhor desempenho do CMI é quase sempre uma lista numerada (Figura 14.2).

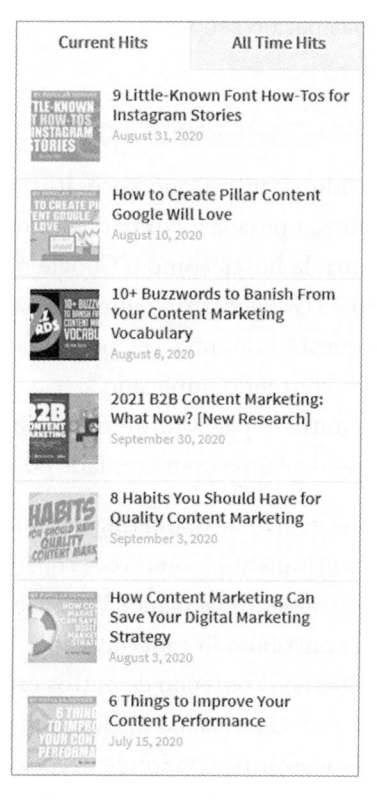

Figura 14.2 Goste ou não, listas e números funcionam em artigos e postagens em blogs.

CRIE PESQUISAS EXCLUSIVAS

É tiro e queda. Pesquisa original específica para seu público-alvo é como queijo para um rato. Se isso puder ser uma oportunidade para você, procure planejar a sua pesquisa como uma série contínua, tipo trimestral ou anual. Isso significa que toda vez que uma pesquisa é lançada, você tem algo novo e surpreendente a respeito do que falar.

RESPONDA PERGUNTAS NO QUORA

O Quora é uma plataforma de perguntas e respostas. Muito provavelmente, possíveis assinantes estão fazendo perguntas que você pode ser capaz de responder, mostrando mais uma vez o seu conhecimento e direcionando as pessoas para o seu site.

LICENCIAMENTO DE CONTEÚDO

Licenciar o seu conteúdo significa que você ativamente coloca os seus artigos nos sites de outras pessoas. No passado, muitas pessoas pensavam que os mecanismos de busca como o Google penalizavam o seu site por duplicar conteúdo. O Google afirma que isso não é verdade, dizendo: "Vamos dirimir esta questão de uma vez por todas, pessoal: não existe essa coisa de 'penalizar conteúdo duplicado'".

Michael Brenner, autor e palestrante de marketing, acredita que o licenciamento de conteúdo é uma oportunidade pouco explorada. Diz ele:

> Na SAP, construí um centro de marketing de conteúdo premiado e o iniciei com pouco orçamento. Como você constrói um centro de conteúdo com um orçamento pequeno? Você precisa de um exército de voluntários contribuindo com conteúdo.
>
> Eu fiz isso distribuindo conteúdo de outros especialistas (principalmente de funcionários, no início), com permissão. Quando comecei a mostrar resultados de negócios e meu orçamento aumentou, acrescentei conteúdo licenciado e conteúdo original pago.

Licenciar o seu conteúdo para outros sites (*syndication*) pode fazer sentido como forma de lhe dar a distribuição adicional que você precisa. Embora eu acredite que a produção de conteúdo original seja a principal opção para os modelos Conteúdo S.A. crescerem, a distribuição de conteúdo de outras pessoas pode ser algo a se pensar até que a sua fábrica de conteúdo esteja a pleno vapor.

UTILIZE O HARO

Help a Reporter Out, ou HARO, é um site para jornalistas e repórteres à procura de fontes de conteúdo especializado. Eu tenho usado o HARO nos últimos anos e conseguiu inserção no *New York Times* por causa disso.

PROCURE FAZER COM QUE A MAIOR PARTE DE SEU CONTEÚDO NÃO ESTEJA BLOQUEADA

Alguns anos atrás, realizei um workshop para algumas das principais associações comerciais do mundo. A maioria delas estava tendo dificuldade em fazer com que o seu conteúdo fosse encontrado na web. Por quê? Porque 90% do conteúdo só estavam ao alcance dos membros que tivessem senha para acessar o conteúdo. Isso significa que 90% de seu conteúdo passavam despercebidos pelos mecanismos de busca, e os usuários que gostassem do conteúdo não podiam compartilhá-lo nas redes sociais.

De acordo com as estatísticas pessoais do famoso autor e palestrante David Meerman Scott, um artigo técnico ou e-book será baixado pelo menos de 20 a 50 vezes mais sem uma barreira na frente dele. Você obtém resultados melhores sem um formulário a ser preenchido antes de se fazer download de um conteúdo.

Sim, de fato você quer que determinados ativos de conteúdo tenham um formulário diante deles para ampliar as suas listas de assinantes, mas a grande maioria do conteúdo precisa ser de fácil acesso ao público, aumentando tanto a busca quanto as oportunidades de compartilhamento nas redes sociais.

TENTE O BRANDSCAPING

Brandscaping, segundo o autor Andrew Davis, é "uma coleção de marcas trabalhando em conjunto para produzir um ótimo conteúdo". Pense em um exemplo em que você tem um excelente conteúdo, mas precisa de exposição adicional de marketing. Ou eventualmente alguém em seu setor de atividade que tem uma pesquisa incrível que você realmente quer compartilhar com seu público. Nesses casos, talvez possa ser feita uma parceria.

Quando lancei meu negócio Conteúdo S.A. pela primeira vez, eu mal tinha audiência. Entrei em contato com uma grande empresa de mídia e uma grande associação, com a promessa de fazer um relatório de pesquisa se eles o enviassem para seu público. Hoje aquele pequeno projeto de pesquisa está em seu décimo quinto ano de existência e gerou milhões em receitas.

TESTE OS TÍTULOS

Upworthy, um dos sites de crescimento mais rápido na web, tem como foco o compartilhamento e a curadoria de conteúdo que (acredita) eleva a humanidade. Upworthy tem mais de 16 milhões de assinantes e mais de 125 milhões de visualizações mensais de vídeos.

O que explica o extraordinário número de visitas? Segundo o Upworthy, "Foi porque milhões de membros da comunidade Upworthy assistiram aos vídeos que organizamos e os consideraram importantes, atraentes e dignos de serem compartilhados com seus amigos".

Como o Upworthy faz com que as pessoas abram seus e-mails para assistir aos vídeos e depois compartilhar com os amigos? A equipe Upworthy é meticulosa com suas manchetes. Para cada artigo, o Upworthy escreve um mínimo de 25 títulos diferentes. Em seguida, a empresa faz vários testes A/B com suas listas de assinantes para ver qual título gerou mais aberturas de e-mails e mais compartilhamentos. Depois de encontrar o melhor desempenho, o Upworthy distribui a manchete vencedora para todo o banco de dados de e-mail.

CONSIDERE AS OPÇÕES PAGAS DE DISTRIBUIÇÃO DE CONTEÚDO

Antes de ganhar tração na busca orgânica (não paga) e conquistar um público imenso de assinantes, seu conteúdo pode precisar de um impulso para ganhar leitores. As estratégias de distribuição de conteúdo pago representam uma forma plenamente aceitável para conseguir novos assinantes. Aqui estão duas que podem ser utilizadas:

- **Pay per click (pagamento por clique).** Até conseguir ser encontrado com suas palavras-chaves nos mecanismos de busca, pode fazer sentido pagar pela promoção. O pay per click (PPC) deixa você promover o seu conteúdo nos mecanismos de busca, pagando o Google, Bing ou outro site de busca toda vez que alguém clica em seu link. Os custos do PPC podem variar de 5 centavos para palavras-chaves menos populares até US$10 por clique para buscas populares (como "mesotelioma").
- **Ferramentas de descoberta/recomendação de conteúdo.** Serviços como Outbrain/Taboola e nRelate formam parcerias com sites de mídia e blogs. Mediante uma taxa, eles promovem o seu conteúdo nos sites de sua escolha. Assim como no PPC, o serviço cobra toda vez que alguém clica em sua história. A maior diferença entre o PPC e as ferramentas de recomendação de conteúdo é que o conteúdo **tem** que estar na forma de uma história interessante em uma ferramenta de recomendação, ou os serviços não o mostrarão. As ferramentas de recomendação de conteúdo têm recebido críticas negativas nos últimos anos (por causa do clickbait, histórias que usam títulos sensacionalistas para atrair cliques), mas, como sempre, o conteúdo de qualidade prevalece.

ANUNCIE NAS REDES SOCIAIS

Quase todos os sites sociais, incluindo Facebook, LinkedIn, Twitter e Instagram, aceitam publicidade. Cada um desses serviços permite que você segmente públicos muito específicos com seu conteúdo.

Pouco antes de publicar este livro, meu objetivo era aumentar significativamente o número de assinantes do meu boletim informativo pessoal por e-mail. Após um programa de publicidade muito bem-sucedido no Facebook para meu livro, *The Will to Die*, decidi fazer um livro gratuito para profissionais de marketing chamado *Corona Marketing*, que direcionava os profissionais de marketing interessados para o meu site (Figura 14.3). Em troca do livro, eu pedia aos visitantes que assinassem e experimentassem o meu boletim informativo por e-mail.

Fiz um vídeo de dez segundos explicando a importância e paguei para que ele fosse veiculado no Facebook em agosto de 2020. Os resultados pagos da veiculação do anúncio foram:

Figura 14.3 Não há nada de errado em aproveitar a publicidade em redes sociais, desde que a oferta de conteúdo seja realmente valiosa.

- 787 e-mails confirmados adicionados à lista de e-mails a um custo de US$0,96 cada.
- 2.957 e-mails adicionados a um custo de US$0,26 cada.
- 476.000 novas pessoas alcançadas.
- 5.400 visualizações de página de destino a um custo de US$0,14 por visualização.

Todos esses números são bons, e os 787 e-mails adicionados à lista de assinantes por menos de US$1 foi um roubo. As ofertas de publicidade podem funcionar se o retorno dado pelo conteúdo for um valor real e você for honesto a respeito do negócio que está oferecendo aos assinantes.

USE SERVIÇOS DE COMUNICADO À IMPRENSA

Serviços como Cision e Marketwire pegam o seu comunicado à imprensa e o distribuem para os sites de mídia de sua escolha para promoção adicional. Lembre-se: não existe um formato definido. Você pode ser o mais criativo possível para conseguir a atenção entre os milhares de outros comunicados enviados naquele dia. Escreva a história que deseja contar e direcione-a para os sites de mídia que fizerem mais sentido.

RECURSOS

Brenner, Michael, "Get the Biggest SEO Bang for Your Content Marketing Buck", ContentMarketingInstitute.com, consultado em 15 de maio de 2020, http://contentmarketinginstitute.com/2015/03/brenner-seo-content-marketing/.

Enge, Eric, "Link Building Is Not Illegal (or Inherently Bad) with Matt Cutts", stonetemple.com, consultado em 20 de abril de 2020, https://www.stonetemple.com/link-building-is-not-illegal-or-bad/.

Smith, Craig, "Upworthy Statistics and Facts", DMR, consultado em 1º de outubro de 2020, https://expandedramblings.com/index.php/upworthy-statistics-and-facts/.

"What Actually Makes Things Go Viral Will Blow Your Mind", Upworthy Insider, Upworthy.com, consultado em 28 de agosto de 2020, http://blog.upworthy.com/post/69093440334/what-actually-makes-things-go-viral-will-blow-your.

CAPÍTULO 15

ROUBANDO AUDIÊNCIA

O marketing de influenciadores é fazer com que outros compartilhem sua história, gerem interesse e argumentem a seu favor.
ARDATH ALBEE

> A maioria das empresas que utilizam uma estratégia de influenciador não tem um processo definido. Ao executar sua estratégia de influenciador, faça-o com um grupo específico e a fluidez do compartilhamento de conteúdo. Por quê?
> Você quer que o público do influenciador seja o seu público.
>
> *Se você já entendeu isso, pule para o próximo capítulo.*

Alguns profissionais de marketing poderiam chamar este capítulo de "marketing de influenciador", mas eu prefiro chamar pelo que é mesmo. O objetivo da construção de um relacionamento com um influenciador (o influenciador é o lugar onde as pessoas que compõem o seu público vão passear na web quando não estão em seu site) é roubar o público do influenciador e torná-lo seu (digo isso da maneira mais gentil possível).

Neste exato momento, as pessoas que compõem o seu público não estão simplesmente sentadas à espera de seu conteúdo. Elas estão ativamente envolvidas e engajadas em conteúdo de dispositivos móveis, vídeos, áudio e texto para fins de informação ou entretenimento. Se você pretende se destacar, precisa então capturar essa atenção e direcioná-la para o seu conteúdo. Essa não é uma tarefa fácil.

Este capítulo trata de ajudá-lo a fazer exatamente isto: roubar a audiência!

APRESENTAÇÃO DO CASO

Trata-se de um conceito bastante simples e direto, se você pensar bem:

- Os influenciadores têm uma **audiência preestabelecida** que já é receptiva às suas ideias e recomendações; eles são valorizados pelo seu público-alvo.
- Os influenciadores têm um grau embutido de **confiança** com seus leitores. A esperança é que esses influenciadores venham a ajudá-lo a construir credibilidade.
- Eles podem ajudá-lo a **criar o conteúdo** que realmente atenda às necessidades de seus consumidores, pois têm experiência e opiniões sobre os temas de interesse para o setor.
- Ao formar parcerias **com eles**, você consegue divulgar seu conteúdo e mensagens da forma certa, no momento certo e para as pessoas certas.

O objetivo final é conquistar e expandir o seu próprio público.

QUAL É O SEU OBJETIVO?

Do mesmo modo que necessita de uma estratégia para seu programa Conteúdo S.A., você também precisa de uma estratégia para seu programa de marketing de influenciadores. Antes de lançar o programa de influenciadores, você precisa entender claramente e documentar o que pretende especificamente realizar. Como o programa de influenciadores irá ajudá-lo a atingir seus objetivos de negócio e como isso levará à conquista de público?

Alguns possíveis objetivos a considerar como ponto de partida para a construção de sua própria lista de objetivos:

- **Consciência da marca.** Quantas pessoas viram, fizeram download ou ouviram esse item de conteúdo por causa do influenciador?
- **Envolvimento.** Qual é o impacto deste conteúdo e com que frequência ele é compartilhado com outros? Como o influenciador ajuda a aumentar o compartilhamento?
- **Geração de leads.** Como o formador de opinião ajuda a converter pessoas em assinantes valiosos?
- **Vendas.** Você ganhou dinheiro por causa deste conteúdo compartilhado pelo influenciador? Que receita ou ROI (retorno sobre o investimento) você pode usar neste programa?
- **Retenção e fidelização de clientes.** Como um influenciador pode ajudar a reter um cliente?
- **Venda cruzada e casada.** Existe uma maneira de usar um influenciador para ajudar alguém a ficar mais envolvido em seus negócios?

IDENTIFICAÇÃO DOS TIPOS DE INFLUENCIADOR

O tipo de influenciador de que você precisa depende de seu objetivo específico. Por exemplo, se o seu objetivo é consciência e alcance da marca, você pode optar por trabalhar com uma quantidade maior de influenciadores que possam produzir "porções individuais" de conteúdo para aumentar a sua participação. Mas se você estiver procurando reter clientes ou realizar venda casada, pode ser interessante usar outros clientes como influenciadores.

COMO VOCÊ PODE IDENTIFICAR OS INFLUENCIADORES CERTOS?

Os influenciadores podem vir de muitas formas diferentes. Tanto dentro quanto fora de sua organização, eles podem assumir as seguintes formas:

- Blogueiros
- Celebridades de redes sociais (específicas do setor)
- Clientes
- Membros de um grupo de compras
- Especialistas e analistas do setor
- Parceiros de negócios
- Membros ou especialistas da equipe interna
- Sites de mídia

A partir desses grupos você formará sua lista de influenciadores.

COMO GERENCIAR O PROGRAMA

Agora que já estabeleceu o que está tentando alcançar com o programa de marketing de influenciadores e quem realmente gostaria de alcançar, você passa a ter uma melhor compreensão sobre se possui ou não os recursos adequados internamente para fazer o trabalho necessário. Algumas coisas a considerar:

- Qual a capacidade que a equipe interna tem de formar um grupo-piloto de influenciadores?

- Você tem ferramentas disponíveis internamente (aquelas que você usa para escuta social, gestão de conteúdo etc.) que possam ser aproveitadas para um programa de marketing de influenciadores? Consulte o quadro "Ferramentas de Escuta Recomendadas" para sugestões.

Depois de entender plenamente as capacidades internas, você conseguirá determinar o tamanho do programa que pode gerenciar e identificar quais outros recursos precisará para envolver e implantar o programa que atenda aos seus objetivos.

FERRAMENTAS DE ESCUTA RECOMENDADAS
- Agorapulse
- BuzzSumo
- Sprout Social
- SparkToro

CRIAÇÃO DE CONTEÚDO QUE VALE A PENA COMPARTILHAR

Para conseguir influenciadores que trabalhem com você, que verdadeiramente **formem uma parceria**, na amplificação de seu conteúdo, você precisará de algo fundamental: **conteúdo atraente e relevante**. Repetidas vezes, os influenciadores recuam diante de marcas que forçam mensagens excessivamente promocionais em seus sites duramente conquistados, pois a autenticidade é o componente que mantém a confiança entre eles e seus leitores. Ninguém — nem mesmo a sua marca — vale a pena arriscar isso. Como diz Andy Newbom: "Crie algo para os influenciadores influenciarem".

CONSTRUÇÃO DE SUA LISTA DE INFLUENCIADORES

O seu programa de marketing de influenciadores já lhe deu a sensação de ser algo completamente confuso? É porque existem muitos caminhos para você seguir e o tamanho do possível grupo de influenciadores a ser acionado pode parecer um pouco grande demais. Eis o que normalmente passa pela cabeça de um empreendedor ao lançar um programa desse tipo:

- A quem devemos procurar?
- Como posso saber "quem é bom" e quem tem uma grande influência?
- Como posso conseguir gerenciar os influenciadores depois de começar a trabalhar com eles?

Essas incógnitas podem parecer assustadoras para qualquer equipe, de qualquer tamanho e com qualquer grau de experiência. Para ajudá-lo a começar, estas são as próximas **três etapas:**

1. Construa um pequeno grupo de possíveis parceiros e estude mais sobre eles.
2. Comece a se aproximar dos influenciadores.
3. Teste, avalie e otimize.

A primeira coisa a fazer na construção de seu grupo de influenciadores, após estabelecer os objetivos e identificar os "tipos" de influenciadores com quem deseja trabalhar, é **sentar e ouvir.** Parece muito passivo, mas dedicar um tempo para realmente entender quais são os pontos focais de seu possível influenciador é fundamental na compreensão de como vocês podem trabalhar juntos.

Para começar, pense na construção de um modelo que o ajude a monitorar as principais pessoas com quem você gostaria de trabalhar. É provável que você já tenha algum tipo de lista, mas ter uma forma consistente de acompanhá-los e avaliá-los é um ponto importante para começar.

Sua pontuação pode ser um pouco mais "baseada no instinto" à medida que for lendo o trabalho dos influenciadores. Isso traz um aspecto muito importante do processo: **leia o trabalho de seus**

possíveis influenciadores! Leia seus artigos, veja como eles respondem aos comentários, avalie seu tuítes/postagens e realmente tenha uma noção do que é mais importante para eles. Para poder medir o grau e a extensão da influência, você também pode ver quem responde ao trabalho deles e quem está seguindo-os — informações boas para incorporar à sua planilha. Os membros da audiência deles também podem ser influenciadores em potencial.

FORMAS DE IDENTIFICAR POSSÍVEIS INFLUENCIADORES

Amanda Maksymiv da Fuze sugere as seguintes etapas para a elaboração de sua lista de influenciadores:

- Use suas ferramentas de escuta para identificar pessoas falando sobre determinados tópicos com base em palavras-chaves.
- Pergunte aos seus clientes ou outras pessoas em seu setor de atividade (nunca subestime o poder do boca a boca).
- Pesquise em plataformas de mídia social, especialmente no LinkedIn.
- Faça muitos contatos. Participe de eventos em diferentes áreas — saia de sua bolha. Fale com clientes, parceiros e vendedores.
- Pergunte aos seus colegas da equipe de marketing, desenvolvimento de produtos ou vendas.
- Pergunte a outros influenciadores. Você ficará surpreso ao saber quantos de seus principais influenciadores trabalham em conjunto e recomendam uns aos outros.
- Envolva-se em fóruns e grupos/painéis de debates discutindo o seu conteúdo. Participar de bate-papos no Twitter, participar de webinars ou até mesmo ler os mais recentes relatórios do setor ou postagens de blog pode rapidamente deixá-lo ciente de quem são os principais atores em sua área de atividade.

QUANTOS INFLUENCIADORES VOCÊ DEVE ADICIONAR AO SEU GRUPO?

A resposta para essa pergunta vai depender fortemente de como você responde à seção anterior: "Como Gerenciar o Programa". Mas, para começar, e pensando na eficiência, a maioria das pessoas tende para 5 a 10 influenciadores como ponto de partida gerenciável.

COMECE A CONTATAR

Depois de identificar um grupo potencial de influenciadores e passar um tempo lendo o trabalho deles para dar o próximo passo no sentido de fazer o contato, reserve alguns minutos para pensar no seguinte:

- Como você vai chegar a essa pessoa?
- O que você pode oferecer que seja valioso?
- O que exatamente você está buscando nesse relacionamento?

É aqui que todo aquele tempo gasto analisando o trabalho da pessoa vai valer a pena. O envio de uma solicitação genérica e impessoal para um importante influenciador será ignorado. Lembre-se de que este é um relacionamento de mão dupla. Foi-se o tempo em que as empresas podiam despejar dinheiro ou amostras a blogueiros e esperar que eles bajulassem a marca. Os influenciadores têm a capacidade de ser muito mais seletivos e esperam ser respeitados pelo talento (e pelo público) que trazem para seus projetos.

MÍDIA SOCIAL 4-1-1

A Mídia Social 4-1-1 é um sistema de compartilhamento que ajuda a empresa a obter maior visibilidade junto aos influenciadores sociais. Eu recomendo usar isso como um método de primeira abordagem antes de enviar um e-mail diretamente para um influenciador. É assim que funciona:

Para cada seis itens de conteúdo compartilhado nas redes sociais (tais como o Twitter):

- Quatro são itens de conteúdo de seu influenciador-alvo, que também são relevantes para o seu público. Isso significa que 67% das vezes você está compartilhando conteúdo que não é seu — e chamando a atenção para o conteúdo do seu grupo de influenciadores.
- Um item pode ser seu conteúdo educativo original.
- Um item pode ser conteúdo para vendas, como um cupom, aviso de produto ou comunicado à imprensa.

Os números não precisam ser exatos. A filosofia é que faz isso funcionar. Quando você compartilha o conteúdo dos influenciadores, eles percebem. Você deve compartilhar sem pedir nada em troca (por um mês ou mais), para que, quando precisar de algo, os influenciadores tenham mais probabilidade de dizer sim.

A consistência é fundamental para fazer isso funcionar. Pegue a sua lista-piloto de cinco a dez influenciadores e compartilhe o conteúdo de cada um deles pelo menos uma vez por dia durante um mês.

FAZENDO A PRIMEIRA CONEXÃO

Existem algumas maneiras de começar a fazer conexões com seus influenciadores-alvo:

- Faça um pouco de agrado de mídia social, seja respondendo, retuitando ou mencionando (use o plano Mídia Social 4-1-1).
- Faça comentários **ponderados** nas postagens dos blogs deles.
- Conecte-se com eles no LinkedIn, apresentando-se e explicando por que você gostaria de se conectar.
- Quando fizer sentido, envie um e-mail com sua ideia de parceria.

Eu descobri que se você continuamente compartilhar e responder a alguém nos canais sociais dessa pessoa (digamos, por 30 dias ou mais), ela ficará mais receptiva a um contato mais direto. O segredo para chegar a ela é não parecer que você esteja pedindo um favor, mas sim sugerindo uma colaboração que leve em consideração primeiro as competências dela e, depois, as suas necessidades.

CULTIVAR RELACIONAMENTO COM INFLUENCIADOR

Depois de começar a fazer conexões com seus influenciadores-alvo, você pode se sentir mais à vontade para pedir que trabalhem juntos de diversas maneiras:

- Pedir que eles criem conteúdo em conjunto **com você.**
- Solicitar conteúdo personalizado criado exclusivamente para suas plataformas.
- Pedir aos influenciadores para compartilhar seu conteúdo nas plataformas deles.

Aqui estão alguns possíveis projetos para trabalhar com seus novos influenciadores:

1. Pedir uma citação para um artigo.
2. Solicitar para falar em uma conferência.
3. Pedir para participar ou ser convidado em um bate-papo no Twitter ou webinar.
4. Fornecer uma citação para um e-book.
5. Reunir respostas sobre um tópico específico para uma postagem em um blog colaborativo.
6. Solicitar permissão para compartilhar alguns dos conteúdos deles dentro de seus e-books ou relatórios técnicos.
7. Solicitar informações ou dados para um estudo de caso.
8. Pedir para escrever uma postagem no blog como convidado ou para ser destaque em um.
9. Incluí-los em um painel de especialistas em um evento do setor.
10. Pedir para ser convidado para um podcast.

Se nada disso funcionar para você, simplesmente comece a mencionar o influenciador em suas postagens no blog, podcasts, relatórios de pesquisa, vídeos etc. A melhor maneira de deixar os influenciadores curiosos é não pedir nada. Apenas avise que você os incluiu em seu conteúdo, se quiserem conferir. Eles costumam conferir.

ATÉ ONDE O SEU CONTEÚDO PODE IR?

Considere o ganho de escala do conteúdo que vocês criam em conjunto. Da mesma forma que você executa a sua estratégia Conteúdo S.A., o seu programa de influenciadores precisa poder ir além de uma única campanha isolada. Por exemplo:

- Considere reunir postagens mensais de convidados em e-books trimestrais.
- Se você já teve uma série de influenciadores convidados em webinars ou podcasts, reúna esse material em guias de recursos valiosos.
- Reúna uma coleção de citações ou ideias de seus influenciadores e consolide tudo em artigos de práticas recomendadas ou postagens de mesa redonda discutindo um assunto.

Nathaniel Whittemore tem um dos maiores podcasts na área de criptomoedas. A parceria com uma empresa de comunicação fez toda a diferença no crescimento de sua audiência.

Coindesk, uma das principais empresas de criptografia de mídia, estava pensando em criar uma rede de podcast ao mesmo tempo em que Whittemore lançava seu podcast diário, *The Breakdown*. As duas entidades formaram uma parceria em que a Coindesk vendia colocação de anúncios e também distribuía o programa em toda a rede Coindesk. "Para mim, a parceria significava principalmente a construção de uma distribuição maior, desde o primeiro dia", diz Whittemore.

Desde que a parceria começou, os downloads cresceram mais de 1.000% e a plataforma tem mais de 300.000 downloads mensais.

Quanto ao crescimento do podcast, Whittemore recomenda consistência e diferenciação:

> Em primeiro lugar, fazer um [podcast] diário definitivamente tem sido um diferencial para o programa, e é surpreendente para mim quantas pessoas ouvem todos os dias. Em segundo lugar, acho que os criadores de conteúdo em geral não passam tempo suficiente para descobrir exatamente sua diferenciação ou nicho. *The Breakdown* é o único podcast do seu tipo em criptografia ou macro baseado principalmente em uma pessoa falando ao microfone, sem um convidado. Nunca tenho mais de dois a três convidados por semana e são sete programas semanais; assim, entender o que o tornava diferente era muito importante.

AVALIE E OTIMIZE O PROGRAMA

Embora exija tempo e esforço da sua parte, você eventualmente chegará a um ponto com seus influenciadores em que existe um verdadeiro relacionamento. Pedir o compartilhamento de conteúdo não será mais um favor, pois você dedicou muito esforço para mostrar que realmente respeita e valoriza as contribuições deles, para além do alcance em termos de audiência. Agora é a hora de lançar mão de algum esforço na construção de relacionamento para solidificar ainda mais a sua lealdade. Por exemplo, você pode convidar os influenciadores para um evento exclusivo, pedir para fazer uma inserção sobre um novo produto ou serviço antes de qualquer outra pessoa, gerar ideias colaborativas (*crowdsource*) com eles como grupo-piloto ou enviar-lhes pequenos símbolos de apreço, como um vale-presente para um café ou notas manuscritas de agradecimento.

Essas ações farão com que eles se sintam tão valiosos e únicos quanto você já sabe que são (nunca é demais também lembrar-se de seus aniversários).

MEDIÇÃO DO PROGRAMA

Segue uma ideia de como configurar seus KPIs (*key performance indicators* - indicadores-chave de desempenho) dependendo dos objetivos que você estabeleceu no início de seu programa:

Objetivo	Possível Indicador
Consciência de marca	Tráfego na web
	Visualizações de página
	Visualizações de vídeo
	Visualizações de documento
	Downloads
	Bate-papo social
	Links de indicação
Envolvimento	Comentários no blog
	Likes, compartilhamentos, tuítes
	Encaminhamentos
	Links de entrada
Geração e alimentação de leads	Preenchimento de formulários e downloads
	Assinaturas de e-mail
	Assinaturas de blog
	Taxa de conversão
Vendas	Vendas online
	Vendas offline
	Relatórios manuais e casos
Retenção e fidelização de clientes	Percentual de conteúdo consumido pelos clientes existentes
	Taxas de retenção e renovação
Venda casada e cruzada	Vendas de novos produtos ou serviços

Independentemente do que você escolheu medir, fique atento às áreas de possível melhora, especialmente no início. Nenhum programa é perfeito, e a capacidade de desenvolver um programa de marketing de influenciadores verdadeiramente robusto exige muito tempo e esforço. Ao mostrar mais do que apenas seus sucessos superficiais, você demonstrará a reflexão que colocou por trás do desenvolvimento dessas relações de trabalho, para algo significativo para sua empresa. Nem sempre caminha desta forma e, como em qualquer outro relacionamento, isso pode significar um tipo de "dar e receber" para todos os envolvidos. Mas no final, essas vozes influentes, projetando as mensagens de sua empresa por você, sem solicitação, terão um ROI que excede em muito o dos demais programas do seu mix de marketing.

O lançamento da Riot em 2020, *Valorant*, um jogo de tiro individual, estreou em 7 de abril. Só naquele dia, atingiu 1,7 milhão de visualizações simultâneas. Desde então, o jogo estabeleceu o recorde da Twitch de 34 milhões de horas assistidas em um dia.

Veja como a Riot fez isso acontecer:

Uma plataforma. Em vez de disponibilizar os feeds do *Valorant* em todos os canais de compartilhamento, a empresa se concentrou apenas na Twitch. A Riot colocou toda a sua energia em um único canal.

Isso é exatamente o que você deve fazer com a criação e distribuição de seu conteúdo. Concentre-se primeiro em ser grande em um único canal.

Relacionamentos de longo prazo com influenciadores. A Riot Games tem se concentrado nos seus relacionamentos com influenciadores há anos. Talvez seja a coisa mais importante que a empresa faz (além de jogos). Para o lançamento, procurou influenciadores com grandes audiências e também aqueles com poucos assinantes, porém leais. A empresa não ofereceu nenhum pagamento, apenas a oportunidade de testar o jogo antes.

Muitas empresas recorrem a seus influenciadores apenas quando precisam deles. A Riot se comunica com eles de forma consistente e verdadeiramente tenta construir um relacionamento. Para a Riot, o maior nem sempre é o melhor. Ela também procura influenciadores menores.

Acesso por tempo assistindo. As pessoas que não são influenciadores tinham que entrar na Twitch e assistir a uma certa quantidade de horas do *Valorant* para conseguir uma chave beta. Meu filho assistiu por mais de 50 horas e finalmente conseguiu sua chave (não julgue!).

Isto é do meu filho: "A Riot Games fez parceria com várias centenas de streamers para que eles transmitissem o beta em caráter 'fechado' (*closed beta*) e depois de assistir por um determinado período de tempo, uma pessoa podia se tornar elegível para receber uma chave beta, embora a distribuição fosse bastante aleatória. Assim, os principais streamers continuam transmitindo esse jogo, pois os espectadores assistem para obter a chave e vice-versa: como os espectadores continuam assistindo ao jogo, os streamers permanecem transmitindo. O jogo quebrou muitos recordes e também parece relativamente restrito a alguns gamers. É muito interessante".

Que recompensa para seus melhores clientes! Aqueles que assistem mais têm acesso ao jogo. Qualquer empresa poderia fazer algo assim para assinantes fiéis.

MEU PRIMEIRO PROGRAMA DE INFLUENCIADOR

Assim como em qualquer outro programa Conteúdo S.A, eu tinha uma audiência nula quando comecei minha base, um blog chamado *Content Marketing Revolution*. Para começar a conquistar um público, comecei tentando desenvolver relacionamentos com os principais influenciadores do setor.

Para dar visibilidade a esses influenciadores, criamos uma lista que chamamos de "Top 42 Content Marketing Blogs" ["Os 42 Principais Blogs de Marketing de Conteúdo", em tradução livre]. Inicialmente, essa lista era composta de influenciadores que encontrávamos rastreando palavras-chaves (como "marketing de conteúdo") no Google Alerts, autores em publicações de negócios do setor, aqueles que falavam sobre o assunto no Twitter e outros blogueiros que simplesmente achávamos interessantes. A lista inicial, como o próprio nome indica, trazia 42 influenciadores.

RECEBENDO A ATENÇÃO DOS INFLUENCIADORES

Os influenciadores são pessoas importantes. Eles geralmente têm empregos reais e são extremamente ativos nas redes sociais, passando seu tempo compartilhando conteúdo e blogando. Entrar no radar deles não é fácil. Assim, para atrair a atenção, nós distribuímos conteúdos de presente. Fizemos isso de algumas maneiras diferentes.

Em primeiro lugar, utilizamos o método de Mídia Social 4-1-1 descrito anteriormente. Executamos esse programa por meses. Nossa equipe continuamente acrescentava e alterava nossa lista dos "principais blogueiros de marketing de conteúdo". Decidimos então que poderíamos conseguir mais visibilidade com os influenciadores se realmente os ranqueássemos e compartilhássemos os rankings com as massas. Isso foi um sucesso incrível.

Contratamos um especialista em pesquisa para elaborar uma metodologia de classificação dos principais blogueiros, analisando áreas como consistência, estilo, utilidade, originalidade e alguns outros detalhes. Então, a cada trimestre, nós publicávamos a lista, apresentávamos os 10 primeiros, enviávamos um comunicado à imprensa e fazíamos um alarde sobre o assunto. Não é preciso dizer que os 10 mais e os 42 citados adoravam a lista. Além de a maioria dos influenciadores do grupo compartilhar a lista com o próprio público, aproximadamente metade dos 42 principais influenciadores colocava a nossa ferramenta (com a classificação pessoal daquele influenciador específico) em sua página inicial, com um link para o nosso site. Assim, além de construir relacionamentos de longo prazo com esses influenciadores, estávamos também recebendo links confiáveis e tráfego.

Além da lista dos principais blogueiros, começamos a preparar grandes e-books educativos mostrando o trabalho desses influenciadores: por exemplo, o *Manual do Marketing de Conteúdo*. O manual incluía mais de 40 estudos de caso a respeito de marketing de conteúdo, com muitos vindos diretamente de nossos influenciadores. Procuramos deixar claro no manual quais exemplos vinham de cada influenciador.

Quando lançamos o manual e avisamos os influenciadores sobre a publicação, a maioria dos que apareceram em destaque no manual ansiosamente compartilhou o conteúdo com seu respectivo público. É importante observar que todas as informações que compartilhamos na publicação eram constituídas de material de "uso legítimo" e devidamente citado ou utilizado com a permissão do influenciador.

Desde então, a maioria das pessoas em nossa lista original de influenciadores tornou-se colaboradora ativa na comunidade CMI. Alguns começaram a escrever postagens em blogs, outros participavam de nossas conversas semanais no Twitter, outros se tornaram palestrantes em nossos eventos, e ainda outros passaram a escrever livros e e-books para nós. E talvez a melhor parte, metade dos nossos 10 maiores influenciadores originais são agora bons amigos meus. Não é preciso dizer que foi um sucesso incrível.

Quem disse que roubar não compensa?

RECURSOS

Entrevistas com Joe Pulizzi:
Adam Pulizzi, setembro de 2020.
Nathaniel Whittemore, outubro de 2020.

CAPÍTULO 16

SELEÇÃO DE MÍDIA SOCIAL

A mídia social não se trata de uma exploração
da tecnologia, e sim de um serviço à comunidade.
SIMON MAINWARING

> Você não tem que ser ativo em todos os canais sociais. No início, escolha os dois ou três melhores e invista recursos somente nesses.
>
> *Se você já entendeu isso, pule para o próximo capítulo.*

Por um tempo, a mídia social e a criação de conteúdo podem ter parecido intercambiáveis, mas, na verdade, são bem diferentes. Embora possa haver um pouco de sobreposição, a maneira mais fácil de pensar sobre o relacionamento deles é que o conteúdo é necessário para impulsionar a mídia social, enquanto que a mídia social é mais essencial durante dois processos fundamentais de marketing de conteúdo:

- Ouvir as pessoas em seu público para entender o que lhes interessa, para que você possa criar um conteúdo que elas considerem envolvente e relevante.
- Distribuir conteúdo de sua empresa, bem como de outros — ou seja, a abordagem Mídia Social 4-1-1.

Você realmente não pode ter um sem o outro.

Se você estiver pensando seriamente em seus esforços de distribuição em mídias sociais, é melhor começar pequeno. Analise as principais plataformas sociais utilizadas em seu nicho de mercado (Instagram, Pinterest, YouTube etc.) e veja onde ocorre a maior concentração de membros do público-alvo.

FOCO

As empresas B2B são tradicionalmente hesitantes a respeito de, por exemplo, Pinterest; no entanto, se você realmente dobrar a aposta e focar o Pinterest como uma estratégia-chave, estou absolutamente seguro de que consegue realizar esse trabalho. É apenas uma questão de onde direcionar seus melhores recursos para ter um potencial real de se envolver melhor com a comunidade.
TODD WHEATLAND, AUTOR DE MARKETING E PALESTRANTE

Escolha os canais onde você possa construir e se envolver com uma verdadeira comunidade e concentre a atenção neles. Estude o que os outros estão fazendo nesse espaço, para que você possa saber ao que as pessoas reagem mais favoravelmente. Por "outros", não me refiro à concorrência, e sim a qualquer pessoa que possa estar levando a atenção do público para longe de seu conteúdo de mídia social (por exemplo, seu grupo de influenciadores). Pergunte a si mesmo como você pode ser mais útil ou divertido do que os outros provedores de conteúdo.

TESTAR

Embora faça sentido escolher os principais canais para concentrar o foco, a paisagem está mudando rapidamente e é importante experimentar para manter os seus esforços de conteúdo de mídias sociais renovados e atuais. Como nos contou Jonathan Mildenhall, ex-diretor de marketing da Airbnb, durante o Content Marketing World: "Se você não tem espaço para cometer erros, então não tem uma maneira de crescer".

Não faz sentido começar a usar uma plataforma simplesmente porque ficou na moda ou porque seus concorrentes têm uma presença ali. Mas não deixe que o medo do fracasso o impeça de tentar algo novo. Siga essas recomendações para orientá-lo em suas decisões:

- **Não** se inscreva em uma conta sem ter um plano sobre o que você fará lá.
- **Priorize** os canais que você quer experimentar e passe um período de tempo específico para testar o que funciona e aprender com o que não funciona. Você pode descobrir algo novo a respeito de seu público, ou pode aprender que esse não é um canal prioritário para o seu negócio.
- **Menos é sempre mais.** Seja ótimo em um ou dois canais, em vez de medíocre em quatro ou cinco.

CUSTOMIZAR

Uma postagem no Facebook deve ser muito diferente de uma no Pinterest, Twitter ou LinkedIn. Para muitos criadores, no entanto, é apenas "Ora, basta enviar tudo, pois você já tem a ferramenta à disposição; portanto, clique em enviar e deixe que siga para todos os seus canais".
MICHAEL WEISS, PALESTRANTE E ESTRATEGISTA DE MARKETING DE CONTEÚDO

A maneira mais fácil de desligar os membros de sua comunidade é transmitir a mesma mensagem através de múltiplos canais. Em vez disso, determine o tipo de conteúdo que interessa aos membros de sua comunidade de uma forma que seja útil para eles. Planeje com antecedência para garantir que esteja aproveitando os seus ativos de conteúdo de várias maneiras, mas ainda se comunicando de forma diferente em seus canais de distribuição preferidos.

CANAIS SOCIAIS E OUTROS

Aqui está uma visão geral rápida e minhas recomendações para cada um dos principais canais de mídia social. Lembre-se de que você deve aproveitar a mídia social para conquistar um público, mas não terá acesso direto a ele. Esse é o domínio da plataforma, como o Facebook ou YouTube. Você deve utilizar a mídia social para, em última análise, direcionar as pessoas de volta para ofertas de conteúdo, para que possa aumentar suas listas de assinaturas de e-mail.

Na maioria dos exemplos de Conteúdo S.A., a empresa possui a base mais dois ou três canais sociais que direcionam o interesse para ela e, portanto, de volta à base. Por exemplo, Joe Rogan construiu sua base como podcast de áudio, com engajamento ativo no YouTube, Twitter e Instagram. Ele ignorou o TikTok.

Muitas plataformas de mídia social estão disponíveis. As que destaco aqui são, de longe, os exemplos globais mais importantes.

FACEBOOK

No segundo trimestre de 2020, o Facebook tinha mais de 2,7 bilhões de usuários, tornando-se a maior rede social do planeta. O Facebook é importante. Provavelmente, uma grande parte de seu público utiliza o Facebook.

Dito isso, o Facebook é minha plataforma menos favorita para a conquista de um público secundário. As superestrelas do Conteúdo S.A., Electric House (Reino Unido) e SalatTøsen (Dinamarca), conquistaram suas audiências no Facebook anos antes de ele começar a mexer em seus algoritmos. É muito mais difícil hoje.

O maior potencial está nos grupos do Facebook, que a rede tem promovido nos últimos anos. O melhor cenário pode ser o de abdicar de conquistar seu público pessoal no Facebook e, em vez disso, atrair um público ultraespecífico como um ponto de encontro para a sua comunidade.

Alessandra Torre criou o grupo Alessandra Torre Inkers no Facebook, que agora conta com mais de 11.000 membros. Mesmo uma pergunta comum no grupo recebe até 100 comentários. O grupo tem sido fundamental para Alessandra aumentar suas ofertas de treinamento online e eventos presenciais/virtuais.

TWITTER

O Twitter tornou-se a ferramenta oficial de transmissão da web. Como você faz sua história se destacar no Twitter? Aqui estão algumas dicas:

- Conte uma história através de seus tuítes. Apresente uma voz consistente para contar a história de seu setor de atividade e de sua marca. Cada postagem deve ser atraente por si só, mas certifique-se de usar uma voz consistente. Além disso, muitas pessoas contam uma história de formato mais longo através do Twitter, dividindo os tuítes (geralmente numerando-os).
- Faça uso de hashtags. Incluir de um a três hashtags relevantes em seus tuítes torna mais simples para as pessoas encontrarem

o conteúdo (por exemplo, o CMI usa #cmworld para identificar o conteúdo durante o ano inteiro).
- Use-o como um campo de testes. Tuíte seu conteúdo original e acompanhe quais itens de conteúdo obtêm mais compartilhamentos. Use essa informação para direcionar seus esforços futuros de conteúdo.
- Cubra eventos do setor. Tuíte a cobertura ao vivo de eventos para oferecer informações em tempo real para o seu público. Dessa forma, a sua marca pode atuar como os olhos e ouvidos para os indivíduos que não podem comparecer aos eventos.

Jack Butcher, da Visualize Value, dominou o Twitter em um tempo muito curto (Figura 16.1). Ele escreve continuamente na plataforma e foi recompensado por mais de 50.000 seguidores. Às vezes atinge 1 milhão de impressões com apenas um tuite. Dia sim, dia não, pessoas dizem para Jack que assinaram seu serviço pago por causa dos tuítes.

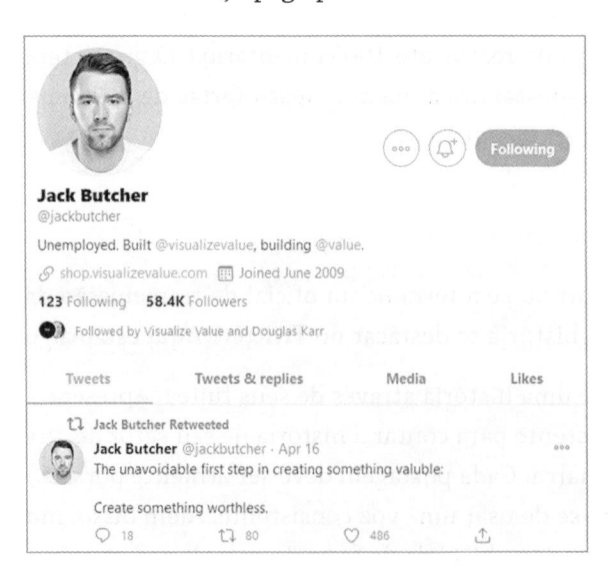

Figura 16.1 Jack Butcher conquistou um público fiel no Twitter com tuítes profundos, curtos e consistentes.

LINKEDIN

O LinkedIn tornou-se muito mais do que uma agenda de telefones da empresa. Talvez seja a plataforma mais poderosa na web em termos de publicação na área de negócios (Figura 16.2). Qualquer pessoa no LinkedIn pode publicar atualizações curtas (como as do Facebook) ou artigos completos que, se forem atraentes, têm uma grande chance de se tornarem virais (claro, dependendo dos algoritmos).

Aqui estão algumas dicas se você pretende publicar:

- Entenda que público você gostaria de atingir no LinkedIn e publique conteúdo para atrair esse público para suas ofertas de assinaturas.
- Tire o máximo proveito de seu perfil incorporando suas apresentações LinkedIn SlideShare (como o PowerPoint) e vídeos do YouTube. Faça um link para todos os seus recursos de conteúdo.
- Faça uma auditoria do perfil de sua equipe para garantir que cada funcionário esteja representando adequadamente a empresa.

Os grupos no LinkedIn ainda são muito atraentes, mas caíram para um distante segundo lugar atrás das inovações dos grupos no Facebook.

Figura 16.2 Desde que comecei a publicar no LinkedIn, aumentei meus seguidores em mais de 200.000.

INSTAGRAM

O Instagram é o principal site de mídia social de compartilhamento de imagens, com mais de 1 bilhão de usuários. A plataforma original foi lançada como um site de compartilhamento de fotos, mas ao adicionar o Instagram Stories em 2016, a empresa turbinou a plataforma. De acordo com a Hootsuite, o Instagram Stories é "uma foto ou imagem em formato visual de tela inteira que desaparece depois de 24 horas, tendo como modelo o Snapchat, que não aparece no feed de notícias do Instagram. Isso significa que os usuários podem postar de forma rápida e fácil para seus seguidores sem se preocupar em sobrecarregá-los". Segundo o Instagram, 500.000 pessoas utilizam o Instagram Stories todos os dias.

Além disso, o Instagram lançou recentemente o Reels, especificamente para competir com o TikTok. O Reels dá aos usuários a possibilidade de criar vídeos curtos de 15 a 30 segundos, com música.

Quinn Tempest desenvolveu um negócio incrível de ensino e consultoria voltado para mulheres empreendedoras no Instagram (Figura 16.3). "Elas procuram inspiração e educação. [Eu utilizo o Instagram para] além de inspirá-las e de promover o impulso e aprofundar no porquê e no propósito, dar-lhes táticas e ensino, bem como as mudanças de mentalidade que precisam incorporar a fim de criar seu propósito. Eu faço uma série chamada Tip Tuesday toda semana, onde dou pequenas dicas educativas".

Quinn tem pouco mais de 10.000 seguidores no Instagram e demonstra que você não precisa de um grande público para ter sucesso com o Conteúdo S.A.

Figura 16.3 Quinn Tempest ganhou seguidores leais em um curto período de tempo através de postagens consistentes e focadas no Instagram.

PINTEREST

O Pinterest é um site extremamente popular de compartilhamento de fotos com mais de 330 milhões de usuários. Ele permite que você gerencie ativamente suas próprias fotos, além de compartilhar imagens e vídeos de outras pessoas. As imagens postadas são chamadas de "pins", e atualmente existem mais de 200 bilhões de pins na plataforma. Ele tem sido extremamente popular no espaço de varejo (mulheres de 25 a 34 anos de idade representam o maior grupo do público) e começou a crescer em outras áreas ao longo dos últimos anos. Interessado em ver se o Pinterest pode funcionar para você? Aqui vão algumas ideias que podem ajudar:

- **Faça postagens de vídeos, não apenas imagens.** Os vídeos são poderosos (e podem ser pins). Se você possui um grande

repertório de conteúdo de vídeo, utilize o Pinterest para direcionar o tráfego de volta para seu site ou canal do YouTube.
- **Mostre aos seus clientes um pouco de amor.** Fortaleça relacionamentos, destaque histórias de sucesso e promova mais tráfego criando um quadro que mostre as realizações de seus clientes. É uma ótima maneira de ilustrar o seu trabalho sem arrogância. Lembre-se de aproveitar suas hashtags ao fazer isso.
- **Compartilhe sua lista de leitura.** Compartilhe recomendações de livros que sejam relevantes para o seu público a fim de estabelecer um vínculo mais forte. Aproveitar os livros que você realmente leu ajuda a demonstrar o compromisso de sua marca com a melhoria constante.
- **Mostre a personalidade de sua empresa.** Em vez de uma imagem isolada de produto ou uma foto da equipe posando, mostre seu produto ou equipe em ação para uma imagem com mais personalidade. As cenas de ação ajudam as pessoas de seu público a se imaginarem como clientes.

Kristen Bor, fundadora do *Bearfoot Theory*, diz que depois do Google, o Pinterest direciona o segundo maior tráfego para seu site (Figura 16.4). "Certificamo-nos de ter uma imagem bonita do Pinterest em cada postagem no blog, renovada periodicamente. Acabamos de fazer uma reformulação completa da marca em nosso site. Agora estamos voltando e fazendo novas imagens no Pinterest para muitos de nossos conteúdos populares".

Figura 16.4 O Pinterest é uma ferramenta de mídia social extremamente poderosa, que a maioria dos empreendedores ignora.

YOUTUBE

Eu coloquei o YouTube aqui porque ele é de fato uma rede de mídia social, mas acredito que as melhores oportunidades no YouTube são como plataforma, conforme vimos nos casos de Matthew Patrick e Ann Reardon. Se você optar por compartilhar conteúdo no YouTube fora do modelo de plataforma, considere o seguinte:

- O YouTube é o mecanismo de busca número dois no mundo, de modo que desenvolver conteúdo especificamente para encontrabilidade na busca é algo com o qual você precisa se preocupar.
- Seja qual for o conteúdo que você decida publicar no YouTube, faça-o de forma consistente, exatamente como faria em qualquer outra plataforma. A maioria das empresas publica sem qualquer programação específica, o que nunca funciona na conquista de um público.

Ao procurar por possíveis palestrantes para o nosso evento Content Marketing World em 2016, deparei-me com a plataforma no YouTube do comediante Michael Jr. Senti-me imediatamente atraído por sua comédia, que tem como foco descobrir o propósito de sua vida por meio de histórias engraçadas.

"Utilizamos a comédia para ajudar as pessoas a entender que mesmo seus reveses na vida podem ser usados como parte do plano geral, para que possam entregar o que foram chamadas a fazer", diz Michael. Como ele apresenta isso online? Através do YouTube (Figura 16.5).

Michael começou um programa de comédia no YouTube chamado *Break Time* em 2015. Em seguida, diversificou as ofertas do canal incluindo vídeos curtos de stand-up ("How to Turn on an Apple Computer" e "How to Erase a Whiteboard"), postagens de seu podcast *Off the Cuff*, e postagens de uma série regular chamada *I Was Wondering*, cada um com a própria seção exclusiva na sua página do YouTube. Ao todo, Michael aumentou seu canal no YouTube para quase 200.000 inscritos.

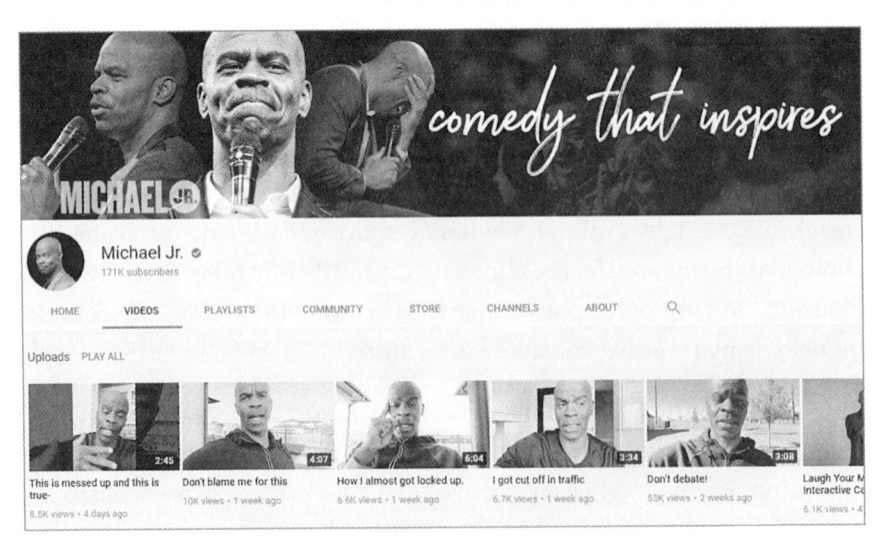

Figura 16.5 As postagens curtas e simples de Michael Jr. no YouTube lhe renderam mais de 170.000 inscritos.

Michael Jr. agora está pensando grande com seu filme, *Selfie Dad*, e com seu curso online de comédia chamado Funny How Life Works. A atuação de Michael Jr. no YouTube tornou isso possível.

MEDIUM

Em 2012, um dos fundadores do Twitter, Evan Williams, lançou um site de publicação chamado Medium. O objetivo do Medium é que pessoas em qualquer lugar possam compartilhar seus pontos de vista com os outros de uma forma significativa. Este é, talvez, o melhor lugar para criar conteúdo e receber contínuo feedback da comunidade dentro do próprio conteúdo.

O Medium mostra uma tendência interessante em torno do número de formadores de opinião que fazem repostagens de seus blogs ou boletins informativos eletrônicos no site. Por exemplo, o professor Scott Galloway, da NYU Stern School of Business, tem um boletim informativo eletrônico por e-mail muito popular chamado *No Mercy No Malice*. A cada semana, além de enviar o e-mail aos assinantes, ele faz uma postagem no Medium, obtendo facilmente mais de 300 reações por vez. Isso direciona o tráfego de volta à seção de assinatura do boletim informativo por e-mail de Galloway ou a seu podcast.

O vlogger Tom Kuegler usa o Medium como principal plataforma, publicando uma postagem de blog educativo na plataforma todos os dias. Ele tem postado de forma consistente por três anos e agora tem quase 50.000 seguidores, o que lhe permite se sustentar financeiramente (Figura 16.6).

Figura 16.6 Tom Kuegler se dedicou ao Medium e está sendo recompensado.

O Medium percebeu o número de formadores de opinião repostando seus boletins informativos por e-mail. O site lançou recentemente o próprio serviço de boletim informativo por e-mail diretamente da plataforma, tornando-se uma ferramenta de mídia social verdadeiramente poderosa.

SNAPCHAT

O Snapchat, com mais de 200 milhões de usuários ativos diariamente, ganhou popularidade originalmente entre os usuários mais jovens, devido ao seu funcionamento de chat/compartilhamento de fotos em que as mensagens ficam disponíveis somente por um curto período de tempo (mais tarde copiado pelo Instagram Stories). Inicialmente, o Snapchat focava comunicações pessoa a pessoa, mas desde então criou uma área Discovery na qual indivíduos, marcas e grandes editores podem criar conteúdos curtos.

Em janeiro de 2020, 90% dos usuários do Snapchat tinham entre 13 e 24 anos de idade; assim, se você tem como alvo adolescentes e jovens adultos, deve pensar no Snapchat como uma plataforma. O empreendedor em série Gary Vaynerchuk conquistou muitos seguidores no Snapchat falando sobre empreendedorismo para jovens adultos. Poucos meses antes da publicação deste livro, meu filho adolescente me perguntou se eu sabia quem era Garyvee (já fui palestrante em algumas das mesmas conferências em que Vaynerchuk participou). Aparentemente, meu filho havia assistido aos vídeos curtos de Garyvee no Snapchat e se tornou seguidor.

TIKTOK

Com aproximadamente 1 bilhão de usuários (pouco mais de 100 milhões nos Estados Unidos), o TikTok é uma das plataformas de crescimento mais rápido do planeta. O TikTok começou principalmente como uma plataforma de compartilhamento de vídeos de formato curto voltada para usuários mais jovens, mas nos últimos anos tem reunido usuários de todas as idades. Em 2020, porém, cerca de 80% dos usuários tinham 39 anos de idade ou menos.

Marcus Bridgewater, que atende pelo nome de "Garden Marcus" no TikTok, conquistou uma base de 700.000 seguidores apenas postando sobre como cuidar de plantas usando compaixão e atenção plena (*mindfulness*). Em pouco mais de um ano, Garden Marcus teve em média 50.000 visualizações de vídeo por postagem e angariou vários contratos de patrocínio, como "Mindfulness with Marcus" patrocinado por Greatist.

Inicialmente, a maioria das celebridades do TikTok eram estrelas do Instagram diversificando para a plataforma TikTok. Hoje você pode se tornar uma sensação viral diretamente no TikTok, devido ao algoritmo próprio. Ao contrário dos algoritmos de outras plataformas, a rubrica no TikTok parece se preocupar apenas com o conteúdo de qualidade; assim, mesmo que você tenha somente alguns poucos seguidores, seu conteúdo pode se espalhar rapidamente se for bom.

TWITCH

A Twitch, adquirida pela Amazon em 2014, é uma plataforma de transmissão ao vivo voltada para videogames. Em fevereiro de 2020, havia aproximadamente 4 milhões de emissores de vídeos (*broadcasters*) e 140 milhões de usuários no total na plataforma.

O usuário médio da Twitch assiste a 95 minutos por dia. Se você é um gamer que está construindo sua plataforma Conteúdo S.A., a Twitch é o lugar para estar.

Tyler Blevins, também conhecido como Ninja, tornou-se uma celebridade do Twitch ao transmitir ao vivo seu jogo no popular videogame *Fortnite*. Segundo a CNBC, seus mais de 15 milhões de seguidores ajudam-no a ganhar aproximadamente US$15 milhões por ano.

O segredo para o sucesso da Twitch parece girar em torno do foco em um jogo e transmitir de forma consistente todos ou quase todos os dias. Os recém-chegados alcançaram grande sucesso na Twitch ao fazer streaming imediatamente após o lançamento de um novo jogo (como *Valorant*) ou uma nova versão de um jogo existente (como *NBA2K*). Quem não tem seguidores pode aos poucos conquistá-los ao se tornar um membro ativo do canal de uma celebridade da Twitch.

REDDIT

Embora o Reddit pareça um site de mídia social, funciona de maneira muito diferente. Com 430 milhões de usuários (é maior que o Twitter e o Pinterest), a plataforma é constituída dos chamados *subreddits*. Um subreddit é uma comunidade dedicada a um tópico individual. A plataforma contém mais de 2 milhões de subreddits diferentes.

Há poucos usuários casuais no Reddit. Meus colegas e amigos que utilizam a plataforma são extremamente ativos em um ou vários reddits. Em muitos casos, é seu site número um para notícias e informações sobre um determinado tópico. Por exemplo, se você é um instrutor de fitness, pode se tornar um especialista em /r/fitness ou em mais subreddits de nicho, como r/StrongLifts5x5. O segredo? Você precisa ser um verdadeiro especialista e não pode vender diretamente. Os usuários do Reddit são implacáveis e podem sentir o cheiro de um papo de vendedor a quilômetros de distância.

SLACK E DISCORD

Estou incluindo o Slack e o Discord porque eles podem ser formas secundárias e poderosas de construir uma plataforma. O Slack é um hub de colaboração/mensagem pago com mais de 12 milhões de usuários. Muitas empresas, como o Medical Marcom Group de Joe Hage, se afastaram dos grupos do LinkedIn e do Facebook para criar um ambiente melhor para uma experiência do usuário mais satisfatória.

O Discord pode ser pensado como um Slack para gamers. Para os modelos Conteúdo S.A. voltados para jogos, faria todo o sentido aproveitar a Twitch como plataforma principal e o Discord como plataforma secundária, para criar uma experiência de grupo privado. O Discord é a plataforma que meus dois filhos adolescentes mais utilizam para jogos. Um filho usa para discussões sobre o jogo *Valorant*; o outro usa para ter discussões do *Minecraft* e facilitar grupos de trabalho de codificação.

ÁUDIO SOCIAL E CLUBHOUSE

A comunidade de áudio social Clubhouse entrou em cena em 2020 e pegou fogo no início de 2021. O Clubhouse é um aplicativo de mídia social gratuito, baseado em voz, em que os usuários podem descobrir tópicos e salas com apenas áudio por meio de um iPhone. Assemelha-se a ir para um evento presencial, onde você pode participar de qualquer sessão que quiser e, se for interessante, até mesmo fazer perguntas ou ser solicitado a apresentar.

O espaço de áudio social está ficando rapidamente lotado. O Twitter já desenvolveu um concorrente de áudio para o Clubhouse chamado Spaces, enquanto o Facebook também trabalha atualmente em um concorrente.

Tenho utilizado o Clubhouse para promover partes deste livro, abordando diversos capítulos e mantendo discussões. Em cada oportunidade, mais de 100 pessoas participaram. Fiquei agradavelmente surpreso.

Dependendo do público que você está visando, o Clubhouse pode ser uma opção, especialmente se estiver procurando a vantagem de ser o pioneiro em uma plataforma social.

PRINCIPAIS ELEMENTOS DE UM PLANO DE CONTEÚDO DE MÍDIAS SOCIAIS

Conforme já mencionei, para obter melhores resultados você precisa de um plano dedicado para cada canal no qual pretende distribuir conteúdo de mídia social. Só porque você **pode** compartilhar algo em todos os canais, não significa que deva. Para começar, pode ser útil observar como e onde a maioria dos profissionais de marketing em seu setor distribui conteúdo.

Para criar um plano básico de mídia social, responda as seguintes perguntas para cada canal em que estiver pensando.

QUAL É O OBJETIVO DESTE CANAL?

Você precisa de um motivo para estar em cada canal que escolhe. "Para ganhar seguidores" não é um motivo viável, por si só, ao contrário de "ganhar seguidores no Facebook para direcionar tráfego de volta para o nosso site a fim de conseguir assinantes". A parte importante aqui é que o seu conteúdo no canal serve como um método para incentivar os visitantes a dar o próximo passo em seu processo Conteúdo S.A. — ou seja, convertê-los de seguidores no Facebook para visitantes do site, assinantes de e-mail, participantes de eventos ou qualquer outra forma que você monetize a plataforma.

QUAL É A AÇÃO DESEJADA?

Semelhante ao ponto acima, imagine o que você quer que alguém faça em cada canal. Compartilhar? Comentar? Visitar o seu site? Inscrever-se para algo?

QUAL É O TIPO ESPECÍFICO DE CONTEÚDO QUE O PÚBLICO QUER OBTER NESTE CANAL?

Personalize o conteúdo distribuído em cada canal. Considere quais mensagens são apropriadas para cada canal e crie uma mensagem que você acha que possa estar em sintonia com este público específico. Pense no tipo de necessidade de informação que as pessoas neste canal têm e como você pode ajudar. Publicará principalmente texto, imagens ou vídeo?

QUAL É O TOM CORRETO PARA ESTE CANAL?

Enquanto você pensa nos tópicos e formatos de conteúdo em cada canal, é fundamental determinar qual deve ser o tom geral para o canal. Amigável? Divertido? Coloquial? Profissional?

QUAL É A VELOCIDADE IDEAL?

Uma ideia inteligente é entender com que frequência você quer publicar conteúdo em cada canal. Quantas postagens você quer publicar por dia ou semana? Que hora do dia é melhor? Você terá ritmos diferentes dependendo se estiver enviando ou respondendo tuítes, atualizando seu status no Facebook ou publicando vídeos no YouTube. Cada empresa é diferente, de modo que você precisa dedicar algum tempo determinando a programação que provavelmente funciona melhor para você e seus clientes.

Deixe seus objetivos ditarem as decisões que você toma em relação ao conteúdo de mídia social. Por exemplo, se o objetivo de seu plano Conteúdo S.A. for aumentar a base de assinantes de e-mail, será que realmente faz sentido publicar todas as postagens no Facebook e no Twitter? Que motivo teriam os leitores para assinar o seu programa de e-mail se podem obter a mesma informação nos canais sociais que já visitam regularmente? Pense no que Jack Butcher faz aproveitando o Twitter. Ele posta citações e imagens incrivelmente interessantes várias vezes ao dia no Twitter. Os seguidores, então, verificam seu trabalho adicional diretamente no site.

Pense em como você pode ajustar e adaptar o conteúdo compartilhado em suas redes sociais, na medida em que ele se aplica tanto aos seus objetivos para o canal quanto aos objetivos comerciais em geral.

UM ALERTA

A versão anterior deste livro incluía várias seções sobre o Google+, plataforma de mídia social do Google que não existe mais. Tenha em mente que uma rede social pode ser vendida, alterar sua missão ou ir à falência a qualquer momento (veja o MySpace). Aproveite a plataforma de sua escolha, mas lembre-se também de que a plataforma pode não estar mais disponível daqui a um ano ou pode mudar suas regras ao longo do caminho. No final de 2020, TikTok, uma empresa chinesa, lutou com os Estados Unidos em várias ocasiões e quase foi fechada para sempre. No início de 2021, o Facebook baniu todas as empresas de mídia de seu aplicativo na Austrália. Os benefícios podem estar lá, mas preste atenção às armadilhas.

RECURSOS

Cooper, Paige, "How to Use Instagram Stories to Build Your Audience", Hootsuite, consultado em 12 de outubro de 2020, https://blog.hootsuite.com/how-to-use--instagram-stories/.

"How to Use Newsletters", Medium, consultado em 12 de outubro de 2020, https://help.medium.com/hc/en-us/articles/115004682167-How-to-use-Newsletters.

Entrevista com Michael Jr. por Clare McDermott, agosto de 2020.

Iqbal, Mansoor, "Twitch Revenue and Usage Stats", BusinessofApps, consultado em 12 de outubro de 2020, https://www.businessofapps.com/data/twitch-statistics/.

Issawi, Danya, "How Plants Help People Grow", *New York Times*, consultado em 12 de outubro de 2020, https://www.nytimes.com/2020/08/18/style/self-care/self-care-plants-garden-marcus-tiktok.html.

Lin, Ying, "10 Reddit Statistics", *Oberlo*, consultado em 12 de outubro de 2020, https://www.oberlo.com/blog/reddit-statistics.

"Number of Active Monthly Facebook Users", Statista, consultado em 12 de outubro de 2020, https://www.statista.com/statistics/264810/number-of-monthly-active-facebook-users-worldwide/

Sehl, Katie, "28 Pinterest Statistics Marketers Should Know in 2020", Hootsuite, consultado em 12 de outubro de 2020, https://blog.hootsuite.com/pinterest-statistics-for-business/.

Tillman, Maggie, "What Is Snapchat, How Does It Work and What's the Point?", Pocketlint, consultado em 12 de outubro de 2020,

https://www.pocket-lint.com/apps/news/snapchat/131313-what-is-snapchat-how--does-it-work-and-what-is-it-used-for.

PARTE 6

RECEITA

Vou contar-lhe o segredo para ficar rico em Wall Street.
Você tenta ser ganancioso quando os outros estão com medo.
E você tenta ficar com medo quando os outros são gananciosos.
WARREN BUFFETT

Você criou um relacionamento com um público fiel.
Agora é chegado o momento de colher os frutos.

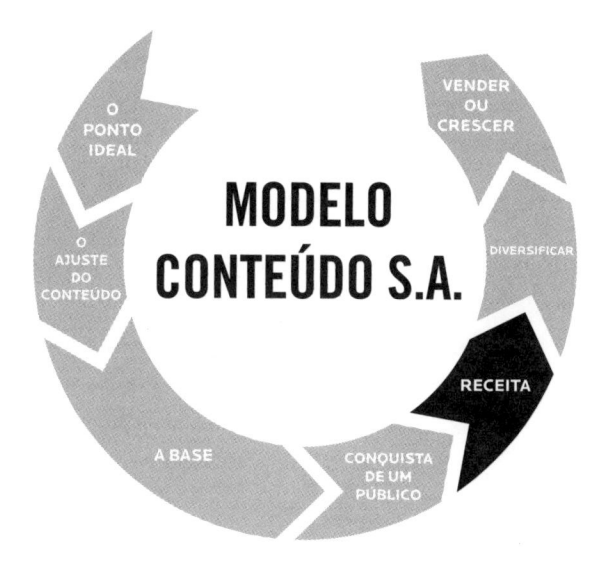

MODELO CONTEÚDO S.A.

- O PONTO IDEAL
- VENDER OU CRESCER
- DIVERSIFICAR
- RECEITA
- CONQUISTA DE UM PÚBLICO
- A BASE
- O AJUSTE DO CONTEÚDO

CAPÍTULO 17

MONETIZAÇÃO DE SOBREVIVÊNCIA

Madame, eu não duvido que o bife passou do ponto, mas a senhora tinha que comer tudo antes de reclamar?
DAN, DO FILME *A HORA DO RANGO*

> Levará algum tempo para encontrar o modelo certo de monetização para o seu negócio. Enquanto isso, comece a experimentar diferentes maneiras de ganhar dinheiro com seu ativo de conteúdo.
>
> *Se você já entendeu isso, pule para o próximo capítulo.*

Segundo o fundador da Copyblogger, Brian Clark, os modelos Conteúdo S.A. podem monetizar quando chegam à sua MVA, ou audiência mínima viável. Diz ele: "Uma MVA é o ponto em que o seu público começa a crescer por si só através de compartilhamento social e boca a boca. Ainda melhor, é também o ponto em que você começa a receber o feedback que lhe diz quais produtos ou serviços o seu público realmente quer comprar".

As empresas Conteúdo S.A. de sucesso não esperam simplesmente chegar ao ponto de MVA ou ao número específico de assinantes para então decidir vender um produto. Ao longo do caminho, esses empreendedores habilidosos utilizam o pensamento criativo para sustentar o modelo de negócio enquanto ele está se desenvolvendo.

Como você já sabe agora, os modelos Conteúdo S.A. levam tempo. Dito isso, você e sua família precisam de dinheiro para pagar as contas. Este capítulo revela como superei os tempos difíceis e comecei a monetizar a nossa audiência.

EM BUSCA DE DINHEIRO

Quando lancei meu negócio Conteúdo S.A., eu não tinha uma fonte de renda sustentável. Enquanto construíamos o negócio, fiz paralelamente trabalhos de consultoria para empresas de mídia e associações.

Uma associação em especial, uma pequena organização sem fins lucrativos voltada para engenheiros mecânicos, precisava desenvolver estratégias para gerar novas fontes de receita a partir de sua carteira de publicações. A receita de publicidade de suas revistas estava lentamente se deteriorando. Ao mesmo tempo, a associação tinha grandes desafios tentando aumentar a receita digital a partir da venda de banners e botões online. Além disso, havia o medo da associação de que sem o aumento de vendas, um grande corte de pessoal estaria em estudo.

Após algumas horas analisando as informações de mídia da organização e entrevistando suas equipes de vendas e de marketing, constatei quatro problemas fundamentais:

- Os vendedores estavam acostumados e focados na venda de publicidade impressa. A venda de produtos online era algo completamente estranho para eles.
- Os principais anunciantes da associação estavam apenas começando a experimentar a publicidade de compra online.
- A associação não tinha estratégia de vendas digital. Os vendedores estavam despreparados.
- O tráfego no site ainda era incipiente. Era um grande desafio vender produtos digitais, pois o site da associação não tinha visualizações suficientes do conteúdo (ainda).

Parecia um longo caminho a percorrer. Normalmente isso não seria um problema, mas meu contato disse que simplesmente não tínhamos o tempo necessário para aguardar que o tráfego aumentasse. Precisávamos de novas receitas agora para sobreviver.

Desse desespero, desenvolvemos o modelo do espaço de mídia limitado.

Se você entende um pouco da vida de um vendedor de publicidade impressa, sempre existe espaço disponível. Você pode sempre acrescentar outra diagramação (mais páginas) a uma revista para acomodar um anúncio. A editora da revista irá de bom grado acrescentar mais páginas se novas receitas estiverem a caminho. Certamente, temos metas de vendas e quantidade de páginas prevista, mas podemos sempre vender mais anúncios.

Os vendedores estavam vendendo exatamente assim no digital. Eles vendiam disponibilidade de espaço ilimitado para um grupo finito de leitores online, e ninguém comprava.

Desenvolvemos um novo modelo de espaço de mídia limitado que era aproximadamente o seguinte:

- Não chamávamos isso de publicidade.
  Chamávamos de patrocínio.
- Limitamos o número de patrocinadores disponíveis por mês, de ilimitado (em teoria) para seis patrocinadores.

- Os logos dos patrocinadores eram colocados na parte inferior de cada página e os patrocinadores foram listados como "Parceiros da Associação".
- A cada patrocinador foi atribuído um anúncio digital que era promovido para um sexto de todos os visitantes do site.
- Aumentamos significativamente o custo dos patrocínios, em relação ao custo anterior de exibição de publicidade.
- Oferecemos exclusividade na categoria por um aumento de 50% no investimento.

No início, os membros da equipe de vendas detestaram a ideia. Eles acreditavam que a limitação dos produtos que poderiam vender iria prejudicar a sua remuneração. Além disso, não gostaram do conceito "seis patrocinadores" porque poderia excluir alguns anunciantes e, se isso acontecesse, a associação poderia ter a credibilidade atingida por não ser aberta a todos os apoiadores.

Felizmente (ou não), não tínhamos escolha. Tínhamos menos de três meses para dar a volta por cima, ou as pessoas perderiam seus empregos.

Na semana seguinte, enviamos um e-mail simultaneamente para a lista de todos os possíveis anunciantes explicando a oportunidade. Depois de enviar o e-mail, o pessoal de vendas telefonava para seus melhores clientes e falava sobre as oportunidades, basicamente dizendo "Quando acabar, acabou, mas eu quero dar-lhe em primeira mão a notícia sobre essa oportunidade".

Em uma semana, tivemos confirmações para os seis meses seguintes. Sim, vendemos todo o espaço. Do ponto de vista de faturamento, foi um aumento de 500% na receita digital em relação ao ano anterior.

A partir daquele momento, todos os produtos digitais foram vendidos nessa base de espaço limitado, incluindo webinars, e-books e patrocínios de artigos técnicos e listagens de serviços especializados.

O MODELO BENFEITOR

Por que essa história é relevante? Como já discutimos anteriormente, o modelo Conteúdo S.A., por girar em torno de informações que se repetem ano a ano, demanda tempo e paciência para funcionar. Caso esteja em uma situação semelhante à que eu estava, você provavelmente precisa de uma fonte de renda até conquistar o seu público e encontrar o seu produto final.

Esta é a posição em que eu me encontrava apenas alguns meses depois desse contrato de consultoria com a associação.

Minha esposa, uma excelente assistente social, deixou seu emprego alguns anos antes de eu iniciar o negócio, para ficar em casa com nossos dois bebês (hoje adolescentes). Nós precisávamos de uma renda para sobreviver. Claro que cortamos ao máximo as despesas, mas ainda tínhamos uma hipoteca, as prestações do carro e dois filhos para alimentar. A consultoria teria funcionado bem por si só, mas como estávamos investindo muito em nosso futuro produto (um serviço de marketing de conteúdo), não havia o suficiente para o sustento da família. Em 2009, levando tudo isso em conta, estávamos perdendo dinheiro.

O principal serviço não crescia no ritmo previsto, pois o modelo financeiro não estava funcionando. Quanto mais eu examinava o modelo, mais negativos meus pensamentos ficavam. Após várias conversas com minha esposa, fiquei muito perto de encerrar o negócio e procurar um emprego.

Foi quando me lembrei do modelo de espaço de mídia limitado.

MUDANDO O EIXO

Depois de semanas pensando em dobrar a aposta ou pular do barco, voltei a analisar o público que havíamos conquistado através de nosso blog (a base).

- Quais eram os maiores pontos problemáticos?
- O que as pessoas pediam para comprar?
- Havia alguma fruta madura em oportunidades de receita que não estávamos vendo?

A maioria das pessoas em nosso público pedia treinamento e ferramentas para ajudá-las a ter sucesso no marketing de conteúdo. Não era de admirar que estivéssemos tendo muitos pedidos de consultoria e palestras. A necessidade das pessoas não era selecionar fornecedores; era aprendizagem. Essa constatação foi um divisor de águas!

Decidimos mudar o modelo de receita para patrocínio e eventos. O problema: precisávamos de receita já.

Entra nosso modelo de espaço de mídia limitado: o pacote benfeitor. Comecei imediatamente a telefonar e a enviar e-mails para nossos melhores apoiadores, oferecendo-lhes a oportunidade de financiar nosso novo direcionamento. Isso incluía oportunidades para apenas dez empresas, onde cada "benfeitor" receberia 10% da promoção de nosso site e a oportunidade de incluir conteúdo no site (conteúdo patrocinado aprovado).

Em poucas semanas vendemos tudo. Essa estratégia nos permitiu financiar o modelo e continuar avançando. No ano seguinte entramos na lista Inc. 500 como uma das 500 empresas de crescimento mais rápido na América do Norte, segundo a revista *Inc*.

GERAÇÃO DE RECEITA ATÉ O PRODUTO SER IDENTIFICADO

Se você for como a maioria dos empreendedores Conteúdo S.A., precisa identificar oportunidades de receita ao longo do processo para conseguir pagar as contas. O CMI fez isso usando o modelo benfeitor. A Escola de Fotografia Digital fez isso através de vendas de afiliados. O *Game Theory* fez isso através de publicidade no YouTube. A Electric House fez isso produzindo conteúdo personalizado. A Copyblogger fez isso através de royalties de vendas de produtos de parceiros.

Hoje todas essas companhias são empresas de milhões de dólares crescendo a algumas das taxas mais rápidas do mercado.

No próximo capítulo, examinaremos todas as oportunidades para você desenvolver e vender produtos na plataforma. Até chegar a esse ponto, pense criativamente sobre como continuar pagando as contas, da mesma forma que outros empreendedores bem-sucedidos do Conteúdo S.A.

QUANDO DEVO COMEÇAR A MONETIZAR A PLATAFORMA?

Eu me encontro regularmente com empreendedores, e eles costumam perguntar quando devem começar a monetizar seus produtos ou serviços. Minha resposta é sempre a seguinte: "Hoje!"

Para que o Conteúdo S.A. funcione, você não precisa passar por todas as quatro primeiras etapas e depois pensar na receita. Você precisa pensar em como ganhar dinheiro desde o primeiro dia da plataforma. Para o CMI funcionar, vendi o sonho do que ele viria a ser para os nossos patrocinadores. Foi essa receita que nos permitiu construir a plataforma.

Ardath Albee, autora de vários livros, incluindo *Digital Relevance*, acredita que o melhor lugar para começar uma abordagem de conteúdo é com seus relacionamentos mais importantes. O mesmo se aplica ao seu modelo de monetização do Conteúdo S.A. Se estiver trabalhando corretamente os canais de influenciadores, essas mesmas pessoas devem ser as primeiras opções para localizar oportunidades de receita.

RECURSO

Albee, Ardath, *Digital Relevance*, Palgrave Macmillan, 2015.

CAPÍTULO 18

CONSTRUÇÃO DO MODELO DE RECEITA

Um homem de sucesso é aquele que consegue assentar uma fundação sólida com os tijolos que jogaram nele.
DAVID BRINKLEY

Alguns dos melhores modelos de Conteúdo S.A. usam várias maneiras de ganhar dinheiro com seu público. Aqui estão dez para você escolher.

Se você já entendeu isso, pule para o próximo capítulo.

Segundo a revista *Entrepreneur*, a maioria das pessoas ganha dinheiro de poucas maneiras diferentes. Os indivíduos que recebem salário de uma empresa geralmente têm uma ou, talvez, duas fontes de renda (seu salário e possivelmente uma conta de investimento). Talvez você conheça muitas pessoas nessa situação. Elas vão para o mesmo emprego todos os dias, trabalham para pagar suas contas e não têm muitas sobras para poupança ou investimento após cada mês.

Os milionários, por sua vez, possuem várias fontes de receita entrando, seja através de várias empresas (e múltiplos produtos e serviços dentro dessas empresas), transações imobiliárias, inúmeros investimentos ou outras formas.

Este é exatamente o tipo de pensamento que cerca os empreendedores que se dedicam a uma estratégia Conteúdo S.A.

O músico, youtuber e exemplo de Conteúdo S.A. Rob Scallon descreve isso da seguinte maneira: "Estou sempre tentando pensar em novas formas de diversificar e ter mais fontes de receita. Minha banda recentemente teve uma canção licenciada para um anúncio nacional na televisão, o que foi realmente emocionante. Eu adoraria fazer [mais] licenciamento. Eu adoraria fazer merchandising também... há toda uma série de fontes de receita diferentes em torno de meu canal do YouTube que efetivamente aproveito e com a qual fico muito animado".

Sendo um empreendedor em um ambiente de startup ou executando um programa de Conteúdo S.A. para uma grande organização, você deve sempre pensar em quantas formas pode monetizar o ativo de conteúdo que está consistentemente criando.

ONDAS DE RECEITA

Doug Kessler, um dos fundadores da Velocity Partners, discute "ondas" em um programa de conteúdo. Em sua maioria, os profissionais de marketing medem os programas de conteúdo pelo aumento de vendas, redução de custos ou criação de mais clientes fiéis. Estes são os objetivos óbvios, com seus indicadores associados. Mas Kessler acredita que pode haver um indicador mais importante, aquele que chamou de "ondas".

As ondas são os benefícios inesperados que surgem de uma abordagem Conteúdo S.A., como um convite para falar em um evento, alguém divulgando a sua experiência ou outros benefícios imprevistos de se tornar um dos principais especialistas em seu campo.

Quando se trata de receitas para o seu programa Conteúdo S.A., tudo são ondas. Quando iniciamos uma abordagem Conteúdo S.A., o mais provável é que estejamos inseguros sobre quais seriam as possibilidades de receitas. Por exemplo, a River Pools & Spas não tinha ideia de que a sua linha de receitas do Conteúdo S.A. seria através de fabricação. Matthew Patrick não imaginou que o YouTube iria chamá-lo por seu conhecimento.

Precisamos passar pelo processo para chegar lá, mas quando o fazemos, os benefícios são imensos.

POR QUE MAIS DE UMA

Não há nada de errado em ter uma ou duas fontes de receita, mas isso pode causar grandes problemas se algo der errado.

> E **algo sempre dá errado**. E então, há o cobre, que é o único cano que uso. Ele custa dinheiro. Custa dinheiro porque economiza dinheiro.
> DO FILME *FEITIÇO DA LUA*

As empresas mais inovadoras do mundo, como Amazon, Disney e Google, têm seis ou mais fontes de receita.

É quase impossível criar seis ou mais canais de receita sem um público crescente e vibrante de assinantes. Agora é a hora de começar a preparar o seu modelo de negócios para subir de nível.

ESTUDO DE CASO: CHEF MICHAEL SYMON

Michael Symon talvez seja o chefe de cozinha celebridade mais conhecido de Cleveland, Ohio. A jornada empreendedora de Michael começou de uma maneira bastante comum (para um proprietário de restaurante) com um restaurante em Cleveland e um em Nova York. Ele estava crescendo lentamente, acrescentando mais restaurantes, mas quando Michael apareceu no *Iron Chef America,* tudo mudou. A partir daí ele passou a ser continuamente convidado por programas do canal de televisão norte-americano Food Network, culminando com uma participação importante no *The Chew*, um programa de entrevistas diário da rede ABC.

Michael agora é visto por milhões de pessoas por dia em vários programas, mas o fundamental é que ele converteu isso em uma audiência de mais de 1 milhão de fãs nas mídias sociais em apenas poucos anos.

O negócio de restaurantes de Michael está prosperando, incluindo o lançamento de pontos de encontro como o Bar Symon e lanchonetes incríveis como o B Spot. Hoje Michael está envolvido em dezenas de restaurantes lucrativos, mas suas atividades auxiliares é que são mais dignas de nota. Michael construiu uma plataforma a partir da qual ele agora extrai receitas adicionais, incluindo:

- Livros: *Michael Symon Live to Cook, The Chew: What's for Dinner?, Michael Symon's Fix It with Food* e *Michael Symon's Playing with Fire.*
- Licenciamento de itens alimentícios especiais em vários aeroportos e espaços desportivos.
- Aparições pagas, incluindo como Iron Chef no canal televisivo Food Network, e em seu próprio programa, *Burgers, Brew & 'Que.*
- Sua própria marca de facas especiais.

A lista continua. O que funciona para o Chef Symon e outras celebridades que construíram uma plataforma Conteúdo S.A. é extrair várias fontes de receita a partir do conteúdo. Um modelo de negócios com falta de visão olharia apenas para a atenção adicional para gerar mais vendas nos restaurantes. Michael Symon conquistou seu público e gerou dezenas de maneiras diferentes de ganhar dinheiro.

EXEMPLOS DE RECEITAS NO CONTEÚDO S.A.

Aqui estão alguns exemplos de Conteúdo S.A. e como monetizam seu público.

Michelle Phan, a estrela da maquiagem do YouTube (mais de 1 bilhão de visualizações), gera receita a partir de:

- Royalties de publicidade no YouTube.
- Royalties de livros.
- Aparições pagas.
- Selo musical que lançou, chamado Shift Music Group.
- Assinatura de um serviço de beleza que fundou chamado "Ipsy" (lançado em 2017).
- Uma empresa startup que fundou chamada Thematic, especializada em licenciamento de música.

Andy Schneider, o Chicken Whisperer, monetiza sua plataforma por meio de:

- Patrocínios de eventos.
- Assinaturas pagas de revista.
- Anunciantes na revista.
- Patrocinadores de podcast.
- Aparições pagas.
- Royalties do livro.
- Patrocinadores do site.

Daren Rowse, da Escola de Fotografia Digital, promove o crescimento de sua plataforma com:

- Programas de afiliados (royalties pagos de promoção no site).
- E-books e tutoriais comprados.
- Programas pagos de treinamento online.
- Um quadro de empregos.
- Publicidade online.

POR TRÁS DAS CORTINAS: CONTENT MARKETING INSTITUTE

Em 2010 lançamos oficialmente o Content Marketing Institute como uma organização de ensino e treinamento para profissionais de marketing corporativos, com foco em marketing de conteúdo. Naquele primeiro ano geramos pouco menos de US$60.000 em receita total (não lucro, apenas receita). Em 2016, as receitas do CMI eram superiores a US$10 milhões, com uma saudável margem de lucro líquido de 25%. Minha esposa e eu vendemos a empresa naquele mesmo ano (mais sobre isso na sequência).

O modelo em si era muito simples: conquistamos um público fiel de profissionais de marketing, passando de alguns milhares em 2010 para mais de 200.000 (em 2015) e monetizamos esses relacionamentos de dezenas de maneiras diferentes.

Dividimos a receita em três grupos diferentes: eventos, digital e insights.

Observação: eu saí oficialmente do CMI no final de 2017, e minhas informações estavam atualizadas na época. No momento em que este livro foi escrito, o CMI continuava sendo uma comunidade robusta e em crescimento, mas eu já não dispunha mais de conhecimento sobre as operações diárias.

EVENTOS

A maior e mais lucrativa parte do modelo de receitas do CMI eram os eventos presenciais.

Content Marketing World

O Content Marketing World, nosso principal evento, atraía 4.000 delegados de 70 países a Cleveland todo mês de setembro. O evento oferecia 100 sessões individuais aos participantes da conferência, bem como um grande salão de exposição mostrando as mais recentes tecnologias de marketing de conteúdo.

O participante pagava em média US$1.295 para participar na principal conferência. Cerca de 25% dos participantes compravam passes de acesso total, o que lhes dava direito a dois workshops e vídeos de todas as apresentações. Isso custava cerca de US$2.500. Os patrocinadores investiam em média aproximadamente US$15.000 em um estande ou outra opção de patrocínio, gastando entre alguns milhares de dólares e US$100.000. Cerca de 70% da receita total do evento vinha dos participantes, com o restante 30% vindo dos patrocinadores. O Content Marketing World gerava uma margem bruta superior a 40%.

Outros eventos

O CMI fazia também uma série de outros eventos menores, desde workshops em Nova York a eventos de tecnologia de conteúdo em São Francisco.

DIGITAL

Benfeitores

O patrocínio "benfeitor" foi o primeiro gerador de receitas do CMI (veja o capítulo anterior). Era uma combinação de publicidade, patrocínio e conteúdo para empresas que queriam atingir o público-alvo do CMI por meio do site, que atraía substancialmente mais de 1 milhão de visitantes todos os anos. No primeiro ano, cobramos US$15.000 por um patrocínio anual. Alguns anos depois, cobramos US$40.000 e limitamos a oportunidade a dez patrocinadores por ano.

O patrocínio do benfeitor incluía:

- Possibilidade de criar postagens educacionais no blog do CMI online (com aprovação da equipe editorial do CMI).
- 12 meses de publicidade com exibição de banner online (10% de todas as impressões de anunciantes por meio de uma unidade criativa 250 x 250).
- Inclusão de anúncios em boletins informativos eletrônicos semanais do CMI e alertas diários no blog (mínimo de 40 por ano).
- Colocação da marca no rodapé de cada página do site do CMI.
- Prioridade em parcerias e oportunidades especiais.

Podcast

Em 2013, o CMI lançou o podcast *The Old Marketing*, no qual Robert Rose e eu comentávamos as notícias de marketing da semana. Roubamos o formato do show do programa *Pardon the Interruption* da ESPN.

Naquele primeiro mês geramos 1.000 downloads. Passados quatro anos, estávamos gerando aproximadamente 100.000 downloads por mês.

Cada episódio tinha um patrocinador principal, que submetia um conteúdo educativo para Robert e eu discutirmos e promovermos. A receita mensal variava de US$6.000 a US$10.000 (às vezes, o CMI tinha dois patrocinadores por episódio).

Aluguel de lista de e-mail

Muitos dos assinantes de boletins informativos por e-mail opt-in do CMI também assinavam para receber mensagens de parceiros relevantes. Todas as quintas-feiras, um parceiro comprava a lista de e-mail do CMI para promover um relatório técnico, e-book ou alguma outra informação valiosa para os profissionais de marketing. O CMI entregava isso em nome do parceiro e cobrava cerca de US$300 por mil endereços.

Webinars

Todo mês o CMI produzia três webinars educativos patrocinados para o público do CMI. Cada webinar atraía entre 500 e 1.000 inscrições, das quais aproximadamente 40% compareciam ao evento ao vivo. O CMI trabalhava com cada patrocinador para garantir que o conteúdo do webinar estivesse alinhado com as necessidades dos participantes, bem como com os objetivos do patrocinador. O patrocínio médio do webinar custava US$19.000.

Evento virtual

O CMI produzia um evento virtual gratuito ao vivo chamado ContentTECH, onde o destaque estava nas últimas novidades em tecnologia de marketing de conteúdo. O ContentTECH tinha 4.000 participantes registrados e 12 patrocinadores, trazendo mais de US$100.000 em receita total.

INSIGHTS

Treinamento online

O CMI lançou um programa de treinamento online em 2015 especificamente para fornecer ensino e treinamento para profissionais de marketing que não podiam comparecer a um dos eventos presenciais do CMI. A Universidade CMI abria inscrições quatro vezes por ano (matrícula em curso semestral a cada trimestre), requerendo um investimento anual de US$995 por pessoa. Além disso, o CMI vendia pacotes corporativos para empresas que queriam oferecer cursos de atualização para todos os funcionários de seus departamentos de marketing.

Serviços de consultoria

Embora o CMI fornecesse conteúdo educativo todos os dias, algumas empresas solicitavam uma abordagem prática. O CMI trabalhou com empresas como AT&T, Petco, Fundação Gates, Capital Group, Citrix, SAS, Dell, Adobe, Abbott e outras em sessões de treinamento personalizado. Essas sessões de consultoria presencial custavam entre US$15.000 e US$45.000 por contrato, dependendo do escopo.

Pesquisa

Mais sites se linkavam às pesquisas originais do CMI do que a qualquer outra coisa que o CMI já produziu. Em 2010, o CMI fez parceria com o MarketingProfs para criar e distribuir um estudo de referência anual, com pesquisas de campo no mês de junho de cada ano. Nós lançávamos os resultados iniciais durante o Content Marketing World (setembro) de cada ano e, depois, lançávamos sub-relatórios nos 12 meses seguintes, incluindo B2B, B2C, organizações sem fins lucrativos, empresas, pequenos negócios, indústrias e muito mais.

Cada relatório se tornava um e-book de 40 páginas e era patrocinado por um parceiro do CMI por aproximadamente US$15.000 por relatório. Além disso, o CMI produzia pequenos projetos de pesquisa para marcas líderes em que questionávamos o público do CMI e depois elaborávamos e distribuíamos o relatório. Esses relatórios patrocinados custavam de US$20.000 a US$40.000 por projeto.

CONTENT MARKETING AWARDS (PRÊMIOS)

Em 2014, o CMI adquiriu o programa Magnum Opus Awards e rebatizou-o de Content Marketing Awards. Mais de 400 organizações submetiam mais de 1.200 inscrições para 100 jurados voluntários em mais de 75 categorias de marketing de conteúdo. O programa gerou aproximadamente US$400.000 em receita total, bem como inúmeras oportunidades de criação de conteúdo e uma visão incrível do setor.

Resumindo, o Content Marketing Institute conseguiu monetizar seu público fiel de várias maneiras, com uma grande taxa de crescimento. Ao mesmo tempo, cada iniciativa contribuía para a comercialização de outras ofertas lucrativas do CMI. Os webinars promoviam os eventos presenciais, os eventos presenciais promoviam os prêmios etc. O CMI acreditava que, uma vez que um público fiel fosse criado e estimulado, quase qualquer produto ou serviço relevante poderia, em teoria, ser lançado como um empreendimento lucrativo, desde que o CMI continuasse a cumprir sua promessa aos leitores.

OPÇÕES DE RECEITA

Depois de desenvolver um público fiel, você pode se concentrar em maneiras de monetizar esse público. Como mostra a Figura 18.1, existem dez fontes distintas de receita: seis fontes diretas e quatro fontes indiretas.

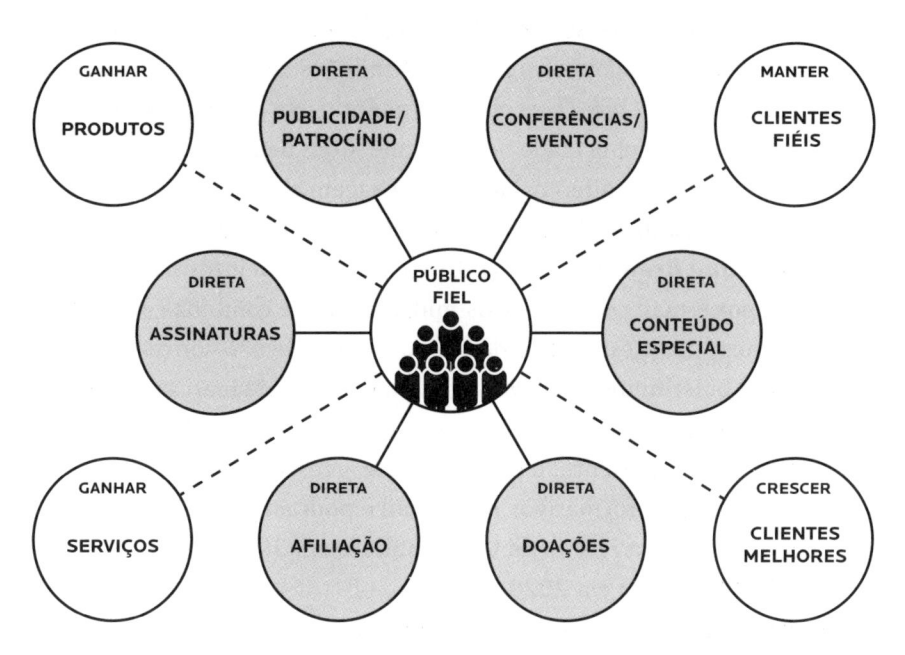

Figura 18.1 Existem dez maneiras diferentes de um modelo Conteúdo S.A. gerar receita.

OPÇÕES DE RECEITA DIRETA

Os seis métodos pelos quais as empresas podem gerar receitas diretamente a partir do público incluem: publicidade/patrocínio, conferências e eventos, ofertas de conteúdos especiais, doações, vendas de afiliação e assinaturas.

Publicidade/Patrocínio

O método mais popular de gerar receitas diretas é por meio de publicidade e programas de patrocínio — empresas dispostas a pagar pelo acesso direto ao seu público.

Publicidade tradicional — testada pelo tempo, a publicidade tradicional ainda funciona muito bem.

- **How to Cook That.** Ann Reardon, a rainha da culinária do YouTube que agora tem mais de 4 milhões de inscritos em seu canal *How to Cook That*, obtém a maior parte de suas receitas de royalties de publicidade no YouTube. Com bem poucos recursos, Ann conseguiu diferenciar sua mensagem concentrando-se no que ela chama de "criações de alimentos impossíveis".
- **Morning Brew.** O *Morning Brew* é um boletim informativo diário por e-mail criado para os millennials que combina conteúdo de negócios e estilo de vida com uma atitude não convencional. Cada boletim informativo inclui publicidade de marcas com base no conteúdo, escrita no mesmo estilo do boletim informativo. Desde o lançamento, o *Morning Brew* acrescentou uma série de boletins informativos por e-mail e podcasts segmentados, aumentando a receita de US$3 milhões em 2018 para mais de US$20 milhões em 2020.
- **Patrocínio.** Enquanto uma publicidade geralmente envolve a interrupção da experiência do usuário com a promoção de um produto ou conteúdo, o patrocínio implica na inserção de um conteúdo, geralmente por uma empresa. As vantagens dos patrocínios incluem obter leads (por meio de um download patrocinado) e/ou alcançar o reconhecimento de marca (patrocinando um podcast ou programa de televisão).
- **Content Marketing Institute.** O CMI preferiu um modelo de patrocínio a um modelo de publicidade para a maioria de seus produtos. Isso incluiu relatórios de pesquisa patrocinados, e-books e webinars.
- **Media Voices.** O *Media Voices*, com sede no Reino Unido, começou como um podcast semanal concebido para editores em 2016. Depois de ser lançado a aproximadamente US$600 por patrocínio, o modelo evoluiu e hoje cobra cerca de US$3.000 por patrocínio.

Conferências e Eventos

Segundo a pesquisa CMI/MarketingProfs, aproximadamente sete em cada dez empresas criam e gerenciam os próprios eventos. Alguns são pequenas reuniões de clientes, enquanto outros são eventos de grande escala com salas de exposição e sessões simultâneas. As receitas são principalmente geradas por meio de inscrições de eventos pagos ou patrocínios, como festas ou espaço de exposição.

- **The Chicken Whisperer.** Andy Schneider promoveu o crescimento da plataforma Chicken Whisperer acrescentando um livro, uma revista (com mais de 60.000 assinantes) e um programa de rádio, que já está sendo transmitido há mais de sete anos com mais de 20.000 assinantes semanais. Mas os programas itinerantes patrocinados representam uma parte essencial de seu mix de receitas.
- **Inkers Con.** Depois de lançar vários livros best-sellers e um popular curso de treinamento em publicação de livros, Alessandra Torre criou o evento Inkers Con Authors Conference. "Se conseguir passar pelo primeiro ano, o segundo ano [é] muito mais fácil. Cometemos todos os nossos erros no primeiro ano e ainda acabou sendo um evento fantástico", diz Torre. A conferência presencial de 2019 vendeu 400 ingressos, enquanto o evento virtual de 2020 vendeu 750 ingressos a US$245 por pessoa.
- **Lennox Live.** Lennox é um dos maiores fabricantes de equipamento de aquecimento e ar-condicionado do mundo. Todos os anos, o evento atrai os principais empreiteiros e distribuidores dos Estados Unidos, oferecendo aulas de tecnologia, marketing e práticas comerciais. Os parceiros expositores incluem empresas como Honeywell, Cintas e Fluke. A Lennox gera receita diretamente das taxas de inscrição, bem como de mais de uma dúzia de parceiros de fabricação e serviços.

Conteúdo Especial

Pacotes de conteúdos especiais vêm em várias formas, incluindo produtos de conteúdo direto para venda e oportunidades de conteúdo licenciado.

Produtos de Conteúdo

- **Escola de Fotografia Digital (Digital Photography School — DPS).** Darren Rowse lançou a DPS como principal fonte para fotógrafos iniciantes, mostrando-lhes como podem tirar o máximo proveito de suas habilidades para fotografar. A DPS gera milhões de dólares por ano desenvolvendo livros especiais e relatórios especializados para venda direta. As vendas de conteúdos especiais da DPS tornaram-se essenciais para a estratégia de monetização da empresa.
- **BuzzFeed (Tasty).** Uma das maneiras do BuzzFeed monetizar é através de livros de receitas personalizadas. BuzzFeed lançou *Tasty: The Cookbook,* um livro impresso que os compradores podem personalizar de acordo com seus gostos. Apenas algumas semanas após o lançamento inicial, o BuzzFeed vendeu mais de 100.000 exemplares do livro de receitas.
- **Marketing Showrunners.** Jay Acunzo lançou o Marketing Showrunners como uma empresa de mídia e ensino. Os workshops digitais de curta duração representam um de seus produtos geradores de receita de maior sucesso. Essas aulas de oito semanas requerem de quatro a seis horas de tempo por aluno. Os alunos pagam US$1.500 pelo curso, que inclui:

    - Uma sessão de estratégia pessoal e individual com Jay.
    - Discussões ao vivo com podcasters, criadores e profissionais de marketing de primeira linha para aprofundar habilidades e tópicos específicos, tais como desenvolvimento de premissas, técnica de entrevista e produção de programas narrativos.
    - Reforço em horário de expediente para trabalhar dificuldades específicas com Jay.

Para Jay, não se trata de quantos, mas como os programas repercutem. Em 2020, 100% dos negócios de Jay vieram de pessoas que ouviram antes o seu programa — e ele nunca teve mais de 300 downloads por episódio.

Conteúdo Licenciado — o licenciamento de conteúdo ocorre quando sites de terceiros pagam uma taxa para publicar o conteúdo original criado.

- **Red Bull**. O "Content Pool" da Red Bull contém milhares de vídeos, fotografias e músicas cujos direitos podem ser adquiridos diretamente por empresas de mídia e produtores de conteúdo.
- **Scott Adams**. O criador de *Dilbert* é agora um multimilionário que obtém receitas através de livros narrados e escritos, além de histórias em quadrinhos. Adams começou licenciando a popular tirinha em quadrinhos *Dilbert* para jornais e sites de todo o mundo.

Doações

Geralmente, as doações para subsidiar a publicação de uma entidade funcionam melhor para organizações sem fins lucrativos e de causas sociais.

- **Pro Publica.** A Pro Publica é uma organização sem fins lucrativos que utiliza seus recursos para desenvolver jornalismo investigativo. Fundada por Paul Steiger, ex-editor-chefe do *Wall Street Journal*, a Pro Publica emprega mais de 50 jornalistas e recebeu seu principal financiamento da Sandler Corporation, que se comprometeu a financiá-la por vários anos no lançamento da empresa. A Pro Publica também aceita doações mensais de qualquer pessoa que acredite na causa da organização.
- **Mother Jones.** Do mesmo modo que a Pro Publica, a *Mother Jones* recebe a maioria dos recursos através de doações diretas dos leitores (Figura 18.2) e inclui uma chamada à ação no final de cada artigo.
- **Cards Against Humanity.** Em 2013, o game card veiculou um anúncio "Give Cards Against Humanity US$5 Sale", no qual pedia ao público 5 dólares em troca de absolutamente nada. Eles ganharam mais de US$70.000 sem vender nada.

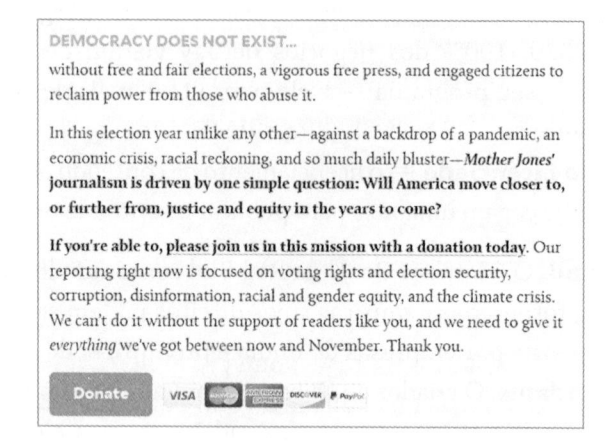

Figura 18.2 A *Mother Jones* obtém a maior parte de suas receitas através de doações diretas.

Microfinanciamento

- **Kickstarter/Go Fund Me.** O oficial aposentado do exército dos Estados Unidos, Brian Stehle, sonhava em escrever um livro infantil, mas necessitava de fundos para pagar os custos iniciais de produção. Brian recorreu ao Kickstarter, pedindo a amigos e familiares que doassem os US$4.200 dos custos iniciais. Brian levou apenas alguns dias para atingir seu objetivo. Agora o seu livro infantil natalino, *One Day Off*, é uma realidade.
- **Creator Coins e NFTs.** O Creator Coins permite ao criador de conteúdo construir uma economia por meio de sua rede de contatos. Empresas como Rally.io e Roll (tryoll.com) cunham uma moeda na rede Ethereum (ERC-20) e depois dão acesso ao proprietário para compartilhar a moeda com sua comunidade. Já tivemos grande sucesso com isso, cunhando nossa própria moeda ($TILT) no Rally.io (https://rally.io/creator/TILT/). Recompensamos os membros da comunidade quando compartilham nosso conteúdo ou e-mails e, em troca, oferecemos conteúdos e vantagens exclusivos.

Relacionado com isso, os NFTs (tokens não fungíveis) decolaram em 2021. Artistas agora vendem versões exclusivas de seu conteúdo (veja SuperRare e MakersPlace) e músicos (como Kings of Leon) vendem capas de álbuns e kits para fãs.

Vendas de Afiliação

Produtos — Vendas de Afiliação

- ***Entrepreneurs On Fire (EOF)***. *EOF* é a popular série de podcast dirigida por John Lee Dumas. John promove várias empresas que pagam uma taxa de afiliado a John por clique ou pela venda real do produto. *EOF* publica receitas e lucros todos os meses. Sua receita de afiliados em agosto de 2020 foi de US$21.557.

A receita de afiliados funciona assim: se você clicar no meu link de afiliado e fizer uma inscrição ou assinatura para os produtos e serviços que recomendo, então eu recebo uma comissão.

A discriminação da receita de afiliados para a *EOF* em agosto de 2020 foi a seguinte:

Recursos para Empreendedores: US$13.703
- Áudios: US$102
- Funis de Cliques: US$13.395
- Referências de coaching: US$148 (envie-me um e-mail apresentando um mentor para negócios online em geral ou um mentor focado em podcast)
- ConvertKit: US$58

Cursos para Empreendedores: US$6.820
- Projeto de Agente de Conhecimento, por Tony Robbins: US$3.761
- Criação de Cursos Incríveis Online, por DSG: US$97
- Esmague-o com Desafios, por Pedro Adão: US$2.962

Recursos para Podcasters: US$536
- Podcasting Press: US$73
- Splasheo: US$198
- Libsyn: US$210 (use o código promocional FIRE pelo restante do mês e no próximo será gratuito)
- UDemy Podcasting Course: US$55

Outros Recursos: US$498
- Amazon Associates: US$116
- Outros: US$382

- **The Wirecutter.** The Wirecutter, o guia de produtos, foi adquirido pelo *New York Times* em 2016 por US$30 milhões. O site ganha um pouco de dinheiro cada vez que vende um produto recomendado em suas páginas. Essas ofertas vão se somando. Em 2015, o site gerou mais de US$150 milhões em receitas de afiliados.
- **BuzzFeed.** De acordo com o *Wall Street Journal*, o BuzzFeed arrecadou mais de US$300 milhões em 2019 somente a partir de links afiliados.

Assinaturas

As assinaturas diferem do conteúdo especial, já que as assinaturas, pagas pelo consumidor, prometem entregar conteúdo durante um período de tempo (geralmente um ano).

- **Copyblogger.** Depois de vender sua divisão de produtos de software, Brian Clark concentrou a receita da Copyblogger em ensino e treinamento, criando a Copyblogger Pro, um programa de adesão anual que inclui treinamento básico, curso avançado de marketing com especialistas e coaching contínuo cobrando US$495 por ano.
- **Agency Management Institute.** O proprietário Drew McLellan tem uma série de impulsionadores de receitas para seu negócio,

incluindo patrocínios e eventos. O eixo principal é uma taxa de adesão anual em que os proprietários de agências têm a oportunidade de se encontrar com outros proprietários de agências em reuniões privadas ao longo do ano. Há vários níveis de adesão, com o mais elevado custando US$3.000 por ano.

- **The Hub.** Lançando o site inicialmente como um grupo de Facebook no Reino Unido, Laura Moore e Laura Davis criaram o The Hub, um site de associados para gestores de mídias sociais. "Nós pretendíamos ter 50 membros nos primeiros três meses, mas ultrapassamos 100", diz Moore. Completaram o primeiro ano como site de associados com aproximadamente US$300.000 de renda.
- **Nathan Tankas.** Nathan começou a construir seus seguidores online em 2015, mas sempre tentou encontrar um emprego tradicional. Recentemente ajustou o conteúdo para cobrir a mecânica monetária. Quando encontrou várias perguntas sem resposta sobre o assunto, Nathan lançou um boletim informativo por e-mail (chamado *Notes on the Crisis*) durante a crise da Covid-19, totalizando 450 assinaturas a US$1.000 por assinante. Ele acredita que pode ganhar outros US$20.000 com projetos de palestras e relatórios.
- **Substack.** O Substack é um provedor de boletins informativos por e-mail, inicialmente uma ferramenta gratuita para escritores conquistarem um público. Quando o escritor conquista um público, o Substack permite que ele venda assinaturas pagas (das quais o Substack recebe uma porcentagem). O Twitter comprou recentemente um serviço semelhante ao Substack, chamado Revue.
  - Josh Sternberg, ex-editor de mídia e tecnologia da *Adweek*, perdeu seu emprego durante a recessão provocada pela Covid-19. Pouco depois, Josh lançou um boletim informativo por e-mail cobrindo o setor de mídia (chamado *Media Nut*) através do Substack. Em um curto período de tempo, Josh

conquistou um público fiel e crescente. Ele também se preparou para gerar receita.
- Emily Atkin cobra US$8 por mês (US$75 por ano) por seu boletim informativo sobre ciências climáticas, *Heated*.
- Jacob Cohen Donnelly lançou *A Media Operator* em agosto de 2019, cobrindo o negócio de mídia. Ele cobra US$100 por ano por uma assinatura.

Os concorrentes do Substack incluem Campaignzee (da Mailchimp), Patreon, Buy Me a Coffee e Revue (comprado pelo Twitter).

OPÇÕES DE RECEITA INDIRETA

Enquanto as opções de receitas diretas têm sido tradicionalmente consideradas como parte do modelo de empresa de mídia, as receitas indiretas se enquadram na abordagem conhecida como marketing de conteúdo. Isso significa que você não ganha dinheiro **diretamente** com o conteúdo, mas com o efeito do conteúdo ao longo do tempo.

Receita Vencedora

A receita vencedora inclui criar e distribuir conteúdo com o objetivo de vender produtos ou serviços específicos.

Produtos

- **Chili Klaus.** Claus Pilgaard, também conhecido como Chili Klaus, é uma das celebridades mais conhecidas da Dinamarca, tudo por causa da maneira extraordinária como fala sobre pimenta. Os vídeos de Claus no YouTube receberam milhões de visualizações, incluindo um em que Claus rege a Orquestra Nacional de Câmara da Dinamarca tocando "Tango Jalouise" enquanto come as pimentas mais quentes do mundo. Esse vídeo sozinho teve mais de 5 milhões de visualizações.

  A partir disso, Claus lançou um conjunto de produtos de sucesso sob a marca "Chili Klaus", incluindo chips apimentados, molho de pimenta, doces com pimenta e dezenas de outros produtos.

- **Indium Corporation.** A Indium, uma indústria mundial com sede no norte do estado de Nova York, desenvolve e fabrica materiais usados principalmente na indústria de montagem eletrônica. Essencialmente, a empresa desenvolve materiais de soldagem que impedem que os componentes eletrônicos se soltem
  Rick Short, diretor de comunicações de marketing da Indium, sabia que os funcionários da empresa tinham mais conhecimento sobre equipamento de solda industrial do que qualquer outra empresa do mundo. Isso faz sentido. Soldagem é a área de conhecimento em que a Indium fabrica a maioria de seus produtos. A Indium acreditava que se publicasse seu conhecimento regularmente, atrairia novos clientes e teria oportunidades para vender mais produtos. Hoje o blog da Indium, *From One Engineer to Another*, é o principal impulsionador de vendas de novos produtos da empresa.
- **Missouri Star Quilt Company.** Jenny Doan é uma das fundadoras do Missouri Star Quilt Company, uma loja de colchas em Hamilton que afirma possuir a maior seleção de tecidos pré-cortados do mundo. Para estimular as vendas em queda, Jenny criou vídeos tutoriais sobre acolchoados para postar no YouTube. Os vídeos geraram novo tráfego para o site da loja, obtendo uma média de 2.000 vendas online por dia e tornando-a a maior fornecedora mundial de tecidos pré-cortados.
- **The Boutique Hub.** A canadense Ashley Alderson transformou o The Boutique Hub no principal recurso digital para donos de butiques. Em 2017, ela criou o The Boutique Awards, que explodiu em popularidade. A empresa atende agora todos os 50 estados americanos, Canadá e Austrália com seu programa de prêmios.
- **MrBeast.** Depois de desenvolver um dos canais do YouTube de maior sucesso na história com mais de 50 milhões de assinantes, MrBeast (também conhecido como Jimmy Donaldson) lançou o MrBeast Burger em mais de 300 locais simultaneamente.

ESTUDO DE CASO: SLIKHAAR

Foi em 2009 que os irmãos gêmeos Emil e Rasmus Vilain Albrechtsen compartilharam o objetivo comum de criar um negócio online. Na época eles eram estudantes universitários em Aarhus, Dinamarca. Emil estudava marketing e vendas internacionais, enquanto Rasmus se dedicava à gestão de marketing e empreendedorismo.

Ambos se interessavam por penteados e viram potencial na venda online de produtos para cabeleireiros. Logo lançaram sua loja online em dinamarquês, que rapidamente se expandiu para o domínio internacional slikhaarshop.com. Mas eles tinham ambições que iam além de uma simples loja online — queriam criar a própria marca de estilista de penteados quando chegasse a hora certa.

Emil lembra:

> Três meses depois de abrirmos a nossa loja, tivemos algumas vendas, mas também percebemos que não nos diferenciamos das outras lojas online. Tivemos de mudar para uma abordagem mais criativa. Rasmus criou um vídeo usando sua webcam MacBook. A gravação tinha reflexo, o som era ruim, mas era autêntico. Lançamos o Slikhaar TV no YouTube e colocamos o vídeo ali. Tivemos muitas visualizações gratuitas do YouTube na época e logo começamos a ver comentários internacionais.

Esse foi o primeiro passo na jornada do Slikhaar TV para o que hoje soma mais de 350 milhões de visualizações de vídeo e 2,1 milhões de inscritos. Levou de 10 a 20 vídeos para os irmãos perceberem que os vídeos realmente repercutiam. A quantidade de feedback de todo o mundo motivou os irmãos a criarem mais vídeos. Para Emil e Rasmus, o YouTube não era apenas um canal de vídeo, mas também um mecanismo de busca; assim, nos primeiros anos eles se concentraram em vídeos de "como fazer". Fizeram experiências até encontrar o formato que gerasse mais visualizações.

Os irmãos terminaram seus estudos e avaliaram o empreendimento. Eles estavam indo bem e queriam continuar. Alugaram uma loja na principal rua de pedestres em Aarhus, a segunda maior cidade da Dinamarca, transformando o imóvel em um salão de beleza e escritório. Isso lhes deu o palco perfeito para a produção de conteúdo, além de um fluxo de receita adicional de cabeleireiro. Contrataram cabeleireiros talentosos que não apenas cortariam o cabelo dos clientes, como também participariam de novos conteúdos de vídeo. Os irmãos priorizaram a produção de conteúdo sobre o corte de cabelo e chamaram o salão de Slikhaar Studio.

O Slikhaar TV foi bem recebido. Isso foi em 2012, quando a crise financeira ainda estava muito viva e movimentos ousados de jovens empreendedores não eram notícia do dia a dia.

A partir de então, a produção de conteúdo evoluiu e o público passou a fazer parte do processo. Emil e Rasmus incluíram cada vez mais a comunidade, pedindo que os espectadores lhes dissessem quais assuntos gostariam de ver abordado. O feedback deu-lhes ideias para o plano editorial. Munidos de sugestões do público, montaram uma lista dos cortes de cabelo mais desejados, encontraram uma modelo de cabelo e fizeram um corte com um dos cabeleireiros do estúdio.

Emil destaca que o segredo é determinar o que funciona:

> Não sou um grande fã de públicos-alvo. Dependendo de onde você está no mundo, algumas pessoas gostam de cortes de cabelo como os de jogadores de futebol, outros como os de um ator de Bollywood ou de uma estrela do K-pop. Nós olhamos para o feedback dos usuários quando planejamos nossos vídeos, mas também observamos coisas como os assuntos do momento (*trending topics*) e a qualidade da versão em miniatura de imagens (*thumbnails*). Quando publicamos um vídeo do "Corte de Cabelo de Cristiano Ronaldo", estamos enfrentando muita concorrência. O algoritmo do YouTube analisará a taxa de cliques para cada um dos vídeos, entre muitos outros detalhes. Hoje, o jogo do conteúdo é muito mais sobre conhecer o algoritmo e descobrir o que funciona; assim, passamos muito tempo analisando e experimentando.

Emil relembra os primeiros anos no YouTube, quando havia menos competição. O YouTube oferecia alcance orgânico e um número enorme de visualizações. Mas os irmãos sabiam que não podiam contar com o YouTube como seu único canal. Eles adicionaram o Facebook ao seu mix de mídia, mas foi somente em 2014, quando a rede social realmente começou a focar vídeos, que ela passou a receber toda a atenção de Slikhaar. Hoje a empresa tem 2,3 milhões de fãs no Facebook e diversificou para o Instagram.

Emil explica:

> Aumentar a audiência no Facebook foi divertido enquanto durou.
>
> Agora é como se tivéssemos uma loja em uma rua muito movimentada e, de repente, um desvio se abre e o trânsito vai para outro lugar. As visualizações orgânicas estão diminuindo para quase zero, de modo que ter o mix correto é fundamental, e ele muda o tempo todo. As oportunidades ainda existem se você estiver ligado. O Instagram Reels parece muito promissor, e estivemos entre as primeiras marcas a ter acesso ao Instagram TV para vídeos mais longos. As plataformas de tecnologia querem promover seus novos produtos; portanto, há muitas vantagens no pioneirismo que precisamos buscar, pois nosso público está lá.

Evoluir não é fácil. O panorama da mídia social continua mudando. Acompanhar isso requer uma abordagem experimental, em que você testa novos formatos enquanto continua a desenvolver aquilo no que é bom. Por exemplo, o Slikhaar poderia ter feito mais no TikTok, mas os irmãos acreditam que o Instagram funciona melhor para a empresa deles. Os dias de exposição gratuita acabaram. Hoje você tem que pagar por um alcance maior. Por experimentar diferentes plataformas e algoritmos, o Slikhaar não define metas para o número de seguidores em cada canal.

Hoje, o Instagram Stories e o Snapchat fazem parte do mix de marketing do Slikhaar. O mesmo ocorre com o marketing por e-mail, que é usado principalmente para manter em contato com os clientes.

Quando a audiência do Slikhaar TV ultrapassou 100.000 inscritos, os irmãos estavam trabalhando com várias marcas de cuidados com os cabelos para expandir seus negócios. Seus vídeos os ajudaram a aumentar a demanda e eles estabeleceram bons contratos de revenda com muitas marcas. Estavam de olho em uma marca específica que aparecia muito em seus vídeos. Após construir uma rede de distribuidores e participar de uma grande exposição em Londres, porém, eles perceberam que as coisas não estavam tão amigáveis quanto pareciam. A marca tinha uma mensagem clara para os irmãos: fiquem longe do Reino Unido.

Lembrando o que aconteceu e como lidaram com isso, diz Emil:

> Gastamos muito dinheiro, tempo e energia nisso. A marca era a mais exposta em nossos vídeos, e então fomos tratados desse jeito. Nós pensamos: "Podemos armar uma briga ou podemos seguir nosso sonho desde o início e desenvolver nossos próprios produtos". Escolhemos esta última opção e logo encontramos um produtor local com quem trabalhamos para construir nossa própria marca de produtos para cabelos e penteados, By Vilain.

O primeiro produto ficou pronto para venda na loja online cerca de nove meses depois. Isso teve um grande impacto nos negócios. Em vez de direcionar demanda para centenas de marcas e obter uma pequena margem quando alguém fazia uma compra em slikhaarshop.com, os assinantes comprariam agora principalmente os próprios produtos dos irmãos. Em maio de 2013 os primeiros produtos By Vilain foram ao ar e as vendas online (e lucros) dispararam.

Hoje o sortimento de produtos inclui dez produtos para estilos de cabelo diferentes e sete ferramentas para fazer penteados. Em ocasiões especiais, os irmãos lançam edições limitadas de fragrâncias e cores especiais.

As edições limitadas também funcionam bem para eventos de comércio eletrônico, como a Black Friday. Em vez de oferecer um desconto enorme e desvalorizar a marca, Slikhaar apresenta uma edição limitada na Black Friday. Os assinantes têm uma chance única de comprá-la.

Hoje a empresa está se concentrando em alguns mercados importantes, incluindo os Estados Unidos, Reino Unido, Alemanha, Vietnã e Dinamarca, bem como na Amazon, cuja abordagem única é como entrar em outro país.

No geral, os negócios estão indo bem e têm sido lucrativos desde 2013. Em alguns dos melhores anos a empresa teve um lucro anual de mais de US$1,6 milhão. O Slikhaar tem atualmente 11 funcionários. O mais importante de tudo é que os irmãos e sua equipe estão se divertindo.

Emil resume da seguinte maneira:

> Nós continuamos enquanto estamos nos divertindo. Não temos planos de saída neste estágio. Pessoalmente, não sinto motivação para sair e tenho tudo o que preciso, incluindo uma Lamborghini na garagem. Preferimos expandir ainda mais e já conversamos sobre uma IPO ou vender uma parte do negócio para uma grande marca do setor.

Serviços

- **Game Theory.** Hoje a marca *Game Theory* de Matthew Patrick tem mais de 8 milhões de assinantes. A partir desse sucesso, Matthew lançou a Theorists Inc., uma empresa de consultoria especializada que trabalha com grandes marcas que desejam ter sucesso no YouTube. A Theorists Inc. foi contratada diretamente por algumas das maiores estrelas do YouTube no planeta para ajudá-las a atrair mais visualizações, além de ter sido contratada por algumas empresas da Fortune 500. Até mesmo o poderoso YouTube contratou a Theorists para uma consultoria direta no sentido de ajudar o YouTube a reter e aumentar seus números de audiência.
- **Smart Simple Marketing.** Sydni Craig-Hart lançou o Smart Simple como uma empresa de consultoria de marketing com seu marido, Will, em 2006. Hoje o Smart Simple é uma das principais agências de marketing centrada em questões de diversidade.

Como ela foi parar aí? "Nós realmente produzimos 439 programas [baseados em conteúdo] ao longo dos últimos 14 anos", diz Sydni. Esse tipo de entrega consistente levou a um boletim informativo semanal por e-mail com mais de 30.000 assinantes:

Esse boletim informativo foi uma das três principais formas de conseguirmos clientes, porque era muito consistente e prático. Foi aí que aprendi que a consistência supera tudo. As pessoas iriam lê-lo por três ou seis meses, ou um ano ou dois. Uma mulher me escreveu dizendo: "Há dois anos recebo seu boletim informativo todas as semanas. Eu achava que você seria como os outros, mas você é consistente e seu conteúdo é sempre bom. Eu preciso de um coach e estou pronta para trabalhar com você".

Manter a Receita: Clientes Fiéis

De todos os impulsionadores de receita dessa abordagem, a fidelidade é o mais antigo deles e ainda é extremamente importante hoje. Organizações de todos os tamanhos originalmente lançaram revistas impressas para manter a fidelidade dos clientes ao longo do tempo.

- **Revista *The Furrow* da John Deere.** A John Deere lançou a revista *The Furrow* em 1895. Ainda hoje é publicada, produzida em formato impresso e digital em 14 idiomas diferentes e distribuída para 40 países. *The Furrow* sempre se preocupou em como os fazendeiros podem aprender a tecnologia mais recente para que suas fazendas e negócios pudessem crescer. Nos últimos 100 anos, apenas alguns artigos foram sobre produtos e serviços da John Deere.
- **Revista *The Enthusiast* da Harley-Davidson.** Os seguidores da Harley-Davidson estão entre os mais fiéis do mundo. Um motivo é sua revista impressa e digital, *The Enthusiast* (anteriormente, revista *HOG*). A revista, publicada pela primeira vez em 2016, agora é enviada trimestralmente para 650.000 clientes.

Crescer Receitas: Clientes Melhores

Depois de conquistar um cliente, as empresas inovadoras utilizam os dados dele para entregar publicações segmentadas e consistentes para, em essência, criar clientes melhores com o tempo.

- **thinkMoney da TD Ameritrade.** Alguns serviços de investimento são conservadores e restritos, especialmente nos mercados complexos de derivativos, mas o thinkMoney segue uma abordagem diferente. Ele leva a sério o assunto de investimento, mas não se leva tão a sério como muitas empresas de Wall Street. Em vez disso, o thinkMoney adota uma abordagem de "simplicidade sofisticada", que é ousada sem ser petulante e espirituosa sem ser irreverente. Pesquisa da T3, editora do thinkMoney, constatou que as pessoas que leem a revista fazem cinco vezes mais negócios do que aquelas que não leem.
- **Fold Factory.** Trish Witkowski, CEO da Fold Factory, tornou-se uma celebridade no setor de mala direta através de seu programa de vídeo transmitido regularmente, *The 60-Second Super Cool Fold of the Week*, onde detalha exemplos incríveis de mala direta impressa. Em 2020, Trish chegou ao 500º episódio da série, que marcou 10 anos de produção e a criação de 500 camisetas diferentes, que ela vende.

  Os vídeos da Fold Factory foram diretamente responsáveis por mais de US$750.000 em receitas. Trish diz que "uma coisa interessante é que a série está diretamente ligada a impulsionar negócios para as empresas retratadas no programa e, até mesmo, a influenciar as vendas de equipamentos da indústria de impressão ao ampliar conhecimento e gerar demanda por diferentes técnicas de impressão".

Os empreendedores de maior sucesso aproveitam não apenas um, mas múltiplas fontes no modelo de receita do Conteúdo S.A. Assim como um investidor diversifica um portfólio com várias ações e/ou fundos mútuos, os empreendedores precisam diversificar os fluxos de receitas geradas a partir de seu conteúdo e do público conquistado.

E SE VOCÊ JÁ VENDE ALGO?

Caso seja uma empresa madura com vários produtos ou serviços, você monetiza o seu conteúdo respondendo à seguinte pergunta: "Qual é a diferença entre aqueles que assinam o meu conteúdo e os que não o fazem?".

Vamos analisar novamente a River Pools & Spas. Antes de lançar sua abordagem Conteúdo S.A, a empresa instalava piscinas de fibra de vidro. Ao monitorar o envolvimento em seu conteúdo do blog, a River Pools descobriu que os membros do público que se envolviam com pelo menos 30 páginas de conteúdo e solicitavam uma reunião comercial na empresa compravam em 80% das vezes. A média do setor para reuniões de vendas é 10%. Assim, neste caso específico, há um aumento de 800% na probabilidade de venda.

A River Pools também analisa os artigos específicos e seu desempenho. Utilizando um sistema de automação de marketing (a empresa usa o HubSpot), a River Pools constatou que sua postagem no blog intitulada "Quanto Deve Custar uma Piscina de Fibra de Vidro?" resultou em mais de US$15 milhões em vendas. Que tal isso como retorno sobre o investimento?

Se você estiver tentando descobrir o impacto de seu conteúdo, aqui vão algumas questões a considerar:

- Os assinantes são mais propensos a comprar?
- Os assinantes são mais propensos a comprar novos produtos?
- Os assinantes permanecem mais tempo como clientes?
- Os assinantes falam mais sobre nós nas mídias sociais (boca a boca) em comparação com os não assinantes?
- Os assinantes tomam decisões de compra mais rápido do que os não assinantes?
- Os assinantes compram mais em média do que os não assinantes?

Uma resposta afirmativa a qualquer uma dessas perguntas pode justificar o investimento por trás de uma abordagem Conteúdo S.A.

RECURSOS

Alcántara, Ann-Marie, "BuzzFeed Starts Selling Products Directly to Consumers", *Wall Street Journal*, consultado em 12 de outubro de 2020, https://www.wsj.com/articles/buzzfeed-starts-selling-products-directly-to-consumers-11596136660.

Coy, Peter, "A 28-Year-Old with No Degree Becomes a Must-Read on the Economy", Bloomberg, consultado em 12 de outubro de 2020, https://www.bloomberg.com/news/articles/2020-07-02/nathan-tankus-s-newsletter-subscribers-don-t-care-about-diplomas.

Crea, Joe, "Michael Symon Signature Knives Can Be Part of Your Kitchen Tools Later This Year", Cleveland.com, consultado em 28 de abril de 2015, http://www.cleveland.com/dining/index.ssf/2015/02/michael_symon_signature_knives.html.

"EOF August 2020 Income Report", Entrepreneurs On Fire, consultado em 12 de outubro de 2020, https://www.eofire.com/income84/.

Entrevista com Laura Moore por Joakim Ditlev, setembro de 2020.

Entrevistas com Clare McDermott:

Claus Pilgaard, janeiro de 2015.

Rob Scallon, fevereiro de 2015.

Entrevistas com Joe Pulizzi:

Rob LeLacheur, outubro de 2020 (sobre The Boutique Awards).

Trish Witkowski, outubro de 2020.

"Michael Symon", Wikipedia, consultado em 28 de abril de 2015, http://en.wikipedia.org/wiki/Michael_Symon.

"Scott Adams' Net Worth", Capitalism.com, consultado em 12 de outubro de 2020, https://www.capitalism.com/scott-adams-net-worth/.

Sitar, Dana, "Can You Earn Money with Substack?", *The Write Life*, consultado em 12 de outubro de 2020, https://thewritelife.com/earn-money-through-substack/.

PARTE 7

DIVERSIFICAR

> A diversificação da carreira não é algo ruim.
> VIN DIESEL

Você construiu o modelo e está colhendo as recompensas com novos assinantes e a fidelização do público. Agora é o momento de diversificar a carteira e afirmar a sua pretensão como voz de liderança no setor.

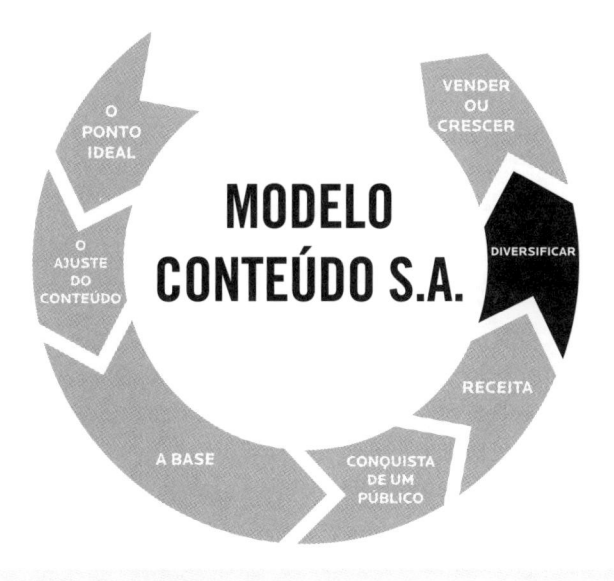

MODELO CONTEÚDO S.A.

- O PONTO IDEAL
- VENDER OU CRESCER
- DIVERSIFICAR
- RECEITA
- CONQUISTA DE UM PÚBLICO
- A BASE
- O AJUSTE DO CONTEÚDO

CAPÍTULO 19

CONSTRUÇÃO DE EXTENSÕES

Sem crescimento e progresso contínuos,
palavras como melhoria, conquistas e sucesso não têm sentido.
BENJAMIN FRANKLIN

> Depois de construir a base e começar a gerar receita, você precisa reduzir o risco geral do modelo. Agora é hora de diversificar para outros canais e construir extensões.
>
> *Se você já entendeu isso, pule para o próximo capítulo.*

Quando Walt Disney começou seu negócio de filmes para o cinema, era um negócio de conteúdo incrível, e também arriscado. Com o passar dos anos, a empresa diversificou para televisão, livros, histórias em quadrinhos, música e, depois, para o negócio de parques temáticos, aproveitando cada extensão de marca para ajudar a impulsionar a próxima.

Alguns anos atrás, o pessoal da Disney percebeu que precisava diversificar mais, já que a maior parte das receitas e lucros da Disney vinha de seus parques temáticos: quase 40% da receita total.

E se, digamos, uma pandemia mundial nos atingisse?

A Disney, antes um conjunto diversificado de ativos de mídia, agora não era tão diversificada quanto precisava ser, em função do crescimento de seus parques. Ficou em uma situação de risco elevado. O que a Disney poderia fazer? Em 2019, lançaram a Disney+, que agora tem mais de 60 milhões de assinaturas pagas. Isso salvou a empresa, uma vez que a receita do parque temático no ano de 2020 caiu 85%.

Em outubro, a Disney anunciou que seus serviços de streaming próprio seriam agora o ponto focal de toda a estratégia da empresa. Isso nunca teria sido possível sem a diversificação.

Faço parte de um grupo no Facebook de palestrantes de marketing. Para muitos nesse grupo, as palestras representam a única renda. Alguns ganham em torno de cinco dígitos, enquanto outros arrecadam US$1 milhão por ano falando em eventos.

A pandemia global abalou esse grupo mais do que na maioria dos outros setores. Enormes conferências internacionais, como South by Southwest e Salesforce's Dreamforce, foram canceladas. Adobe, Facebook e milhares de outras empresas também cancelaram seus eventos.

Para os palestrantes que tinham apenas uma fonte de receita (palestras), isso foi devastador.

O modelo de negócio "uma fonte de receita" não causou impacto apenas aos palestrantes. Afetou a maioria das empresas. Cruzeiros marítimos, companhias aéreas, livrarias, músicos e restaurantes foram todos sacudidos pelo vírus.

Um de meus amigos mais próximos é dono de um restaurante/clube de comédia no centro de Cleveland, Ohio. Passados três meses da pandemia, perguntei-lhe como estavam os negócios. Ele disse: "Se eu fechar as portas em tempo integral, perco US$50.000 por mês. Se permaneço aberto, perco US$40.000 por mês. Não tem sido o melhor dos mundos".

Quando surge uma crise (e ela sempre ocorre em algum momento), as empresas com um modelo de negócio de receita única muitas vezes não conseguem sobreviver ao pânico.

Ao mesmo tempo, ter apenas uma plataforma de conquista do público também é arriscado. E se o YouTube for encerrado? E se o TikTok for proibido? E se o Google+ fechar a loja? (Epa! Isso já aconteceu). A diversificação passa a ser fundamental tanto para o crescimento da audiência quanto da receita.

UM ALERTA

No capítulo anterior nós falamos sobre as dez maneiras diferentes de gerar receita. A maioria dos negócios de Conteúdo S.A. inicia com apenas uma fonte de receita. Isso faz todo o sentido.

Mas para levar seu negócio ao próximo nível, você precisa começar a construir extensões (para além da base) que criam novas oportunidades de receita, mas com um alerta. Se o público de sua base não teve tempo suficiente para realmente confiar em você e em seu conteúdo, construir rapidamente uma extensão pode ser catastrófico.

Quando comecei minha jornada editorial, fui encarregado de um projeto chamado B2B Showplace. O B2B Showplace foi o primeiro evento virtual de seu tipo, em que você podia assistir a uma apresentação online e, de forma virtual, ir ao estande de um patrocinador.

O conceito foi testado inicialmente na indústria de aquecimento e ar-refrigerado, em uma feira apropriadamente chamada de HVACR Showplace. Antes mesmo de o HVACR Showplace ser lançado, as vendas de patrocínio foram à loucura. O produto era novo e diferente, e os patrocinadores queriam ser os primeiros nessa nova tecnologia.

Assim que ficaram sabendo como as vendas estavam progredindo, a equipe de gestão aumentou as extensões, adicionando outros 13 mercados diferentes para serem lançados imediatamente após o HVACR Showplace.

Foi uma catástrofe. A pressa para lançar o produto causou uma série de problemas de tecnologia. Ao mesmo tempo, a maioria dos mercados não estava pronta para esse tipo de produto (estavam muito mais atrasados na adoção da tecnologia).

Embora o HVACR Showplace tivesse começado forte, o peso do fracasso das outras extensões (e a falta de foco em ser ótimo em uma feira) prejudicou a todos.

O ponto a ser destacado é o seguinte: definitivamente lance extensões de marca com novas oportunidades de receita o mais rápido possível, mas não antes de acreditar que seu público irá apoiá-lo.

O BOOM DOS ALTO-FALANTES INTELIGENTES

No início de 2020 havia 157 milhões de alto-falantes inteligentes nos lares dos Estados Unidos (NPR/Edison Research). No futuro próximo, quase todas as famílias terão pelo menos um alto-falante inteligente.

Isso significa que mais pessoas estão fazendo perguntas a seus dispositivos Amazon, Google, Apple e Baidu do que, no passado, faziam digitando-as em um computador. A DBS Interactive constatou que quase um em cada três norte-americanos atualmente usa a pesquisa por voz.

O que esses dispositivos precisam para sobreviver? Conteúdo, e muito. O Google e o Bing precisam de conteúdo de áudio para responder às perguntas de buscas. A Amazon e a Apple precisam de música, podcasts e áudios curtos para fins de entretenimento.

Quando você estiver criando suas extensões, será útil dar uma olhada no áudio.

COMEÇANDO

Andy Schneider (do Chicken Whisperer) construiu inicialmente sua plataforma fazendo reuniões presenciais (encontros mensais com seu público em Atlanta) e shows em casa. Isso se transformou no muito popular programa de rádio, *Backyard Poultry with the Chicken Whisperer*. Depois, Andy publicou o livro *The Chicken Whisperer's Guide to Keeping Chickens*, seguido pela revista impressa, *The Chicken Whisperer Magazine*, enviada para 60.000 assinantes.

Scott McCafferty e Mike Emich lançaram a WTWH Media com uma plataforma, o Design World Online, sendo o recurso de produto online para engenheiros mecânicos. Pouco tempo depois, os parceiros lançaram a revista *Design World* (impressa). Em seguida, lançaram um evento para clientes e um evento do setor para engenheiros mecânicos.

Este foi apenas o começo. Scott e Mike já lançaram plataformas adicionais em vários setores associados, incluindo energia renovável, energia hidráulica e projeto de equipamentos médicos. Hoje, com milhões de usuários registrados, a WTWH passou de zero para um negócio de mais de US$10 milhões em menos de 10 anos.

ESCOLHA DAS EXTENSÕES CERTAS

Há duas maneiras diferentes de lançar extensões adicionais de plataforma:

- Adicionando canais dentro da mesma plataforma. Por exemplo, Matthew Patrick acreditava que poderia capitalizar sobre o sucesso de seu canal do YouTube, Game Theorists, com novas extensões focadas no mesmo conceito ("pensando demais em suas coisas favoritas"), mas passando de jogos para filmes e comidas. O Film Theorists (filmes) possui agora mais de 9 milhões de inscritos, e o Food Theorists (alimentos) saltou para 2 milhões de inscritos no YouTube em apenas alguns meses.
- Estendendo a marca atual para novas plataformas. Este é o exemplo de Andy Schneider de pegar a plataforma presencial e lançar um programa de rádio, um livro e uma revista.

O modelo-padrão de Conteúdo S.A. já possui uma plataforma online (um site, podcast, canal no YouTube, blog etc.) e uma oferta de boletim informativo eletrônico para construir a lista de assinaturas.

A partir disso, as extensões de marca mais comuns dentro do modelo são:

- **Livros.** *Accidentally Wes Anderson* transformou o sucesso de seu canal no Instagram em um livro best-seller, *Accidentally Wes Anderson — the Book*.
- **Podcasts.** O sucesso do Engineering Management Institute começou com um podcast voltado para engenheiros civis. A partir disso, o EMI diversificou para uma rede de podcasts denominada CEMENT (Civil Engineering Media and Entertainment Network), que inclui seis podcasts diferentes, incluindo *This Week in Civil Engineering* e *Women in Civil Engineering*.
- **E-mail.** A Cleveland Clinic já tinha um poderoso boletim informativo por e-mail (enviado três vezes por semana). Durante a crise da Covid-19, acrescentou um novo boletim informativo por e-mail chamado *Know Before You Go*, sobre o que os pacientes precisam saber antes de ir ao hospital. Melhor ainda, o boletim informativo por e-mail vinha diretamente do CEO.
- **Eventos.** Depois de aumentar o grupo Alessandra Torre Inkers no Facebook para mais de 10.000 membros, Alessandra diversificou para o evento anual de enorme sucesso, Inkers Com.
- **Eventos Virtuais.** Quase todas as empresas de mídia do planeta diversificaram para algum tipo de evento virtual, seja uma série contínua de webinars (sessões de 45 minutos a 1 hora) ou um evento virtual completo usando plataformas como Hopin, Zoom, Bizzabo, Cvent, GoToMeeting ou ON24.
- **Revistas.** Sim, o impresso ainda tem um papel. Depois de focar um blog de classe mundial por três anos, o Content Marketing Institute lançou a revista impressa *Chief Content Officer*. Pesquisa do CMI mostrou que seus melhores clientes (aqueles que gastavam mais dinheiro anualmente com o CMI) assinaram a revista.

ESTUDO DE CASO: QUEEN

Eu amo o Queen. Lembro-me da primeira vez que ouvi "Another One Bites the Dust". Eu tinha sete anos de idade e minha vida mudou. Aí ouvi "Bohemian Rhapsody". Uau!

O Queen é, sem dúvida, a maior banda de rock de todos os tempos. Como a banda fez isso?

Alguns meses antes de este livro ser lançado, assisti ao filme *Queen + Adam Lambert: O Show Deve Continuar* na Netflix. Adorei. Posso assisti-lo de novo.

No documentário, Taylor Hawkins, do Foo Fighters, fala demoradamente sobre o que tornou o Queen grande. Na fala, Hawkins diz que enquanto outras bandas produziam músicas iguais ao seu último álbum, o Queen tentava emplacar um sucesso com algo verdadeiramente único. Foi assim que sucessos como "Bohemian Rhapsody" aconteceram. Em cada álbum, o Queen pegava a proverbial *última faixa do disco* e fazia algo que a maioria das outras bandas jamais poderia sonhar em fazer.

O Queen produziu somente 84 canções ao longo da carreira e, ainda assim, quase 20 estiverem entre os 10 maiores sucessos no Reino Unido. Isso significa que em 25% das vezes o Queen tinha um grande sucesso.

O Queen conquistou uma das maiores audiências do mundo produzindo relativamente poucas, porém incríveis, canções de forma consistente por um longo período de tempo.

Houve uma discussão no documentário sobre o que o Queen teve de fazer para continuar aumentando sua audiência após a morte de Freddie Mercury.

Todos os sucessos enormes e consistentes consolidaram o público do Queen. Freddie Mercury morreu em 1991, mas aqui, 30 anos depois, o Queen não apenas manteve seu público intacto, como também o ampliou.

Entra a diversificação.

Vamos detalhar um pouco isso.

- **Licenciamento de conteúdo.** O Queen licenciou suas canções para vários filmes, incluindo sucessos como *Coração de Cavaleiro* com Heath Ledger e *Quanto Mais Idiota Melhor*.
- **Parcerias.** De 1992 em diante, o Queen fez parcerias com músicos incríveis do mundo todo. Eles produziram The Freddie Mercury Tribute Concert, em prol de instituições de caridade contra a AIDS. O livro *Guiness World Records* listou-o como o "Maior Concerto Beneficente de um Astro do Rock", televisionado para 1,2 bilhão de pessoas. De 2004 a 2009 o Queen viajou pelo mundo com Paul Rodgers.
- Em 2009, o Queen se apresentou no *American Idol*, e Adam Lambert foi um dos finalistas. Em 2011, Adam Lambert começou a fazer turnê com o Queen. Ainda faz hoje.
- **Videogames.** Em 1998, o Queen lançou o jogo de videogame *Queen: The eYe* com a EA. A banda também apareceu várias vezes no *Guitar Hero*.
- **Musicais.** Em 2002, o Queen coproduziu *We Will Rock You*, o musical.
- **Filmes.** Em 2018, o filme *Bohemian Rhapsody* foi lançado na telona. Foi um dos maiores sucessos de bilheteria do ano.

Esses são exemplos de como o Queen diversificou a partir de sua atividade original de conquista do público (lançamento de álbuns e turnês). Licenciamento, parcerias, integrações de conteúdo e lançamentos de novos produtos mantiveram o Queen no topo da lista de estrelas do rock.

A HISTÓRIA POR TRÁS DA REVISTA CCO

A ideia original para a revista *Chief Content Officer* (*CCO*) era chegar aos diretores e outros profissionais graduados de marketing que tinham responsabilidade orçamentária pelo marketing de conteúdo. Nossa estratégia era simples. Colocar a revista em suas mãos para que começassem a ver o marketing de conteúdo como uma estratégia valiosa de mercado e para que começassem a financiar os recursos de conteúdo dentro da empresa.

Compreender o orçamento por trás de uma revista é fundamental. Dentre as áreas a considerar, estão:

- **Gestão do projeto.** Os honorários para alguém supervisionar a produção da revista.
- **Editorial.** Custos do conteúdo bruto, edição e revisão. Qualquer uma ou todas essas categorias podem incluir colaboradores externos.
- **Design.** Alguém para desenhar o projeto gráfico da publicação e a diagramação de cada edição.
- **Fotos e ilustrações.** Quaisquer sessões de fotos ou criação gráfica personalizada.
- **Custos do banco de dados.** Garantir que a listagem dos assinantes esteja pronta para o correio.
- **Impressão.** Custo para imprimir a publicação.
- **Postagem.** Entrega de cada exemplar.
- **Frete.** Quaisquer despesas de transporte da empresa impressora ou para o seu escritório.
- **Comissões.** Se a receita de publicidade banca sua revista, você precisará pagar uma comissão de vendas. As comissões são geralmente de 8 a 10% para um membro da equipe, e de até 20 a 25% para contratar um vendedor autônomo ou equipe de vendas externa.

Nossa revista tinha em geral de 40 a 64 páginas. O custo depende do número total de páginas, do número de páginas editoriais e do total de revistas impressas, mas você deve se preparar para gastar pelo menos US$40.000 por edição. Os anunciantes patrocinadores em nossa publicação cobriam integralmente esses custos. Em geral, empatávamos ou obtínhamos um pequeno lucro em cada edição. Isso era aceitável, pois o objetivo geral da revista impressa não era receita ou lucro, mas ser um canal de comercialização e de coleta de dados de assinantes.

A lista continua...

- O Agency Management Institute começou um blog como sua plataforma para formar a base; mais tarde, diversificou em um podcast e, em seguida, um evento presencial.
- O Salattøsen (The Salad Chick) aproveitou seus seguidores no Facebook para diversificar no Instagram e, em seguida, lançar uma série de livros.
- Kristen Bor (*Bearfoot Theory*) começou testando o Instagram, conquistou seu público com um blog e, depois, diversificou para o Pinterest.
- O Teach Better lançou seu Método de Grade com um blog e depois expandiu para vídeos educativos. Agora está pensando em publicar livros por conta própria.

Depois de conquistar um público fiel, é sedutor lançar continuamente novas extensões. Isso é bom, mas eu recomendo pelo menos nove meses entre cada lançamento. Isso lhe dará tempo para resolver os bugs de cada extensão antes de passar para a próxima.

RECURSOS

"Disney Reorganises Business to Emphasise Streaming", *Financial Times*, consultado em 13 de outubro de 2020, https://www.ft.com/content/53159991-960a-4c-06-b8cf-dde59feaa40d.

Queen + Adam Lambert: O Show Deve Continuar, Netflix, lançado em 2019.

CAPÍTULO 20

AQUISIÇÃO DE ATIVOS DE CONTEÚDO

Compre terras, eles não estão mais fazendo isso.
MARK TWAIN

> Se você determinar as propriedades que deseja comprar e criar relacionamentos com esses proprietários ao longo do tempo, aumentará sua chance de comprar a propriedade por um bom preço.
>
> *Se você já entendeu isso, pule para o próximo capítulo.*

Nos últimos 20 anos, o grupo Disney comprou a ESPN, Pixar, Marvel e Lucasfilm, adquirindo a maior biblioteca de conteúdo do mundo. Isto é o que as grandes empresas de mídia fazem: procuram primeiro adquirir e construir depois.

Alguns anos atrás, participei de uma reunião de marketing com um dos maiores produtores de bens de consumo do mundo. A discussão girava em torno da conquista de público através de conteúdo em vários mercados. Em alguns dos mercados, a empresa já tinha uma sólida plataforma de conteúdo construída. Em outros não havia nada no horizonte.

O plano em discussão era uma estratégia de aquisição de várias propriedades: a organização compraria sites de blogs e propriedades de mídia que já tivessem públicos e plataformas de conteúdo incorporados.

Às vezes faz sentido construir. Às vezes faz sentido comprar. Eis a lição: os profissionais de mídia e publicação são ensinados a sempre primeiro procurar adquirir por um preço razoável, antes de gastar tempo e recursos para construir. O que pode parecer caro no início pode não ser tão caro se você espalhar esses custos ao longo de três a cinco anos (o tempo que leva para construir um verdadeiro modelo de Conteúdo S.A.).

Um amigo meu que trabalha como diretor de marketing de uma das maiores marcas do mundo disse o seguinte: "É muito mais difícil ir de zero a um do que de um a 100. Procure sempre comprar primeiro".

DUAS COISAS

Os sites de blog e as empresas de mídia querem e precisam de duas coisas.

A primeira é a **capacidade de contar histórias**. Eles têm as pessoas e os processos para produzir consistentemente um conteúdo incrível.

A segunda, e talvez mais importante, é que os blogs e os sites de mídia vêm com **públicos incorporados**.

Embora estratégias de fusões e aquisições venham ocorrendo desde que a primeira empresa de mídia foi lançada, as empresas fora do setor de mídia estão começando a entrar nesse jogo:

- A loja de suprimentos de fotografia Adorama constituiu um grupo de aquisição quando a revista *JPG* estava para sair do mercado. O grupo não só teve acesso à plataforma e conteúdo do modelo Conteúdo S.A. da *JPG*, como também aos 300.000 assinantes da revista (que simplesmente passaram a ser os clientes atuais e futuros da Adorama).
- A L'Oréal, o conglomerado mundial de maquiagem, adquiriu a Makeup.com da Live Current Media por mais de US$1 milhão em 2010.
- A empresa de automação de marketing HubSpot queria acrescentar um blog de agência para se integrar aos seus blogs de marketing e de vendas; assim ela comprou o blog *Agency Post* em vez de começar do zero. Em 2021, a Hubspot comprou a empresa de mídia de boletins informativos por e-mail *The Hustle* e seus mais de 1 milhão de assinantes.
- O Grupo SurfStitch, um dos principais varejistas online da Austrália, adquiriu duas pequenas empresas de mídia do setor de surf, posicionando ainda mais a SurfStitch como um claro líder de conteúdo.

Você pode até mesmo adquirir organizações com afiliados. Isso é exatamente o que a Salesforce fez em 2020 quando comprou o *The CMO Club*.

E como o TikTok ficou tão grande, tão rápido? Comprando o musical.ly. Para o TikTok foi mais fácil crescer a partir de uma base existente do que começar do zero.

Conforme você constrói sua estratégia Conteúdo S.A. para aumentar seu domínio no setor, as estratégias de aquisição são um caminho natural a seguir.

O PROCESSO DE AQUISIÇÃO DE UMA PLATAFORMA DE CONTEÚDO

O Content Marketing Institute adquiriu várias propriedades para acrescentar em sua plataforma, incluindo uma conferência da costa oeste chamada Intelligent Content Conference e um programa de prêmios rebatizado de Content Marketing Awards. O CMI decidiu que a aquisição dessas plataformas fazia mais sentido do que criá-las do zero e competir com as existentes no mercado.

Para adquirir novas plataformas, siga estas sete etapas:

ETAPA 1. DETERMINE SEU OBJETIVO

Como acontece com qualquer boa decisão de negócios, comece determinando os motivos pelos quais pode fazer sentido comprar uma plataforma de conteúdo existente. Seus objetivos empresariais para uma compra poderiam incluir:

- Para cobrir uma área geográfica na qual seu negócio atualmente não tem um componente presencial. O objetivo final seria o de alcançar mais clientes para venda casada, venda cruzada e diminuição da taxa de rotatividade de clientes nessa região.
- Para inserir sua marca nas conversas em torno de um tópico pelo qual seu negócio não é muito conhecido. Digamos que você fabrica um determinado tipo de aço e identificou algum uso na indústria de petróleo e gás. Pode então fazer sentido olhar para sites ou eventos menores de petróleo e gás e imediatamente se tornar uma parte confiável do léxico do setor.
- Para cumprir os objetivos de assinaturas. Muito provavelmente, a plataforma virá com um público incorporado para você cultivar, ampliar ou aproveitar para venda cruzada.
- Para adquirir os próprios ativos de conteúdo e a respectiva otimização para mecanismos de busca, e compartilhar os benefícios que vêm com eles.

ETAPA 2. IDENTIFIQUE CLARAMENTE O PÚBLICO

Para que isso funcione, você precisa de uma clara compreensão sobre o hiato de público que está tentando preencher. Por exemplo, o CMI visava profissionais de marketing de grandes organizações com sua revista *Chief Content Officer*. O CMI visava gerentes e diretores de marketing, relações públicas, mídia social e SEO de empresas médias e grandes para o Content Marketing World, evento do CMI.

ETAPA 3. FAÇA SUA PEQUENA LISTA DE PLATAFORMAS

Após identificar seu objetivo e seu público, comece a fazer uma lista de plataformas relevantes que possam ajudá-lo a cumprir as metas. Evite estabelecer quaisquer limitações neste ponto. Você pode listar eventos, sites de blog, sites de mídia, sites de associações e, talvez, até mesmo alguns sites diretamente de sua lista de influenciadores.

Ao preparar a lista é útil colocar tudo em uma planilha contendo informações relevantes dos assinantes, como:

- Data de início.
- Número atual de assinantes.
- Fontes conhecidas de receitas (enumere cada uma delas).
- Estrutura societária (por exemplo, blogueiro independente ou empresa de mídia).

Para uma conferência ou feira comercial (exposição), aqui está uma lista de ativos que buscamos ao comprar um evento:
- Número de participantes (últimos dois anos) com percentual de crescimento (ou perda).
- Número de expositores (últimos dois anos) com percentual de crescimento (ou perda).
- Número de parceiros de mídia (últimos dois anos).
- Localização regional.
- Custo de inscrição (grade de preços).

- Valor do estande (esta é uma taxa subjetiva determinando a pontuação para o evento — uma escala de cinco pontos deve funcionar muito bem).
- Possibilidade de criação de uma plataforma de mídia em torno do evento (novamente, algo em uma escala de cinco pontos é suficiente). Pode haver potencial para a criação de uma plataforma de mídia completa para o evento com conteúdo online, eventos na web e muito mais.

Scott McCafferty e Mike Emich fundaram a WTWH Media, LLC, em 2006, após dirigirem uma empresa boutique de relações públicas de mídia. Nove meses antes, Scott participava de reuniões de vendas com seis operações diferentes de publicação. Nessas reuniões, Scott notou uma tendência consistente: quando trazia soluções de publicidade online, todas as editoras lhe diziam para manter o foco na venda de páginas impressas. Scott sabia que precisava fazer uma mudança.

McCafferty e Emich seguiram em frente e desenvolveram um plano de negócios detalhado com quase 50 páginas de projeções e suposições. Dentro desse plano agora já com quase 10 anos de idade, havia dois fatores fundamentais que ainda continuam verdadeiros hoje. Eles acreditavam que os leitores assumiriam o controle de seus canais de informação e que os profissionais de marketing exigiriam resultados mensuráveis de seus investimentos.

Conforme aumentavam os negócios, McCafferty muitas vezes se referia ao conselho empresarial que recebeu de David Murdock, presidente e CEO da Dole Food Company. Em uma reunião social com Murdock, McCafferty perguntou-lhe como ele comprava e vendia empresas. Murdock disse que simplesmente preparava uma lista dos setores de atividade em que queria adquirir um negócio e uma lista de empresas que queria comprar. Em seguida, telefonava para cada proprietário e perguntava se ele ou ela queria vender. Alguns diziam sim, outros diziam não.

Aplicando o conselho de Murdock, McCafferty preparou uma lista de sites sobre tecnologias cobertas pela WTWH. Em seguida, enviou e-mails aos proprietários perguntando se eles considerariam a possibilidade de vender o site. Ao longo de um período de oito anos, a WTWH negociou cinco transações aplicando esse princípio. Durante o processo, ele identificou um determinado mix de ingredientes comuns em todas as transações.

- Tipicamente, os sites se baseavam na comunidade, com um grupo de usuários ativos.
- Os sites eram tidos e administrados por um único operador que via o negócio como um passatempo.

Hoje, a WTWH Media, LLC, administra mais de 40 sites voltados para tecnologia, várias publicações impressas e uma série de eventos verticalizados. Ela fornece serviços de marketing nos mercados de engenharia de projeto, energia renovável, energia hidráulica e equipamentos médicos.

ETAPA 4. ABORDE A MELHOR OPORTUNIDADE

Existem duas abordagens que recomendo. Tenho constatado que ambas funcionam. Você pode contatar a sua principal escolha e ver como a conversa evolui. O problema é que assim você coloca todos os seus ovos na mesma cesta. Uma opção melhor pode ser a de contatar as suas três principais escolhas de uma só vez e dizer que está interessado em adquirir o site, evento etc.

Você provavelmente ficará surpreso com as reações dos contatados. Alguns dos operadores nunca imaginaram que poderiam ser abordados para uma aquisição. Outros (provavelmente aqueles com experiência na mídia) já têm uma ideia exata de qual seja sua estratégia de saída e o que pretendem.

O fundamental neste momento é iniciar as discussões para que você possa medir no que estaria o possível interesse. No pior cenário, ao abordar um possível vendedor que não esteja interessado em se desfazer do negócio, você passa a ter agora a possibilidade de desenvolver um relacionamento a partir do primeiro contato. Nunca se sabe quando as intenções podem mudar, e agora você já tem um caminho aberto caso isso ocorra.

ETAPA 5. DETERMINE O VALOR DE COMPRA

Existe uma maneira-padrão para medir propriedades e eventos menores na web (mais sobre isso no Capítulo 22), mas esta primeira parte é fundamental: **descubra o que o proprietário quer.** Assim como você faz com os influenciadores, é seu trabalho descobrir quais são os objetivos e as aspirações do proprietário da plataforma. Talvez sejam apenas monetários (embora pouco provável). Talvez o proprietário esteja buscando uma nova oportunidade, ou ele ou ela deseje desesperadamente sair do negócio (muitos proprietários de sites de blog ou de eventos nunca imaginam que o projeto poderia ficar maior do que conseguem administrar ou que poderia crescer numa direção diferente da que pretendiam).

Como eu disse, existe um processo de avaliação adequado para propriedades e eventos menores na web. Para fazer isso, ambos precisam assinar um contrato mútuo de confidencialidade por proteção — de ambos os lados. Em seguida, solicite o demonstrativo de lucros e perdas do negócio para os dois anos anteriores, pelo menos. Você também pode precisar ver a documentação dos atuais acordos de patrocínio e outros contratos que a empresa mantém para confirmar as informações do demonstrativo de resultados (as especificidades jurídicas podem variar muito; portanto, consulte o seu representante legal antes de iniciar qualquer negociação).

Para aquisições de sites, algumas transações são feitas em uma base "por assinante", outras com base no lucro líquido. Em um exemplo no qual trabalhei, uma transação de mídia foi feita mediante o pagamento de US$1 por assinante. Em outro, foi cinco vezes os ganhos, pagos ao longo de um período de dois anos. As conferências menores geralmente são vendidas por algo em torno de cinco vezes o lucro líquido (se o lucro anual de uma conferência fosse de US$100.000, você pagaria US$500.000 pela propriedade).

Vejamos o exemplo de uma pequena conferência:

- Participantes: 250
- Expositores: 20
- Receita: US$340.000
- Despesas: US$270.000
- Lucro líquido: US$70.000

Valor geral do negócio: US$70.000 × 5 = US$350.000

Alguns outros pequenos fatores devem ser levados em conta, mas o valor geral desse evento seria em torno de US$350.000.

ETAPA 6. FAÇA A SUA OFERTA

Antes de fazer uma oferta formal, certifique-se de que seu preço esteja na estimativa certa e que o proprietário concorda com suas condições básicas. Se houver concordância, você precisará que o proprietário do evento assine uma carta formal de intenções (*letter of intent* — LOI). A LOI indica que ambos os lados concordam em continuar as negociações e em levar o relacionamento para o próximo nível do processo. É o equivalente na aquisição de um negócio a ficar noivo — embora não seja um ato juridicamente vinculativo em si mesmo, serve como uma declaração oficial de suas intenções (por favor, consulte uma assistência jurídica na elaboração de uma LOI).

ETAPA 7. NEGOCIAÇÕES FINAIS

Agora, antes de assinar qualquer coisa, pense nestas perguntas finais:

- Quais bancos de dados de e-mail e listas de impressos estão disponíveis? Você tem permissão para enviar e-mails diretamente para as pessoas do banco de dados? Você deve obter um duplo consentimento (opt-in)?

- Que ativos estão disponíveis? Vídeos? Postagens de blog? Episódios de podcast? Pode ser necessário realizar uma auditoria completa nos ativos da empresa.
- Quais canais sociais estão em uso?
- Quem são os principais influenciadores neste espaço com os quais devemos nos conectar? Solicite detalhes de contato e áreas de conhecimento (se necessário).
- Com quais fornecedores a empresa trabalha?
- Quem recomendaria?

Durante os 30 a 60 dias seguintes, você trabalha em um contrato formal de compra de ativos e analisa toda a documentação para garantir que todos os fatos, números e discussões sejam precisos e verificáveis. Depois disso, os contratos são assinados, seguido de rolhas estourando das garrafas de champanhe da comemoração (opcional, mas um toque agradável).

Victor Gao acreditava que a Arrow Electronics, empresa pertencente à lista das 150 maiores da revista *Fortune*, deveria ser a fornecedora líder de informações no setor de engenharia eletrônica. Também acreditava que seria mais fácil comprar essa aspiração a construí-la do zero.

Ao longo de um período de 18 meses, a equipe de Victor abordou grandes empresas de mídia e operadores independentes no setor de eletrônica. A Arrow Eletronics acabou comprando mais de 50 sites confiáveis de mídia. Além de gerar lucro, eles deram à Arrow o maior público de engenheiros eletrônicos do mundo.

ETAPA FINAL: MANTER A QUALIDADE

John Blondin é consultor de mídia e marketing especializado em fusões e aquisições. Ele tem um lembrete fundamental para quem compra um ativo de mídia. Diz John: "Eu acredito que uma empresa forte e eficientemente estruturada pode se beneficiar da compra de um ativo de mídia com base na retenção da credibilidade por meio de entrega de conteúdo que não esteja comprometido, como o antigo jornal tradicional que faz publicidade inserida nas matérias publicadas. Conteúdo de qualidade com consciência deve ser o mantra".

A última afirmação de John é o segredo: **conteúdo de qualidade com consciência.** Caso esteja comprando um ativo de mídia, ele deixará de ser um ativo se você não entregar consistentemente conteúdo de qualidade nessa plataforma. Não adquira um ativo se for apenas usá-lo para promover seus produtos e serviços. Deteriore a experiência do público e sua compra se tornará uma completa perda de tempo.

Fazer aquisições sendo uma pequena empresa pode parecer assustador, mas não se preocupe. Estive envolvido em negócios que levaram uma semana e alguns que levaram um ano, no valor de US$15.000 a mais de US$ 1 milhão. Às vezes, os melhores negócios acontecem muito rapidamente e custam apenas alguns milhares de dólares.

AVALIAÇÃO DE UM SITE SEM RECEITA

Existem vários sites disponíveis para venda que não possuem receitas e lucros. Neste caso, você pode avaliar o site da seguinte forma:

- **Nome.** O nome possui um valor inerente? URLs de sites que incluem uma palavra popular (como marketing) ou URLs curtos (como cerveja.com) podem ser avaliados apenas pelo nome.
- **Autoridade de domínio.** Utilize sites como Moz.com e Ahrefs. com para determinar a autoridade de domínio (*domain authority* — DA). O DA é uma pontuação até 100, criada pelo Moz, que prevê o ranking do site e a probabilidade de aparecer nas páginas de resultados de pesquisa dos mecanismos de busca. Uma

pontuação 50 é decente, enquanto que uma pontuação de 70 a 80 é incrível. Um investidor da internet pode pagar US$20.000 por um site na faixa de 50 e mais de seis dígitos por um site que tenha um DA igual ou superior a 70.

- **Resultados de busca.** Se houver um conjunto específico de palavras-chaves que sejam importantes para você e seu negócio, pode ser interessante comprar um site que já esteja classificado entre os 10 primeiros para uma de suas palavras-chaves. Muitos investidores na internet compram sites como esse e, em seguida, melhoram a página de destino que o mecanismo de busca exibe para aquela palavra-chave. Às vezes uma pequena alteração pode fazer uma grande diferença na melhora dos rankings de busca.

Da mesma forma, existem muitos sites de leilão disponíveis para compra de sites com pouca ou nenhuma receita. Experimente Flippa. com ou Quiet Light Brokerage para começar. Os preços variam de alguns milhares a alguns milhões. Para mais informações sobre como investir em sites, eu recomendo Investing.io.

RECURSOS

Alleman, Andrew, "L'Oreal Buys Makeup.com for 7 Figures", domainnamewire.com, consultado em 12 de outubro de 2020, http://domainnamewire.com/2010/03/04/loreal-buys-makeup-com-for-7-figures/.

Dillon, James, "Should You Buy or Grow a Pineapple for Your Audience?", ContentMarketingInstitute.com, consultado em 10 de outubro de 2020, http://contentmarketinginstitute.com/2015/02/buy-or-grow-pineapple-audience/.

Ghosh, Sudipto, "Salesforce Acquires The CMO Club", MarTech Series, consultado em 12 de outubro de 2020, https://martechseries.com/sales-marketing/crm/salesforce-acquires-the-cmo-club-to-unify-marketing-thoughts-with-b2b-practices/.

Entrevista com John Blondin por Joe Pulizzi, setembro de 2020.

PARTE 8

VENDER OU CRESCER

O que realmente é importante — e que às vezes me vejo esquecendo
e tendo que reaprender — é que bem aqui, agora, eu sou livre.
Livre para ser eu mesma e para me expressar.
KAT VON D.

Você chegou até aqui. Os espólios de guerra estão à vista. Agora você tem uma decisão a tomar. Vender tudo ou continuar a lutar. **E, sim, fiz essa rima de propósito.**

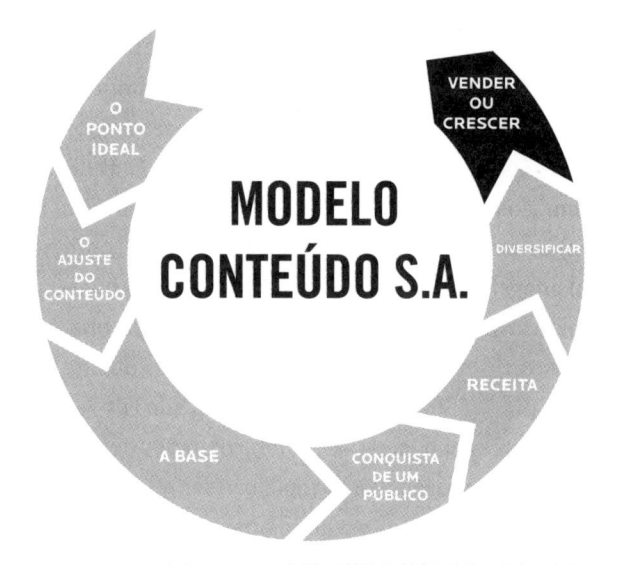

CAPÍTULO 21

PLANEJANDO A SAÍDA

> Como artista, como rapper, como músico,
> você sabe que tem uma janela e um monte de gente.
> Até mesmo um atleta; eles não têm uma estratégia de saída.
> Apenas vivem na falsa realidade de que vai ser assim para sempre.
> NIPSEY HUSSLE (TAMBÉM CONHECIDO COMO ERMIAS JOSEPH ASGHEDOM)

Independentemente de seu objetivo final, todo empreendedor precisa de um plano de saída.

Se você já entendeu isso, pule para o próximo capítulo.

Não importa em que setor de atividade estão os empreendedores, em que país eles vivem ou quantas pessoas estão envolvidas no negócio. Uma coisa é certa: quase sempre falta uma estratégia de saída.

Talvez você pense que não precisa de uma. Talvez você queira deixar o negócio para seus filhos quando morrer. Talvez você queira que seu parceiro de negócios assuma o controle. Talvez você sonhe em vender por um bom preço algum dia. Seja o que for que esteja em sua cabeça, precisamos colocar esse plano no papel e começar a estratégia imediatamente.

Quando você começa a estratégia de saída? Quando você inicia o negócio.

Quando me demiti daquele cargo executivo na mídia para iniciar o que se tornou o Content Marketing Institute, eu sonhava em vender por milhões. Mas no começo não fiz nada a respeito. Pensei em como seria incrível, mas não planejei para tal.

Cerca de um ano depois de iniciar o negócio, escrevi esta declaração na seção de "objetivos financeiros" da minha lista de metas (ver Capítulo 1): "Minha esposa e eu vendermos a empresa em 2015 por mais de US$15 milhões".

Escrevi isso em 2008. Naquele ano, a empresa gerou cerca de US$60.000 em receita total e teve um prejuízo de US$50.000. O negócio não valia nada. Nesse contexto, a declaração é risível, ridícula.

Por mais louco que fosse, essa é a declaração que eu lia para mim mesmo duas vezes ao dia, uma de manhã e outra antes de dormir, todas as noites. De vez em quando, eu ajustava a estratégia geral do negócio para ajudar a cumprir esse objetivo. Minha esposa e eu tomamos milhares de decisões ao longo de vários anos a fim de tornar essa declaração uma realidade.

Havia uma razão para escolhermos aquele ano específico (2015) e o valor total (US$15 milhões). Em primeiro lugar, em 2015 meus filhos teriam 14 e 12 anos de idade. Minha esperança era vender o negócio para passar um tempo com eles antes que fossem para a faculdade ou para uma próxima jornada. Em segundo lugar, minha esposa e eu fizemos várias análises e chegamos à conclusão que precisávamos de US$10 milhões para fazer todas as coisas que queríamos fazer no futuro por nossos filhos, nossas contribuições para caridade e nosso estilo de vida. Consultamos nosso contador e advogado, fizemos as contas e percebemos que precisaríamos vender por US$15 milhões antes dos impostos para levar US$10 milhões para casa, considerando os presentes aos funcionários, bem como impostos federais e estaduais.

SUA SAÍDA

Na próxima seção eu detalho como executei minha estratégia de saída pessoal, que foi vender o modelo Conteúdo S.A. que criamos em troca de liberdade financeira. Se vender não está em suas cartas, o que está?

Visualize você e sua família daqui a dez anos. Onde você está? O que está fazendo? O que é diferente? Como está tornando o mundo um lugar melhor?

Jay Acunzo, fundador do Marketing Showrunners, nunca pensa em sair de seu negócio. Diz ele: "Meu objetivo com o negócio é causar impacto. E se algum dia a maneira como posso ter impacto e ajudar mais pessoas for outra organização adquirir a nossa, ótimo. Vamos considerar essa opção. Mas a razão pela qual estou fazendo esse negócio é que eu vejo uma maneira de construir uma entidade de alta alavancagem para efetuar mudanças. Assim, farei qualquer coisa que se encaixe no porquê e na missão, desde que ajude as pessoas. Estou fazendo aquilo que quero fazer e que desejo ver, pelo tempo que a festa durar".

A estratégia em curso de Jay é diferente da minha. Ele escreve todos os seus objetivos de negócios em algo que chama de "A Grande Visão", que todos na equipe podem consultar.

Como você construirá sua grande visão?

De acordo com a Fundação Edward Lowe, há várias etapas na criação de uma estratégia de saída.

1. Decidir sobre uma data limite para uma mudança em seu papel.
2. Obter feedback da família ou de investidores. Se tiver entes queridos trabalhando dentro ou fora da empresa, eles precisam estar cientes do que você está pensando.

3. Criar o plano. Você pode vender a empresa para seus filhos, para os funcionários ou para um comprador estratégico ou financeiro. Você também pode se fundir com outra empresa.
4. Depois de concluído, publicar o plano. Sua gerência e familiares devem estar cientes de suas intenções. Uma das melhores coisas que fizemos quando vendemos o CMI foi garantir que a equipe de gestão soubesse com antecedência e tivesse compensação em qualquer transação.
5. Quando você estiver pronto, começar a implantar o plano.

O PLANO DE SAÍDA COMEÇA NO INÍCIO

Em 2010, o nosso modelo Conteúdo S.A. começou a tomar forma. As oportunidades de receitas estavam se apresentando e eu conseguia imaginar a empresa que nos tornaríamos. Também consegui imaginar que tipos de empresas gostariam de nos comprar.

Ao longo de alguns meses, comecei a enumerar os tipos de empresas que poderiam nos comprar no futuro. Coloquei apenas os compradores estratégicos (não os compradores financeiros), pois meu objetivo não era permanecer na empresa por muito tempo após a venda.

Considerei empresas puramente de mídia, empresas de eventos, empresas de ensino e treinamento, empresas de consultoria e até mesmo alguns de nossos patrocinadores. Depois de compilar o que acreditava ser uma lista completa, reduzi-a para as minhas cinco primeiras (ver a seção Warren Buffett no Capítulo 1).

Como fiz isso? Considerei apenas as empresas que eu acreditava que (1) manteriam a missão do CMI forte e viva e (2) tinham os recursos para nos comprar pelo preço pedido ou até acima dele.

COMPLETE OS DETALHES

Chegando aos cinco primeiros, preencha os espaços em branco. Uma planilha funciona melhor neste ponto. Preencha as seguintes colunas:

1. **Empresa controladora.** Liste a empresa controladora.
2. **Aquisição de marca.** A empresa controladora possui uma submarca ou extensão de marca que seria parte integrante da compra? Por exemplo, a Alphabet/Google (a empresa controladora) está comprando você diretamente ou o comprador é a Nest (uma submarca da Alphabet)? Neste último caso, ainda passaria pela Alphabet, mas a Nest é que estaria na sala de negociação.
3. **Justificativa.** Por que cada um deles iria querer comprar você? O seu modelo Conteúdo S.A. preenche uma lacuna de conteúdo para o comprador? Você tem acesso a um público do qual ele precisa desesperadamente? Você desenvolveu um produto que completaria o portfólio dele?
4. **Contato(s) principal(is).** Quem é o tomador de decisões? Quem são os intermediários para se chegar ao tomador de decisão? A decisão é de uma pessoa ou existem vários membros da equipe? Se forem vários membros, enumere todos eles.

CONHEÇA E CUMPRIMENTE

Bom início! Agora o trabalho começa.

Sua missão, nos próximos 12 a 18 meses, é encontrar e/ou bater um papo com cada um dos principais contatos da lista. Isso não significa mencionar algo sobre a venda da empresa. Neste ponto, apenas os conheça e comece a estabelecer um relacionamento comercial. Talvez (apenas talvez) haja um projeto em que ambas as empresas possam trabalhar em conjunto (uma situação em que todos ganham).

No caso de nossa lista, consegui marcar encontros e reuniões em feiras e eventos. Pesquise e descubra em quais eventos seus contatos falarão ou participarão. Envie o e-mail e marque os compromissos. Algo como:

> Olá, Sue,
> Não tenho certeza se você me conhece, mas meu nome é Joe Pulizzi, fundador do Content Marketing Institute. Participarei do evento XYZ e adoraria convidá-la para um café se você dispuser de 30 minutos. Seria muito bom conhecê-la, conversar e trocar informações. Tenho disponíveis os horários e datas XYZ. Se estes não forem bons para você, me dê algumas alternativas.

Mantenha seu e-mail curto e direto, e sempre inclua horários e datas (os executivos odeiam e-mails indo para lá e para cá). Você ficará surpreso com a quantidade de encontros que conseguirá dessa forma. Se não tiver o endereço de e-mail, tente uma mensagem direta pelo Twitter ou LinkedIn.

ALIMENTE O RELACIONAMENTO

Depois de conhecer os contatos, começa o processo de alimentar o relacionamento. A cada dois meses, envie um link ou relatório importante. Não precisa ser muito, mas um "Achei que este relatório seria do seu interesse. Confira a página 4" seria de bom grado.

FINALIZE SUA LISTA

Alguns empreendedores que pretendem sair não limitam a lista. Eles gostam de ter mais empresas e da possibilidade de diversas ofertas. Minha preferência é de seis a oito empresas, mas se você precisar de mais algumas na lista, tudo bem. Não se trata de enviar um tuíte ao mundo dizendo que está à venda. Você está abordando algumas pessoas e empresas de confiança que deveriam ter muito interesse em adquirir seu negócio. Você fez sua pesquisa e sabe que há uma adequação.

AVANCE EM DIREÇÃO AO OBJETIVO

Minha esposa e eu queríamos fechar negócio em 2015. O problema? No final de 2014 não tínhamos os indicadores financeiros para justificar uma avaliação de US$15 milhões (mais sobre avaliação em um segundo). Devido a isso, tomamos várias decisões em 2014, incluindo a compra de duas pequenas propriedades e um banco de dados de e-mail. Acreditamos que essas compras, juntamente com o contínuo crescimento orgânico, nos levariam aonde precisávamos estar.

No início de 2015, tudo estava no lugar e estávamos prontos para executar o restante de nossa estratégia.

COLOQUE A CASA EM ORDEM

Você tem duas reuniões para fazer. Em primeiro lugar, seu advogado.

O que precisa acontecer para proteger você e sua família? Há questões legais das quais precisa estar ciente?

Agora também é a hora de verificar todos os seus contratos de parceria, fornecedores e funcionários. Existem áreas problemáticas?

Atitudes a tomar:

1. Faça cópias de todos os seus contratos e coloque-os em uma pasta (papel ou digital).
2. Pague seu advogado para analisar (ou revisar) todos os contratos para identificar áreas problemáticas.
3. Conserte tudo que precisa de conserto.

Após a reunião com o advogado, sua próxima parada é uma visita ao contador.

A grande questão é que, muito provavelmente, a maneira como você produz seus relatórios financeiros não é a maneira como o comprador precisa deles para fins de análise. Isso é algo para manter em mente agora (mais sobre isso na sequência).

Seu contador precisa revisar todas as implicações fiscais com você. Existe um melhor momento para vender? Um tipo melhor de comprador? Certifique-se de que o contador organize tudo para que você possa confirmar que sua lista final é correta e que suas estimativas estão dentro do esperado.

ENCONTRE UM CONSULTOR FINANCEIRO

O melhor conselho que posso lhe dar: não passe por esse processo sozinho.

Isso significa encontrar um consultor financeiro que possa analisar todas as correspondências e negociações. A menos que seu negócio seja estimado em mais de US$50 milhões, eu recomendo contratar um consultor financeiro independente (não uma empresa maior).

Isso é algo que você também deveria pesquisar. Por cerca de um ano antes de colocarmos o plano de venda em ação, pesquisei consultores financeiros. Além de vasculhar o Google, perguntei a amigos do setor (confidencialmente) e participei de sessões de eventos sobre fusões e aquisições. O consultor que escolhemos foi diretor financeiro de uma grande empresa de mídia e tinha 20 anos de experiência trabalhando em pequenas aquisições como a nossa. Procurei-o depois de vê-lo falar em um evento, e nos demos bem imediatamente.

De acordo com Hal Greenberg da The Riverside Company, a maioria das empresas de mídia utiliza o que é chamado de fórmula Lehman ao contratar um consultor financeiro. É mais ou menos isso:

- 5% dos primeiros US$2 milhões.
- 4% dos próximos US$2 milhões.
- 3% dos próximos US$2 milhões.
- 2% dos próximos US$2 milhões.
- 1% dos próximos US$2 milhões e acima.

Em um negócio de US$10 milhões, os honorários seriam de US$300.000, ou 3%, mais 1% acima de US$10 milhões. No nosso negócio combinamos o seguinte acordo:

1. O consultor financeiro recebe 2% do preço de venda até US$10 milhões (somente sobre o preço de venda inicial, não em ganhos ou bônus após a venda).
2. O consultor financeiro recebe 1,5% de qualquer valor acima de US$10 milhões.
3. Os honorários por uma venda bem-sucedida limitados a US$300.000 no total.
4. O consultor financeiro recebe US$150 por hora se não houver acordo. Neste caso, caberia ao consultor financeiro registrar as horas trabalhadas.

FINALIZE A LISTA

Se você escolheu sabiamente, seu consultor financeiro pode ter algumas ideias a respeito da lista. Peça para ele analisar a lista e confirmar suas hipóteses.

Minha lista inicial de possíveis compradores cresceu para oito depois de discussões com o consultor. Colocamos cada possibilidade em uma planilha, fizemos uma análise completa de cada oportunidade e concordamos que procuraríamos essas oito empresas.

MEMORANDO DE OFERTA

Depois de concordarmos com a lista final, montamos um cronograma, e enviamos o memorando de investimento. As seções do memorando de investimento incluem:

Sumário executivo
Destaques do investimento
A empresa
    Visão geral — Content Marketing Institute
    Sumário financeiro
    Ofertas de produtos (discrimine-as)
    Público/banco de dados

	Marketing e vendas
	Produção
Oportunidades de crescimento
Visão geral do mercado
	Concorrentes
Gestão e acionistas
	Gestão executiva
	Funcionários e autônomos
	Acionistas
Conclusão

Mantenha esse documento com no máximo 20 páginas. Eu sofri com nosso documento, passando mais de três meses revisando vários esboços. Você provavelmente também passará por isso.

SONDANDO O INTERESSE

Para todos os contatos com quem tive um relacionamento direto, enviei um e-mail curto:

Olá, Bob,
	Estou no processo de venda do Content Marketing Institute.
	Você estaria interessado em ver o Memorando de Oferta?

Quando alguém dizia sim, eu apresentava nosso consultor financeiro, que rapidamente me tirava da cadeia de e-mails e dava continuidade ao processo.

Nas situações em que eu não conhecia o contato principal, o consultor financeiro descobria o contato correto e agendava uma ligação rápida discutindo a oportunidade.

Uma vez descobrindo se as partes estavam ou não interessadas, passávamos para a próxima etapa.

O ACORDO DE CONFIDENCIALIDADE

Cinco das oito empresas se interessaram em olhar mais de perto nossas finanças e pediram para analisar o memorando de oferta completo. O consultor financeiro pegava a assinatura de cada contato principal em um acordo básico de sigilo e, em seguida, enviava o memorando por e-mail.

O consultor financeiro também enviava datas em que poderíamos atender ligações e esclarecer dúvidas, bem como o prazo para recebimento de cartas de intenções de compradores interessados.

A LOI

Dos cinco potenciais compradores interessados, recebemos duas cartas de intenções. Uma carta de intenções é um contrato curto e não vinculativo que precede um acordo final, como um contrato de compra de participação ou um contrato de compra do ativo.

Uma carta de intenções normalmente inclui:

- Visão geral e estrutura da transação.
- Cronograma.
- Due diligence.
- Confidencialidade.
- Exclusividade.

Uma LOI não é vinculativa de forma alguma. É como uma proposta de casamento: certamente você está falando sério, mas ainda não estamos casados.

A primeira LOI que recebemos era um pacote realmente interessante, mas abaixo do que estávamos procurando em termos de preço de compra. A segunda carta, nunca vou esquecer.

Eu tinha terminado um workshop em Nova York. Recebi uma mensagem de voz de meu consultor financeiro, que me disse para verificar meus e-mails. Este era de uma empresa global de eventos.

Eu abri. Li. Li de novo. Então liguei para minha esposa. Olhando para trás, este foi o nosso momento, o momento em que choramos e dissemos um ao outro que "conseguimos". Financeiramente, era tudo o que poderíamos ter pedido. Do ponto de vista operacional, precisaríamos de alguns esclarecimentos. A empresa estava pedindo muito em troca de seu investimento, e com razão.

Ao longo das duas semanas seguintes, houve idas e vindas sobre várias questões, culminando na reunião formal de venda.

A REUNIÃO DE VENDA

Exatamente um mês depois de receber a LOI, tivemos nossa primeira reunião frente a frente. Minha esposa, nosso consultor financeiro e eu reservamos uma pequena sala de reuniões na cidade de Nova York para o encontro com dois dos executivos do comprador. Um era o encarregado pelo departamento de fusões e aquisições da divisão, e o outro administrava a divisão propriamente dita.

Em preparação, montei uma apresentação baseada no memorando de oferta e procurei abordar as preocupações que o comprador havia levantado. A reunião foi intensa. O comprador questionou muitas de nossas premissas de crescimento. Durou cerca de três horas e eu estava exausto quando terminamos.

A LOI ASSINADA

Como fui tolo em pensar que a LOI que recebemos significava alguma coisa. Nada disso. É como a massinha de modelar na lata antes de esculpir uma obra de arte. É a LOI assinada que conta. Esta se torna o modelo usado para elaborar o contrato final de compra de ativos.

Após a reunião de venda, recebemos uma série de pedidos do comprador, incluindo todas as nossas demonstrações financeiras anteriores, nossas projeções atualizadas com base na reunião, nosso fluxo de vendas e nossa estrutura organizacional. Foi nesse momento que descobrimos que nossa configuração tributária e contábil era completamente diferente da estrutura dos compradores. **Atenção:** envolva o seu contador o mais rápido possível no processo.

Aproximadamente sete semanas após a reunião de venda, recebemos uma versão revista da LOI e eu assinei-a. Embora o número financeiro geral não tenha mudado, parte do dinheiro foi transferida do pagamento adiantado para os ganhos de desempenho (dinheiro a receber com base no desempenho até três anos após a venda). Ficamos felizes com isso, mas aqui está a verdade: você deve contar apenas com o dinheiro adiantado ao vender a empresa. Tudo pode acontecer depois que o negócio foi fechado. O ganho de desempenho ou bônus, embora ótimo em alguns casos, pode nunca se materializar. Minha esposa e eu assinamos o acordo porque o valor adiantado atendia nossos objetivos.

INFERNO FINANCEIRO E NEGOCIAÇÕES

Os quatro meses seguintes foram os piores da minha vida. Minha esposa e eu preenchemos literalmente centenas de planilhas e documentos operacionais. Comecei a desprezar a pessoa que inventou as planilhas. Se você quer vender, especialmente para uma corporação global, como nós, esteja ciente das coisas que podem ocorrer e do que você deve fazer.

Algumas das inscrições de eventos estavam abaixo do ritmo e o comprador se mostrou preocupado. Dito isso, todas as perguntas do comprador foram respondidas e era hora de ver o acordo final. Semanas se passaram. Nenhuma palavra. Nenhum acordo. Comecei a ficar preocupado.

Saindo de uma reunião no centro de Cleveland, recebi um telefonema do meu consultor financeiro. Ele disse para eu me sentar.

Aparentemente, o comprador iria nos enviar o acordo final com algumas alterações importantes. Primeiramente, o comprador reduziu novamente o pagamento adiantado. Em segundo lugar, o comprador diminuiu o acordo financeiro total.

Fiquei desanimado. Exausto. Frustrado. Anotei todos os detalhes de meu consultor financeiro, encerrei a ligação e sentei-me em Tower

City, no centro de Cleveland, pensando no que fazer. Afinal, a bola ainda estava em nosso campo. Podíamos sempre dizer não.

Liguei para minha esposa e contei os detalhes. Disse a ela que estava pensando em cancelar o acordo. Ela disse que apoiaria qualquer decisão que eu tomasse, embora ela **realmente** quisesse vender o negócio.

Em vez de sentir pena de mim mesmo, encarei isso como uma oportunidade. Se o comprador queria gastar menos dinheiro, talvez eu pudesse pedir outra coisa em troca de baixar o preço. Comecei a anotar minhas ideias. Criei um novo plano.

Eu aceitaria os termos mediante condições. Em primeiro lugar, eu queria a anuência por escrito de que nenhuma pessoa seria demitida ou dispensada sem minha permissão enquanto eu ainda estivesse na empresa. Em segundo lugar, eu estava preocupado com o fato de permanecer na empresa por três anos após a assinatura do contrato. Se o comprador queria diminuir o valor do negócio, então eu queria mais liberdade. Pedi ao comprador que reduzisse meu tempo de três anos para um ano e meio (minha esposa sairia após seis meses). Em terceiro lugar, se o comprador queria diminuir o pagamento adiantado, então eu queria acelerar o ganho por desempenho. Pedi uma maior porcentagem nas partes iniciais do ganho por desempenho para totalizar o nosso valor se atingíssemos determinadas metas de vendas.

O comprador concordou com cada uma dessas cláusulas. As duas primeiras (manter a equipe intacta e encurtar minha estadia) valeram cada centavo daquilo que não recebemos em pagamento adiantado. Nunca tenha medo de pedir nada. O pior que pode acontecer é as pessoas dizerem não.

COMUNICANDO A EQUIPE

Um mês depois o negócio foi fechado. A venda levou 6 meses desde o recebimento da LOI até a assinatura do contrato de compra de ativos e exatamente 12 meses desde quando iniciamos o processo de venda.

Assim que recebemos a assinatura final, minha esposa e eu ficamos ansiosamente esperando o depósito do valor inicial. Quase deixei cair o computador quando vi todos os zeros no meu extrato bancário online. Quando recebemos o dinheiro, o negócio foi oficialmente fechado. Nossa conta bancária registrava US$17,9 milhões adicionais.

Agora vinha a parte mais difícil. Minha esposa e eu dividimos as ligações para os membros da equipe e comunicamos a cada um deles. Aqueles que receberam um grande bônus de pagamento ficaram extasiados com o bônus, mas ainda assim eles e a maioria dos outros membros da equipe estavam tristes. Não queriam ver as coisas mudarem. Ajudou o fato de todos saberem que o objetivo sempre foi o de vender, de modo que não ficaram completamente surpresos.

Já se passaram mais de quatro anos desde que o negócio foi fechado, e quase todas as pessoas da equipe original ainda trabalham no Content Marketing Institute. De todas as coisas, isso é o que mais aquece meu coração. Significa que fizemos algo certo.

DE AUTÔNOMOS PARA FUNCIONÁRIOS

Contratamos todos os nossos membros da equipe como autônomos. Até a venda havia apenas dois funcionários na empresa: minha esposa e eu. Do início até a venda sempre incentivamos nossos colaboradores a trabalhar em projetos paralelos e nunca mais do que 32 horas por semana, para cumprir a legislação tributária. O comprador exigiu que convertêssemos os principais membros da equipe em funcionários de tempo integral. A empresa acreditava que uma grande parte do valor do CMI estava na equipe e não queria perder os principais membros.

Antes que a negociação fosse concluída, cerca de uma dúzia de empregados autônomos precisava concordar em trabalhar em tempo integral (com benefícios) na nova organização. A maioria concordou com isso de bom grado, especialmente os que queriam um plano de saúde estável.

RECURSOS

"How to Create an Exit Strategy", Edward Lowe Foundation, consultado em 12 de outubro de 2020, https://edwardlowe.org/how-to-create-an-exit-strategy/.

"What Is a Letter of Intent (LOI)?", Corporate Finance Institute, consultado em 12 de outubro de 2020, https://corporatefinanceinstitute.com/resources/templates/word-templates-transactions/letter-of-intent-loi-template/.

CAPÍTULO 22

AVALIANDO SUAS OPÇÕES

Na vida você tem três opções em qualquer situação que seja um desafio.
Afaste-se da situação, mude-a ou aceite-a.
PHIL MCGRAW

> Nunca é tudo ou nada. Existem várias opções quando se trata do futuro do seu negócio e de encontrar sua liberdade criativa e financeira.
>
> *Se você já entendeu isso, pule para o próximo capítulo.*

No ano 2000, a Netflix era uma pequena startup com dois anos de idade que entregava DVDs de filmes aos assinantes pelo correio. Naquele ano, tinha 100 funcionários, 300.000 assinantes e um prejuízo de US$57 milhões.

Estavam desesperados para vender.

Os fundadores da Netflix abordaram o CEO da Blockbuster, uma rede de aluguel de filmes de US$6 bilhões com 9.000 lojas, sobre uma possível aquisição. A Netflix pediu US$50 milhões da Blockbuster em troca da empresa.

A Blockbuster disse não; então a Netflix decidiu abrir o capital da empresa.

Hoje a Netflix está avaliada em aproximadamente US$250 bilhões. Em Bend, no Oregon, fica a última loja Blockbuster que restou.

VENDENDO PARTE DO NEGÓCIO

Não precisa ser tudo ou nada quando se trata de vender o negócio. Ao contrário do que fizemos no CMI, Brian Clark, da Copyblogger, vendeu partes do negócio para atingir seus objetivos.

Segundo Brian:

> StudioPress era nossa divisão WordPress. Incluía uma estrutura de design, Genesis, designs que acompanhavam essa estrutura e, então, nossa hospedagem WordPress. Tudo isso foi adquirido pela WP Engine, que é uma empresa hospedada no WordPress. A outra divisão era chamada de divisão Rainmaker, e eram nossos produtos de software para prestação de serviço, que incluíam a plataforma Rainmaker, Scribe e alguns softwares diversos que funcionavam com essa plataforma. Rainmaker era um CMS, nosso próprio sistema de gerenciamento de conteúdo, e o StudioPress era para pessoas que usavam o WordPress e queriam torná-lo mais fácil e com melhor aparência.

Eu não queria mais ser uma empresa de serviços. Queria ser um negócio online. Quando iniciei a Copyblogger, eu não queria funcionários. Não estava tentando dominar o mundo. Só queria ser feliz, ganhar a vida e sustentar minha família.

Avançando uma década, tenho uma empresa de oito dígitos com 65 funcionários. Mas não planejei para tal. Ano após ano continuamos crescendo, desenvolvendo novos produtos, ganhando mais dinheiro e chegamos a oito dígitos em receita. Era onde estávamos antes de as duas linhas serem adquiridas. Basicamente, havíamos atingido um ponto em que, por todo tipo de motivos, quando você chega aos oito dígitos — e ouço isso muitas vezes de empresários —, as coisas mudam. Sua sobrecarga aumenta, você acaba ficando com uma organização muito maior. Estávamos diante da perspectiva de pegar capital privado ou vender. Eu não tinha interesse em tomar capital privado. Com meus filhos no ensino médio e estando comigo por apenas mais alguns anos, eu não queria sacrificar isso pelo retorno sobre o investimento de outra pessoa. Então, em vez disso, entramos em negociações com pessoas que já vinham nos cortejando, e foi assim que as aquisições aconteceram.

PROPRIEDADE INTELECTUAL

Conselho de Brian sobre propriedade intelectual:

Nada realmente prepara você para o caminho que as negociações tomam, para o modo como a due diligence ocorre. É uma experiência de humildade ter alguém avaliando cada mínima coisa que você fez com seu bebê, por assim dizer. Mas ao mesmo tempo, mantínhamos tudo sob um rígido controle. Por saber as consequências de não manter o controle do ponto de vista legal, registros financeiros e tudo o mais, estávamos sempre muito atentos a isso.

Eu era incrivelmente rigoroso sobre a propriedade intelectual. Isso é tudo em uma aquisição. Portanto, preste muita atenção a isso e trabalhe com advogados para ter certeza. Por exemplo, a lei comum é que quando um funcionário cria algo para você, sua empresa é a proprietária. No entanto, a melhor prática é fazer com que cada uma dessas pessoas abra mão de todos os direitos de propriedade intelectual para você. Fizemos isso em alguns casos, mas não todos; assim, tivemos que voltar e fazer durante a due diligence. Você pode imaginar como é estressante, quando algumas dessas pessoas não trabalham mais para você. Felizmente mantivemos um bom relacionamento com quase todo mundo, e isso não foi problema.

CAPITAL DE RISCO OU NÃO

Rand Fishkin, fundador do produto de pesquisa de mercado SparkToro, também é o fundador do exemplo de Conteúdo S.A. Moz (anteriormente SEOMoz), a ferramenta de pesquisa SEO. Com sua nova startup ele está mudando o modelo financeiro e se afastando do capital de risco (*venture capital*). Diz Rand:

> Pensei muito, especialmente dada a minha não tão grande experiência com o Moz, sobre como estruturar a SparkToro, de modo que o planejamento de saída de longo prazo fosse levado em consideração. O Moz foi apoiado por capital de risco. Ele foi estruturado de tal forma que realmente necessitava de uma estratégia de saída (*exit*) de mais de US$100 milhões e, mesmo assim, na verdade, uma saída de mais de US$300 milhões antes que fosse valioso e de interesse para seus investidores. Portanto, apesar de o Moz ter chegado a mais de US$50 milhões em receita recorrente anual, era uma empresa "presa no meio do caminho" porque não conseguia aumentar a taxa de crescimento. No mundo do capital de risco, a taxa de crescimento é o que realmente impulsiona vendas e saídas.
>
> Com a SparkToro eu queria estruturar um negócio que não exigisse uma saída massiva para ter sucesso tanto para equipe quanto

para os investidores, então fizemos uma rodada de financiamento muito original. Não temos um nome para isso. Simplesmente chamamos de Estrutura de Financiamento SparkToro. Somos basicamente uma Ltda. Nossos investidores possuem unidades. Eles podem receber dividendos quando temos lucro. Se alguma vez vendermos a empresa, eles recebem de volta o percentual de propriedade que possuem na empresa ou seu dinheiro de volta, o que for maior.

A SparkToro pode ser uma das empresas de melhor desempenho na carteira de nossos investidores, quer ganhemos US$2 milhões por ano, US$20 milhões ou US$200 milhões [porque paga dividendos sobre o lucro todos os anos]. Isso é completamente novo nessa classe de ativos de risco. Quero abrir caminho aqui, com a SparkToro, e espero construir uma estrutura que outros empreendedores de todos os tipos possam usar para financiar seus negócios e outros investidores possam se animar, pois acho que há muito mais oportunidades fora do empreendimento tradicional.

Por exemplo, digamos que você e eu possuímos ações da Moz [Rand e sua esposa atualmente possuem 18% da Moz]. Tecnicamente, no papel, temos muito dinheiro, mas esse ativo não é líquido. Até (ou a menos) que alguém compre, as ações não valem nada. Não posso vendê-las para outra pessoa. Ninguém quer comprá-las; assim, o meu patrimônio líquido é essencialmente o que economizei com meu salário. As ações não têm valor até (e a menos) que haja uma venda, e o mesmo vale para nossos investidores. Quem sabe nos próximos anos, na próxima década? A Moz, de alguma forma, encontra uma maneira de conseguir crescer novamente e se tornar interessante para alguns investidores que queiram comprá-la, mas, realisticamente, isso pode nunca acontecer. Embora a Moz seja lucrativa a ponto de colocar de US$5 a US$10 milhões no banco todos os anos, esse dinheiro não vai a lugar algum.

Se você e eu fossemos os únicos donos da Moz, poderíamos decidir: "Ei, a taxa de crescimento é de apenas 5% ou 10% por ano, mas que importa isso? Cada um de nós está levando US$5 milhões por ano, porque a margem de lucro é fantástica". Bem, você não tem realmente essa opção se for bancado por capital de risco e, assim, a razão para a SparkToro poder ter tanto sucesso é porque mesmo se a SparkToro só fizer US$2 milhões por ano em receitas, nossas despesas são inferiores a meio milhão de dólares por ano, sobrando US$1,5 milhão de lucro a cada ano que a empresa pode pagar a seus investidores. Nossos investidores podem ter um retorno dez vezes maior, mesmo sem nunca vender.

Aqui está o segredo, e algo que Brian, Rand e eu já aprendemos. A melhor maneira de financiar (e depois sair de) seu negócio é primeiro não tomando qualquer dinheiro externo. Segundo, se precisar pegar dinheiro, peça para familiares, amigos ou pequenos investidores individuais. Terceiro, tente evitar capital de risco com um modelo Conteúdo S.A. a todo custo. No caso de Rand, o dinheiro de capital de risco que ele tomou impediu uma saída bem-sucedida. Ele não pôde decidir quando sair de seu próprio negócio.

AVALIAÇÃO

Existe uma resposta simples para o quanto vale um negócio Conteúdo S.A.: vale o que alguém estiver disposto a pagar por ele. Não estou tentando ser engraçado. Em alguns casos, tenho visto compradores pagarem um prêmio enorme por uma empresa de mídia e, em outras ocasiões, quase nada.

As avaliações para grandes empresas de mídia de capital aberto variam entre duas e quatro vezes a receita. Netflix e Disney se aproximam de quatro vezes, enquanto AMC Networks e News Corp caíram para menos de duas vezes (Tabela 22.1).

Tabela 22.1 *As avaliações da mídia nunca são iguais e há motivos para isso acontecer.*

Receita/Patrimônio Líquido das empresas de mídia com maior capitalização de mercado					
Prêmio <4		Médio 2–4		Baixo <2	
Netflix	7,4	Discovery	3,4	ViacomCBS	1,8
Disney	4,6	Comcast	2,9	AMC Networks	1,7
		New York Times	2,7	Meredith Corp.	1,5
		AT&T	2,6	Lions Gate	1,4
		Fox	2,2	News Corp.	1,0
				Gannett	0,7
				Sky Network	0,7

Fonte: Capital IQ, dezembro de 2019.

Quando empresas privadas são adquiridas, os números são mais diversificados. Segundo o *Wall Street Journal* e PitchBook, o Spotify comprou a Gimlet (a empresa de podcast) por 15 vezes a receita, ou um preço de compra de US$230 milhões sobre US$15 milhões em receita. A PopSugar foi vendida para o Group Nine por três vezes a receita, enquanto a Pluto TV foi vendida para a Viacom por 2,3 vezes a receita.

Empresas menores de mídia e de Conteúdo S.A. são geralmente avaliadas por menos. O valor de sua empresa depende da receita, do lucro e do que exatamente você vende. Depois de todas as idas e vindas, acabamos vendendo o Content Marketing Institute por cerca de 2,5 vezes a receita e 10 vezes o lucro líquido. Como éramos principalmente uma empresa de eventos (a maior parte das receitas vinham de inscrições pagas e patrocínios de eventos), essa foi a avaliação acordada entre nós e os compradores em potencial.

Se você voltar ao modelo de receita do Conteúdo S.A. no Capítulo 18, verá que sua empresa obterá múltiplos maiores sobre receitas de assinaturas e eventos, porque são fontes de receita mais previsíveis (pandemia à parte). As avaliações para ensino online são comparáveis aos modelos de software como serviço, em que os múltiplos parecem girar em torno de oito vezes a receita. Modelos de afiliação, como Netflix e Copyblogger

Pro, são gloriosos por causa da cobrança automática mensal ou anual (semelhante a modelos como Slack ou Salesforce).

Os negócios em que a maior parte da receita é proveniente de publicidade ou patrocínio recebem múltiplos mais baixos. Alguns anos atrás, um colega meu vendeu a propriedade de sua revista impressa por 1 vez a receita, enquanto outro vendeu seu negócio de eventos regionais (geralmente 100 pessoas em cada evento) por 1,25 vez a receita. É perfeitamente natural começar obtendo qualquer receita que você puder (digamos, patrocínio), mas os modelos Conteúdo S.A. devem sempre se esforçar para conseguir fluxos de receita mais previsíveis.

O setor de atividade é importante, assim como negócios voltados para o consumidor ou business-to-business. O consultor de marketing e de fusões e aquisições de mídia John Blondin usa o EBITDA (lucro antes de juros, impostos, depreciação e amortização) para avaliar as empresas que assessora. Diz John:

> Na Austrália e na Nova Zelândia, uma empresa razoável voltada ao consumidor demandaria um múltiplo de 5 a 25 vezes o EBITDA. Empresas de alto perfil [atingem] múltiplos maiores. Com operações de mídia business-to-business, os valores costumam ficar entre 3 a 5 vezes o EBITDA. No entanto, nos últimos cinco anos vendi várias empresas por US$1 milhão ou mais, com base em 0,85 a 1,75 vez o EBITDA. Também fiz uma venda para uma empresa de viagens que via o banco de dados e as marcas digitais como valiosas para o seu negócio. A empresa foi vendida por um dólar com o novo proprietário assumindo o passivo da equipe existente. Acordos são acordos. Tudo se resume a encontrar um comprador que esteja interessado no setor e que possa reconhecer uma vantagem para seu modelo.

Isso tudo significa que seu negócio Conteúdo S.A. deve ser avaliado em algum ponto entre 1 a 3 vezes a receita, com o múltiplo entre 2 e 2,5 vezes sendo uma boa avaliação inicial. Se estiver olhando para o EBITDA, considere 5 vezes para um setor pouco atraente (ou um modelo de receita não recorrente) e de 10 a 15 vezes para um modelo de receita recorrente. Antes de vender nossa empresa, minha esposa e eu usamos 2 vezes a receita (ou de 8 a 10 vezes o EBITDA) como base de avaliação para nosso negócio Conteúdo S.A. Para atingir nossa meta de vender por US$15 milhões, sabíamos que não poderíamos vender em 2015, pois nossa receita de 2014 foi de US$6,8 milhões (2 vezes o EBITDA daria cerca de US$14 milhões para o preço de venda). Esperamos quase um ano inteiro até podermos vislumbrar nossos números de receita final de 2015 (cerca de US$9 milhões). Fizemos os cálculos e sabíamos que poderíamos esperar receber ofertas em uma faixa de preço aceitável.

PERSEVERANDO

Você não tem que vender. Depois de construir um modelo Conteúdo S.A., você tem muitas outras opções. Como já discutimos, John Lee Dumas, fundador do *Entrepreneurs On Fire*, tomou uma decisão diferente: "Decidi manter o negócio e permanecer pequeno. Temos três assistentes virtuais (folha de pagamento abaixo de US$3.000 mensais), uma margem de lucro líquido de mais de 70% e alguns milhões de receita que conseguimos manter todos os anos (4% de imposto total em Porto Rico). Não tenho nenhum desejo de construir uma empresa de conteúdo, mas sim de me concentrar no meu estilo de vida, em que felicidade, saúde e liberdade são o foco".

John tomou várias decisões para tornar isso uma realidade, incluindo mudar para Porto Rico e os vários assistentes virtuais. As demonstrações de lucro (que ele torna públicas) mostram que seu negócio está imprimindo dinheiro.

Miild, a marca dinamarquesa de beleza sustentável, decidiu crescer criando parcerias com grandes varejistas na Noruega e na Alemanha. Seu objetivo é levar os produtos para o mundo inteiro.

Charlotte Labee de *Your Brain Balance* nunca vai vender: "Se eu vendesse a empresa, perderia minha missão. Ainda tenho mais de 60 anos de vida; então deixe-me trabalhar nisso por mais 60 anos e serei feliz".

Jean-Baptiste Duquesne vendeu o 750g em duas partes, sendo 20% da empresa em 2013 e o restante em 2016. Hoje ele está feliz administrando o 750g International (rebatizado de Groupe SEB Media), com o objetivo de lançar uma nova marca internacional em 2021, para obter exposição mundial.

Kristen Bor, do *Bearfoot Theory*, está planejando desacelerar um pouco. Ela fez a transição de boa parte de seu trabalho para um funcionário em tempo integral. Ela gostaria de continuar envolvida no negócio, mas também quer ver o que pode estar no horizonte.

Drew McLellan do Agency Management Institute está trabalhando em um plano de transição. "Só agora estou começando a pensar em minha empresa como um ativo", diz Drew. "Tenho todos esses ativos diferentes que alguém poderia comprar junto ou separadamente. Agora estou trabalhando para mudar o negócio de 'apenas um trabalho que adoro' para o de 'torná-lo mais vendável no futuro'".

Todo modelo Conteúdo S.A. pode ter um plano diferente, mas cada um deles precisa começar com algum tipo de plano.

ESGOTAMENTO GERENCIAL

Matthew Patrick do, *Game Theory*, passou "os últimos dois anos pensando em estratégias de saída, objetivos de longo prazo e potencial de longo prazo".

Para Matthew, o esgotamento (*burnout*) é uma preocupação real para os modelos de Conteúdo S.A.:

> Alguns criadores de conteúdo têm feito um vídeo semanal, ou talvez sete vídeos semanais, sem perder o ritmo por grande parte de oito, nove e até mais de dez anos. Até nós mesmos. Game Theory vem funcionando como programa por oito anos e raramente pulamos uma semana. E é cansativo quando cada episódio leva cem horas para ser produzido. Assim, o que temos visto nos últimos dois anos é muita conversa aberta e honesta sobre esgotamento do

criador. Tipo, "Ei, entrei nessa roda viva de conteúdo e 'preciso de uma pausa', ou 'estou sem ideias', ou 'estou exausto'".

Ao começar, você espera apenas ganhar o suficiente para viver, conseguir seguidores suficientes para atingir uma meta estabelecida. Você nunca pensa em qual é o objetivo final.

Matthew analisa um dos maiores exemplos de Conteúdo S.A. de todos os tempos, Smosh.com, em busca de inspiração. Os fundadores queriam deixar o negócio; assim, ao longo de alguns anos, lentamente contrataram outros membros do elenco. Esses membros do elenco começaram em papéis coadjuvantes, e o público gradualmente foi se familiarizando com eles. Com o tempo, os papéis secundários tornaram-se papéis principais. Os fundadores transferiram a confiança para novos membros da equipe. O plano funcionou e os dois fundadores tiveram uma saída bem-sucedida.

Fazer isso com sucesso leva anos de planejamento. Mesmo antes de começarmos o processo de venda, minha esposa e eu trabalhamos para colocar os holofotes na equipe, em vez de sempre me focar. No momento em que vendemos, eu estava produzindo uma quantidade mínima de conteúdo, de modo que não houve realmente nenhuma mudança perceptível em nossa produção de conteúdo e o público não teve com que se preocupar.

Para uma saída bem-sucedida, Matthew reitera que "você tem que começar a pensar sobre [a saída] com anos de antecedência e construir em direção a esse objetivo". Se você não planejar corretamente, "assim que você pular fora, todo mundo sairá com você".

RECURSOS

Hastings, Reed e Erin Meyer, *A regra é não ter regras: a Netflix e a cultura da reinvenção*, Intrínseca, 2020.

Entrevista com Paul Roetzer por Joe Pulizzi, setembro de 2020.

Entrevistas com Clare McDermott:

Brian Clark, agosto de 2020.

Drew McLellan, agosto de 2020.

Rand Fishkin, agosto de 2020.

Entrevistas com Joakim Ditlev:

Charlotte Labee, setembro de 2020.

Jean-Baptiste Duquesne, setembro de 2020.

Nicki Larsen, setembro de 2020.

Shove, Caelum, "Media Mergers and Revenue Multiples", TV [R]evenue, consultado em 12 de outubro de 2020, https://tvrev.com/media-mergers-and-revenue-multiples/.

PARTE 9

PRÓXIMO NÍVEL DE CONTEÚDO S.A.

O conhecimento tem de ser melhorado, questionado e aumentado constantemente, ou desaparece.
PETER DRUCKER

Você construiu um negócio de sucesso com a Conteúdo S.A. Agora o que você pode fazer para manter o ímpeto?

CAPÍTULO 23

JUNTANDO TUDO

Nunca olhe para trás, a menos que você
esteja planejando ir por esse caminho.
HENRY DAVID THOREAU

> Se leva cinco anos para criar um ativo de US$5 milhões, o que você poderia realizar com seu modelo Conteúdo S.A. em dez anos?
>
> *Se você já entendeu isso, pule para o próximo capítulo.*

Não existe um cronograma definitivo para o sucesso. Eu gostaria que tivesse.

Comecei minha jornada Conteúdo S.A. em abril de 2007 e quase desisti em setembro de 2009 porque senti que não tinha paciência para continuar. Felizmente, continuei com a empresa, prometendo para minha esposa que tentaria mais alguns meses. Em maio de 2010, os números da audiência começaram a aumentar e conseguimos garantir patrocínios para manter a empresa funcionando. Em 2011 atingimos 1 milhão de dólares em receita. Nos três anos seguintes entramos na lista da revista *Inc.* 500 de empresas privadas de crescimento mais rápido. Em 2016 vendemos por quase US$30 milhões.

Atingimos a marca de avaliação de US$5 milhões no ano de 2012, cinco anos após começarmos. Não é uma verdade absoluta, mas parece ser uma boa referência. A maioria dos casos de Conteúdo S.A. entrevistados para este livro era avaliada entre US$2 milhões e US$10 milhões depois de cinco anos.

O CRONOGRAMA DO MODELO CONTEÚDO S.A.

Ao examinar centenas de exemplos de Conteúdo S.A. na última década, o gráfico a seguir se torna útil na aferição de quanto tempo o processo deve levar.

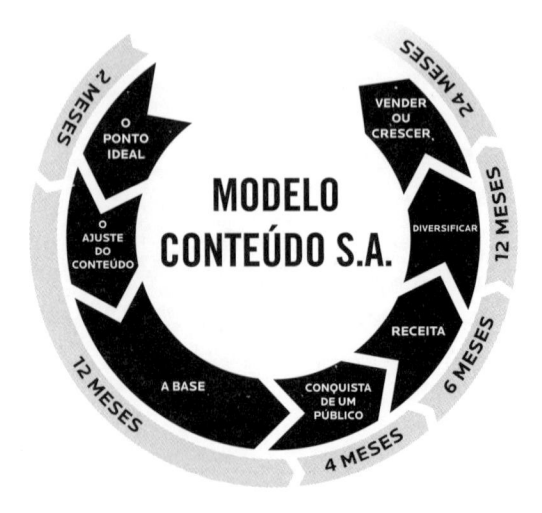

Vamos examinar cada etapa com mais detalhes.

O PONTO IDEAL E O AJUSTE DO CONTEÚDO: 2 MESES

Leva alguns meses para você encontrar o ponto ideal e começar a testar o seu ajuste do conteúdo. Para o CMI, o ajuste do marketing de conteúdo (como expressão) foi imediato. Alguns anos depois, foi necessário um ajuste, o foco em profissionais de marketing corporativo, para acelerar o modelo.

A BASE: 12 MESES

É aceitável testar plataformas nos primeiros meses. Pelo menos até a marca de 6 meses, você deve decidir sobre sua plataforma principal. Mais 6 meses e você deve ter seu plano de conteúdo, sua frequência e suas opções de assinatura definidas para a conquista do máximo de público.

CONQUISTA DE UM PÚBLICO: 4 MESES

Uma vez que a base esteja funcionando, tudo deve se concentrar na conquista de assinantes opt-in. Tenha uma oferta de e-mail, especialmente se sua base for construída em uma plataforma de mídia social. Embora a base possa estar funcionando, você provavelmente ainda não tem um público suficientemente grande ou focado para gerar receita.

RECEITA: 6 MESES

Embora você queira gerar receita o mais rápido possível, as opções de receita parecem se apresentar por volta da marca de 18 meses. Use esses meses para identificar a melhor opção de receita e mantenha-a por alguns meses antes de procurar outras opções. O foco é fundamental.

DIVERSIFICAR: 12 MESES

Agora que tem uma plataforma principal funcionando, você precisa "diminuir o risco" do modelo através da criação de extensões adicionais. Podem ser lançamentos orgânicos ou aquisições de ativos de conteúdo. O momento ideal de diversificação ocorre em torno de dois a três anos.

VENDER OU CRESCER: 24 MESES

O cronograma depende de seus objetivos gerais e estratégia de saída. No mínimo, se ainda não o fez, você precisa desenvolver uma estratégia de saída por escrito, uma vez que esteja profundamente no estágio de diversificação. Se você chegou até aqui, provavelmente tem um negócio realmente valioso e que será preciso para outra pessoa ou gerará dinheiro para você manter seu estilo de vida por anos a fio.

UMA PALAVRA: PACIÊNCIA

Seja paciente.

Foram apenas nove meses entre eu acreditar que era um completo fracasso e começar algo que prometia sucesso. Quando penso em retrospectiva, teria sido tão fácil desistir e procurar um emprego "de verdade". Estou tão feliz por não ter feito isso. Meu resultado Conteúdo S.A. era o material com que são feitos os sonhos. Se eu não tivesse sido paciente, nada disso teria acontecido.

Não há nenhuma dúvida em minha mente de que esta é de fato a melhor maneira de lançar um negócio. Sim, é diferente. Alguns podem dizer que é estranho, mas é uma estratégia melhor do que apenas esperar que a ideia de um novo produto se concretize. Seja como Davi, que lutou contra o desejo de lutar como todos os outros haviam feito contra Golias (e perderam). Tome um caminho diferente e coloque as chances a seu favor.

FICAR ENCALHADO

À medida que você avança neste modelo, haverá momentos em que sente que o modelo não está funcionando muito de acordo com suas expectativas. Isso faz sentido. O Conteúdo S.A., como forma de lançar um negócio, é um músculo novo para a maioria das pessoas. Estamos acostumados a nos comunicar por meio da mídia de massa por tantos anos e agora tentamos descobrir como agregar valor aos nossos clientes fora de nossos produtos e serviços.

Se você estiver em dificuldades com o seu programa, volte e reveja este capítulo. Você pode estar com dificuldade por causa de uma das seguintes razões:

- **Marketing de conteúdo egoísta.** Crie conteúdo que resolva as dificuldades dos clientes. Pare de falar tanto sobre seus produtos e serviços. Se o fizer, fale do ponto de vista de seus clientes.
- **Você para.** A maior razão para o fracasso do marketing de conteúdo é o fato de parar ou de não ser consistente. Lembre-se: o conteúdo que você fornece é como uma promessa aos seus clientes. O maior motivo para o sucesso dos exemplos neste livro foi que as pessoas nunca pararam de produzir conteúdo incrível e atraente.
- **Atividade em vez de audiência.** Ter as pessoas compartilhando e se envolvendo com o seu conteúdo aqui e acolá não significa muito, a menos que você esteja conquistando uma audiência. Um dos maiores erros que os modelos Conteúdo S.A. cometem é não planejar, com antecedência, para conquistar um público por meio de criação e distribuição de conteúdo.
- **Sem promoção.** Você gastou muito do seu tempo e recursos no conteúdo, e não o suficiente na comercialização do conteúdo?
- **Não ter ponto de vista.** Para se posicionar como especialista em seu setor de atividade, você precisa ter um ponto de vista. Assuma uma posição. Andar em cima do muro é chato e, mais importante, normalmente não funciona.

- **Não ter processo.** Eu vejo isso todos os dias. **Cenário**: uma campanha de marketing significa colocar anúncios. Então alguém pergunta sobre o blog ou artigo técnico. As pessoas se agitam e alguém sai correndo para pegar o conteúdo. Planeje com antecedência para criar, adaptar e distribuir conteúdo.
- **Sem chamada para ação.** Cada item de conteúdo deve ter uma chamada para ação ou um comportamento que você gostaria de ver. O que aconteceria se você perguntasse "por quê?" para cada item de conteúdo criado? Ao fazer isso você seria compelido a saber qual é a chamada para ação ou a eliminar o conteúdo por falta de propósito.
- **Esquecer os funcionários.** O conhecimento dos funcionários é o ativo de conteúdo mais subutilizado. Os funcionários dão vida à sua marca. Aproveite-os no processo de criação e distribuição. Comece com os 5% diretamente envolvidos. Mostre histórias de sucesso e passe para o resto de sua base de funcionários.
- **Uma palavra: *edição*.** A edição pode ser a parte mais subestimada do processo de conteúdo. Às vezes, os empreendedores não entendem que o primeiro rascunho de um conteúdo é chamado de um bom começo. Aí entra o editor. Consiga um ou contrate.

O que está impedindo você de avançar em seu modelo Conteúdo S.A.?

VOCÊ ESTÁ ARRISCANDO O SUFICIENTE?

Na preparação para esta versão do *Conteúdo S.A.*, ouvi uma entrevista entre Joe Rogan e Colin O'Brady.

Colin é um atleta profissional de endurance, o que significa que ele faz coisas que a maioria das pessoas não faz, como escalar o Monte Everest ou caminhadas pela Antártica. Ele mencionou uma ideia que me fascinou.

Ele disse que a maioria das pessoas vive sua vida em uma escala entre 4 e 6. Portanto, em uma escala de 10 pontos, sendo 1 o pior dia possível e 10 o melhor dia possível, Colin acredita que a maioria das pessoas nunca fica numa escala muito alta ou muito baixa.

As pessoas apenas vivem dias rotineiros fazendo coisas rotineiras. Mas pense nisso. Uma classificação 4 não é horrível para o seu pior dia possível. E embora 6 não seja ótimo, não é terrível.

Colin discorda. Ele acredita que a maioria das pessoas não está correndo riscos o suficiente. Elas não estão, como ele mesmo diz, buscando seu Monte Everest. Quando você persegue ideias e objetivos grandes e arriscados, acredita Colin, você raramente fica no meio da escala. Você geralmente é um 8, 9 ou 10 ou, se assumiu um grande risco e fracassou, você é 1 ou 2.

Ele está certo? Francamente, eu não sei — mas me fez perguntar se eu assumo riscos o suficiente.

No fundo, eu corro riscos. Iniciei um negócio quando provavelmente não devia e escrevi um romance quando não tinha a menor ideia de como escrevê-lo. Adoro tais desafios. Para mim, essas eram grandes ideias. Mas agora começo a questionar se assumo riscos o suficiente.

Vejo muitas pessoas ao meu redor esperando. Esperando pela aposentadoria. Esperando pelo próximo feriado. Esperando por uma promoção. Em todos esses casos, elas estão realmente causando um impacto positivo no mundo, vivendo entre 4 e 6? Não cabe a mim responder, mas me faz pensar.

Talvez eu não esteja fazendo o suficiente. Talvez pudesse fazer mais. Tenho medo de correr certos riscos? Tenho tanto medo do 1 que não estou disposto a ir ao 10?

Nem cinco minutos depois de ouvir Colin fazer seu pequeno discurso com Joe Rogan, eu acidentalmente me deparei com esta citação em minha escrivaninha desarrumada. É de Calvin Coolidge, trigésimo presidente dos Estados Unidos:

Nada no mundo pode tomar o lugar da persistência. O talento não; nada é mais comum do que homens malsucedidos com talento. O gênio não; gênio não recompensado é quase um provérbio. Educação não; o mundo está cheio de párias educados. Somente a persistência e a determinação são onipotentes. O slogan "Persista" resolveu e sempre resolverá os problemas da raça humana.

Eu adoro essa citação porque não lhe dá desculpas.

O que impede você de realizar todos os seus sonhos?
Tudo é impossível até que aconteça.
NELSON MANDELA

SEGUINDO EM FRENTE

Sim, haverá desafios. Haverá momentos em que você não tem certeza de estar no caminho certo. Isso é natural para qualquer empreendedor ou pequeno empresário. Mas aqui está a verdade: até recentemente, o custo para os empreendedores conquistarem um público fiel era proibitivo. Até recentemente, os canais de comunicação não estavam disponíveis. Até recentemente, o público não estava disposto a se conectar.

Até recentemente.

Ao seguir o método Conteúdo S.A. deste livro, você tem uma oportunidade para fazer a diferença em sua vida, sua família, seu plano de carreira e no mundo. Espero que aproveite esta oportunidade hoje e nunca olhe para trás.

CAPÍTULO 24

JUNTE-SE AO MOVIMENTO

> A revolução não é uma maçã que cai quando está madura.
> Você tem que fazê-la cair.
> CHE GUEVARA

O Conteúdo S.A. é uma jornada — que mudou minha vida para melhor. Espero que o mesmo aconteça com você.

Este livro é um bom começo, mas não é o suficiente. Precisamos aprender e fazer muito mais para criar um negócio incrível que comece com as necessidades de seu público (não com o produto que você deseja vender). Como as plataformas e o modelo de negócios estão sempre mudando, temos necessidade de fazer um treinamento contínuo.

Este capítulo é sobre recursos para ajudar a inspirá-lo e aprimorá-lo em sua iniciativa de Conteúdo S.A.

Aqui estão alguns recursos que acredito irão ajudar (todos os conteúdos estão em inglês):

- **The Tilt.** Após terminar a segunda versão deste livro, algo não parecia certo. Eu adoro como ele ficou. O modelo está correto, mas não é suficiente. Reuni alguns amigos para criar The Tilt (thetilt.com), um site de notícias e ensino que ajuda os empreendedores de conteúdo a conquistar um público e aumentar a receita. Enviamos o boletim informativo duas vezes por semana. Por favor, assine em thetilt.com. Você não vai se arrepender.

- **Podcast *The Content Inc.*** Todas as segundas-feiras, eu lanço um pequeno episódio de podcast, que sempre tem menos de dez minutos de duração. Tento manter os episódios bastante práticos, e dependendo da velocidade com que você corre, quatro episódios equivalem a uma corrida de cinco quilômetros. Basta ir para Apple Podcasts, Spotify, Stitcher ou Overcast e digitar "Content Inc.".
- **Podcast *This Old Marketing*.** Todas as sextas-feiras de manhã, Robert Rose e eu abordamos as últimas notícias de marketing em um estilo (digamos) único. Minha esperança é que você aprenda e se divirta ao mesmo tempo. Cada podcast tem uma hora de duração. Vá para o endereço thisoldmarketing.site para ter acesso a todos os episódios.
- ***The Random Newsletter* por Joe Pulizzi.** Este é meu boletim informativo pessoal, no qual trato de insights sobre o modelo Conteúdo S.A., técnicas de sucesso e publicação e ideias sobre finanças. Sempre termino com "One Random Thing" ["Uma coisa aleatória", em tradução livre], que tenho esperança que mudará a sua vida. Eu o distribuo quinzenalmente às quintas-feiras. Assine em JoePulizzi.com.

PRÓXIMA GERAÇÃO DE CONTEÚDO S.A.

À medida que progride em sua jornada Conteúdo S.A., você chegará a um ponto em que precisará de mais recursos e conhecimentos para continuar crescendo. Aqui estão alguns recursos que podem ajudar:

Para escrever

- **Boletim informativo *Total Anarchy* e livro *Everybody Writes* de Ann Handley.** Perfeitos para melhorar sua escrita.
- **Brian Clark e Copyblogger.** Site verdadeiramente útil para práticas de redação digital.
- **Sarah Mitchell e o blog Typeset.** Recurso valioso para escrita e redação.

Operações de conteúdo e mídia

- **Li Jin.** Li liderou o movimento *Economia da Paixão*. Ela tem um podcast incrível com Nathan Baschez chamado *Means of Creation* e administra um valioso recurso de tecnologia para criadores em sidehustlestack.co/.
- **A Media Operator.** Um boletim informativo de leitura obrigatória sobre como as empresas de mídia funcionam, de Jacob Donnelly.
- **Simon Owens.** Simon discute vários estudos de caso de empreendedores de conteúdo em simonowens.substack.com.

SEO/Estatísticas

- **Andy Crestodina e o blog *Orbit Media Studios*.** Excelente para dicas práticas sobre estatísticas e SEO. Andy faz pesquisas incríveis sobre blogs do setor.
- **Wil Reynolds e Seer Interactive.** Wil conhece mais sobre otimização de mecanismos de busca do que jamais sonhei em conhecer.
- **Mike Murray e Online Marketing Coach.** Trabalhei com Mike por 15 anos, e ele nunca me deu uma orientação errada.

Encontrabilidade

- **Gini Dietrich e *Spin Sucks*.** *Spin Sucks* é um poderoso blog de (não) relações públicas.
- **Lee Odden e blog de marketing online TopRank.** O blog é ótimo para marketing em geral, mas se destaca em encontrabilidade online.
- **Neal Schaffer e seu livro *Age of Influence*.** Dei uma olhada neste livro de marketing de influenciadores. Vale a pena comprar.

Marketing de Conteúdo

- **Jay Acunzo e Marketing Showrunners.** Marketing Showrunners é um recurso incrível para ajudá-lo a elaborar um programa de vídeo digital ou podcast.
- **Robert Rose.** Ele é o homem mais inteligente em marketing de conteúdo e provavelmente o principal consultor de marketing de conteúdo para empresas. Robert e eu escrevemos juntos *Killing Marketing*, um recurso excelente se você for um profissional de marketing em uma grande empresa. **Ouça nosso podcast.**
- **Blog de Brittany Berger**. Brittany incentiva ativamente a fazer mais com menos conteúdo. Adoro!
- **Melanie Deziel**. Leia seu fantástico livro *The Content Fuel Framework*.
- **Andrew Hanelly.** Seu boletim informativo, Revmade, de marketing por e-mail é excelente.
- **Dennis Shiao.** Dennis é um dos melhores consultores de marketing do setor.

Estratégia de Conteúdo

- **Margot Bloomstein.** Seu livro é *Content Strategy at Work*.
- **Adele Revella e Buyer Persona Institute.** A melhor do setor sobre personas do comprador.
- **Andrea Fryear.** Uma das maiores especialistas mundiais em marketing ágil.
- **Ahava Liebtag.** Seu livro *The Digital Crown*, sobre marketing de sucesso na web, é incrível.
- **Val Swisher**. Se você começar a se aprofundar em estratégia de conteúdo, leia o livro dela, *Global Content Strategy*.
- **Scott Abel, fundador do The Content Wrangler**. A revista online de Scott é um recurso incrível sobre a prática da estratégia de conteúdo.

- **Kristina Halvorson e Brain Traffic.** Seu site, contentstrategy.com, é perfeito se você não entende as diferenças entre estratégia de conteúdo e marketing de conteúdo.

Mídias Sociais

- **Matt Navarra.** É obrigatório seguir Matt no Twitter (@MattNavarra), e seu boletim informativo Geekout é um dos melhores do setor.
- **Blog de Jeff Bulla.** Este é um recurso incrível para mídias sociais e encontrabilidade.
- **David Meerman Scott e *Fanocracy*.** Quer aprender como transformar clientes em fãs? *Fanocracy* é o seu livro.
- **Michael Stelzner e Social Media Examiner.** Social Media Examiner é o principal recurso digital para marketing de mídias sociais.
- **Mari Smith.** Nenhuma pessoa na Terra sabe mais sobre Facebook do que Mari.
- **Brian Fanzo.** Ouça seu podcast *Press the Damn Button*.
- **Jeff Korhan.** Seu livro *Built-in Social* (especialmente bom para empresas de serviços) é incrivelmente útil.

Podcast/Áudio

- **Jeremiah Owyang.** Jeremiah tem conselhos incríveis sobre a maioria dos tópicos de marketing, mas ele é da elite quando se trata de áudio. Confira seu blog em web-strategist.com/blog/.
- **Pat Flynn e o *Smart Passive Income Podcast*.** Pat Flynn foi pioneiro na área de podcast. Se você tem um podcast, siga-o.
- **Pamela Muldoon.** Pamela é uma estrategista de conteúdo e a melhor dubladora do mercado.
- **Mitch Joel.** Seu podcast *Six Pixels of Separation* é um dos melhores e mais antigos podcasts que existem.

Narrativa Visual

- **Blog de Donna Moritz.** Um recurso incrível para aprender mais sobre conteúdo visual.
- **Buddy Scalera.** Um mestre da narrativa visual. Confira em ComicBookSchool.com.
- **Jason Miller.** Ele aproveitou sua experiência no LinkedIn e na Microsoft e construiu o Rock 'N Roll Cocktail, um site incrível de ensino de fotografia/marketing de rock.

Marketing Digital

- **Allen Gannett e *The Creative Curve!*** O livro de Allen, *The Creative Curve!* é uma nova abordagem sobre marketing digital.
- **Mark Schaefer e *Marketing Rebellion*.** *Marketing Rebellion* é um excelente livro sobre a situação do marketing hoje.
- **Blog de Andrew Davis.** Andrew Davis é o homem mais interessante no marketing.
- **Convince & Convert.** Jay Baer oferece esse recurso fantástico sobre blogs, livros de marketing e muito mais.
- **Heidi Cohen.** Leia seu excelente boletim informativo eletrônico *Actionable Marketing Guide* para acompanhar o que está acontecendo no marketing.
- **Scott e Alison Stratten.** O excelente *UnPodcast* deles lhe diz o que **não** fazer em marketing. Além disso, Scott é hilário.
- **John Hall e Relevance.com**. Relevance.com é um recurso digital fantástico.
- **Sally Hogshead e *Fascinate*.** *Fascinate* é um livro excelente para ajudá-lo a entender melhor sua própria base de habilidades (para encontrar o seu ponto ideal).
- **Jason Therrien e o blog thunder::tech.** O blog traz estudos de caso incríveis e guias passo a passo.
- **Jon Wuebben.** Seu livro é *Future Marketing: Winning in the Prosumer Age*.

Marketing de E-mail

- **Jessica Best.** Minha pessoa preferida para tudo o que estiver relacionado com marketing de e-mail.

Empreendedorismo

- **Chris Ducker e Youpreneur.** Chris construiu uma plataforma excelente para empreendedores, incluindo um evento e um podcast inspirador.
- **Chris Brogan e Kerry Gorgone.** O incrível programa de vídeo de entrevistas *The Backpack Show* é perfeito para empreendedores.
- **John Lee Dumas e *Entrepreneurs on Fire*.** O podcast *Entrepreneurs on Fire* é quase obrigatório para empreendedores.
- **O podcast *The James Altucher Show*.** Eu quase sempre descubro algo útil no podcast de James.
- **Marcus Sheridan e *They Ask, You Answer*.** *They Ask, You Answer* é o livro perfeito para entender como criar conteúdo que seus clientes realmente precisem.

Business to Business

- **Doug Kessler e o blog Velocity Partners.** Talvez o melhor blog de marketing business-to-business do planeta.
- **Michael Brenner e Marketing Insider Group.** Perfeito para liderança, conhecimento e pesquisa de marketing.
- **Blog de Pam Didner.** Maravilhoso para obter informações sobre capacitação de vendas.
- **Ardath Albee e Marketing Interactions**. Precisa entender o comprador B2B? Marketing Interactions é o lugar.
- **Bernie Borges**. Seu podcast é o *Modern Marketing Engine*.
- **Tim Riesterer e *The Expansion Sale*.** *The Expansion Sale* é um livro excelente para entender a psicologia do cliente.
- **Tom Martin.** Seu livro é *The Invisible Sale*.

- **Julia McCoy.** Seu livro é *Practical Content Strategy & Marketing*.
- **Aaron Orendorff e IconiContent.** Excelente para estratégia de B2B e dicas de e-commerce.

Vida de Agência

- **Drew McLellan e Stephen Woessner.** O livro deles, *Sell with Authority*, é obrigatório para qualquer profissional de agência de marketing.
- **Paul Roetzer.** Seu livro *A Agência de Marketing Ideal* é um livro fantástico sobre agência.

Questões Legais

- **Ruth Carter e seu livro *The Legal Side of Blogging*.** O livro de Ruth oferece informações vitais.
- **Sharon Toerek e seu blog Legal+Creative.** O *L+C Blog* é excelente.

Dados/Inteligência Artificial/Tecnologia de Marketing

- **Paul Roetzer e Marketing AI Institute.** Marketing AI Institute é o principal recurso educativo para marketing e inteligência artificial.
- **Scott Brinker e o Marketing Technology Landscape Supergraphic.** Se você ainda não viu o Marketing Technology Landscape Supergraphic, pare imediatamente e pesquise no Google.
- **Christopher Penn.** Eu recorro ao Christopher sempre que tenho uma dúvida sobre análise ou ciência de dados. Ele é o melhor na área.
- **Douglas Karr e Martech Zone.** O Martech Zone é o site para todas as coisas de tecnologia de marketing.

Pesquisa
- **Mantis Research.** Fornece o melhor ensino em pesquisa de marketing e práticas de pesquisa.
- **Tom Webster e Edison Research.** Edison Research é o lugar na web para tendências e pesquisas de áudio e podcast.

O que Vem a Seguir
- **Joel Comm, Travis Wright e *The Bad Crypto Podcast*.** Joel e Travis são pioneiros na área de token não fungível (NFT).
- **Bradley Miles.** Bradley é o fundador da Roll, uma das líderes em dinheiro social. Seu boletim informativo por e-mail, *The Social Money Times,* é de leitura obrigatória.

Há especialistas incríveis em todo o mundo. Aqui estão alguns dos principais pensadores internacionais que você deve seguir:

- **AJ Huisman, Bert Van Loon e Content Marketing Fast Forward.** Esses senhores estão levando o marketing de conteúdo para o próximo nível na Holanda.
- **Cassio Politi e o livro *Content Marketing Masterclass*.** Cassio escreveu um livro incrível e talvez seja o maior pensador em conteúdo no Brasil.
- **Fernando Labastida com Content Marketing Latam**. Fernando tem impulsionado o marketing de conteúdo na América Latina há uma década.
- **Joakim Ditlev**. O Sr. Marketing de Conteúdo na Dinamarca.
- **Jesper Laursen**. O fundador do Native Advertising Institute. Ele também dirige uma agência de conteúdo incrível na Dinamarca.
- **Igor Savic, Primoz Inkret, Anja Garbajs e Nenad Senic com o PM na Eslovênia.** Eles dirigem a principal agência de conteúdo na Eslovênia. E também realizam o melhor evento na Eslovênia, o POMP Forum.

- **Michiel Schoonhoven e Denis Doeland da NXTLI (Holanda).** O Content Impact Framework é um dos melhores modelos de marketing de conteúdo que já vi.
- **Cor Hospes.** Um dos principais profissionais de marketing de conteúdo na Holanda. Cor oferece um blog e um boletim informativo incríveis.
- **Mark Masters.** Sua série *You Are the Media Podcast* tem origem no Reino Unido.

CONSIDERAÇÕES FINAIS

Tento responder o máximo de tuítes e e-mails que consigo. Você pode encontrar-me no Twitter @JoePulizzi e no e-mail em joe@thetilt.com. Embora eu tenha diminuído um pouco minhas palestras, continuo a fazer uma série delas ao longo do ano. Caso esteja interessado em saber mais sobre como conseguir que eu faça uma palestra em seu evento, você pode obter todos os detalhes em JoePulizzi.com.

Obrigado por dedicar um tempo para ler este livro. Eu realmente espero que tenha sido uma experiência valiosa para você.

Agora vá em frente e faça a vida acontecer. Seja épico!

AGRADECIMENTOS

Para as mais de 100 empresas incríveis apresentadas neste livro: este modelo é seu. Obrigado por me inspirar a cada dia a fazer melhor.

Um agradecimento muito especial a Clare McDermott e Joakim Ditlev, pelas incontáveis horas de entrevistas tão fundamentais para o sucesso do livro.

A toda equipe do Content Marketing Institute, por ajudar a tornar este livro possível.

A Laura/Jim, Becky/Marc e Kristin/JK, por fazerem com que cada minuto desta jornada fosse o máximo.

Para meus filhos, Joshua e Adam. Nunca se acomodem. Questionem. Tenho muito orgulho de vocês dois.

Para a minha família, Terry e Tony Pulizzi, Lea e Steve Smith, Tony e Cathy Pulizzi, Jim e Sandy McDermott, Sandy Kozelka, Ryan e Amy Kozelka e Laura Kozelka, por todo o seu amor e apoio.

Para Pam. Minha melhor amiga. Com você, cada dia é melhor que o anterior. Eu te amo. Muito (obviamente)!

Filipenses 4:13

SOBRE O AUTOR

Joe Pulizzi é autor, empresário, podcaster e palestrante internacional e pai de dois jovens.

Ele é o autor best-seller de *Conteúdo S.A*, *Killing Marketing* e *Marketing de Conteúdo Épico*, que foi considerado um "livro de negócios de leitura obrigatória" pela revista *Fortune*. Seu romance, *The Will to Die*, foi premiado como Melhor Livro de Suspense pelo National Indie Excellence Awards.

Joe fundou quatro empresas, incluindo a organização de notícias de conteúdo digital The Tilt e o Content Marketing Institute, além de lançar dezenas de eventos presenciais, incluindo o Content Marketing World. Em 2014, recebeu o prêmio Lifetime Achievement, concedido pelo Content Council. Sua série de podcasts, *This Old Marketing* com Robert Rose, tem mais de 3 milhões de downloads em 150 países. Sua fundação, The Orange Effect, oferece terapia da fala e serviços de tecnologia para crianças em mais de 30 estados.

Joe mora em Cleveland, Ohio, com a esposa Pam e os dois filhos, Joshua e Adam.

SUGESTÃO DE LEITURA

MARKETING DE CONTEÚDO ÉPICO
Joe Pulizzi

DVS EDITORA

www.dvseditora.com.br

Impressão e Acabamento | Gráfica Viena
Todo papel desta obra possui certificação FSC® do fabricante.
Produzido conforme melhores práticas de gestão ambiental (ISO 14001)
www.graficaviena.com.br